유창수의
글로벌
정치 토크

유창수의 글로벌 정치 토크

초판 1쇄 | 2016년 10월 10일
지은이 | 유창수

발행인 | 이상언
제작책임 | 노재현
마케팅 | 오정일 김동현 김훈일 한아름 이연지
디자인 | 디자인봄

발행처 | 중앙일보플러스㈜
주소 | (04517) 서울시 중구 통일로 92 에이스타워 4층
등록 | 2007년 2월 13일 제2-4561호
판매 | (02) 6416-3917
제작 | (02) 6416-3925
홈페이지 | www.joongangbooks.co.kr
페이스북 | www.facebook.com/hellojbooks

유창수, 2016

ISBN 978-89-278-0801-5 (03340)

중앙북스는 중앙일보플러스㈜의 단행본 출판 브랜드입니다.

유창수의
글로벌
정치 토크

「새누리당 청년 최고위원」 유창수의
'미국 대선과 한국 정치의 미래'

유창수 지음

중앙 books
JoongAng Ilbo

한국 정치의 미래 퍼즐을 미국 대통령 선거에서 찾다

　한국인에게 미국은 멀고도 가까운 나라로 보일 것이다. 미국은 지리적으로 태평양 너머의 먼 거리에 있지만, 대한민국의 가장 중요한 동맹국가임을 아무도 부정할 수 없을 것이다. 많은 한국인들은 미국에 친밀감을 느끼고 미국의 대통령이 누구인지도 잘 알고 있다. 하지만 미국 대통령의 헌법상 지위, 복잡한 선거과정, 그리고 지도력의 행사에 관해서는 이해하기 어려울 수도 있다.

　『유창수의 글로벌 정치토크』는 미국 대통령에 관한 종합 정보를 한눈에 파악할 수 있는, 시기적절한 저작이라고 평가한다. 저자는 미국의 우수한 대학에서 정치학을 전공하고, 한국의 현실 정치에도 깊숙이 관여하고 있는 유능한 청년지도자다. 그는 이 책에서 미국 정치에 대한 해박한 지식과 명석한 판단력을 잘 보여주고 있다. 그는 미국 대통령 연구를 통해 미국 정치의 이해 및 정치 모델의 장단점을 분석함으로써 한국인이 무엇을 배울 수 있는 지 시사하고 있다.

　저자는 이 책에서 미국 대통령제도의 여러 특수성을 지적하고 있다.

미국 헌법은 권력의 독점과 남용을 막기 위한 견제와 균형의 삼권(三權) 분리를 규정하고 있다. 역사적으로 양당제가 확립되면서 결국 대통령은 민주당과 공화당의 두 당에서 나오고 있으며, 제3당 후보가 당선될 가능성은 전무하다. 각 당의 지명을 받기 위해서 후보자들은 일 년 동안 경쟁을 하고, 반 년 동안 각 주에서 복잡한 예비선거를 치러야 한다. 전국적인 지지도도 중요하지만, 5~10개의 스윙 스테이트(swing states)에서 당락이 결정되는 양상을 보이고 있다. 그러다보니 후보들은 스윙 스테이트 주에 총력을 기울일 수밖에 없다. 이런 모습이 미국 대통령 선거제도의 특징이자 현상이다.

지난 70여 년 동안 미국 대통령은 한국의 명운에 지대한 영향을 미쳐 왔다. 이런 점에 주목한 저자는 미국의 역대 대통령들이 한·미 관계를 어떻게 이끌었는지 분석했다. 미국 대통령들의 탄생 과정과 실적을 비교하면서, 올해 대선의 주인공인 힐러리 클린턴과 도널드 트럼프의 장단점을 균형감 있게 전달하고 있다.

『유창수의 글로벌 정치토크』는 통상적인 정치 교과서와 달리, 풍부한 에피소드와 흥미진진한 사건을 적절히 동원해, 미국 정치의 진면목을 조명했다.

이 책은 한국 정치의 발전을 위한 퍼즐을 미국 대통령 선거제도에서 찾는다. 그래서 미국 정치, 특별히 대통령 선거제도에서 탄생한 리더들의 면면을 읽기 쉽게 쓴 작품이라고 할 수 있다. 독자들은 미국 정치의 진수와 묘미를 더욱 잘 이해할 수 있을 것이다. 많은 독자들의 일독을 권한다.

이채진 (미국 클레어몬트 맥켄나대학 정치학 명예교수)

Part II 유창수의 글로벌 정치 토크

미국 정치, 한국 정치, 제3의 정치

미국은 인류 역사상 전무후무한 나라다. 역사상 강대국, 제국이 무수히 나타났다 사라졌지만 그 파워나 영향력 면에서 미국을 능가하는 사례는 찾아보기 힘들다. 레이건과 조지 H.W. 부시 대통령 시절 미국은 소련의 몰락과 냉전의 종식을 통해 세계 유일의 슈퍼 파워 국가가 되었다.

지미 카터 대통령의 외교안보좌관을 역임했던 브레진스키는 냉전 종식과 소련 해체의 순간을 "세계 최초의 글로벌 리더로서 미국의 대통령이 자기 머리에 스스로 제관을 씌운 즉위식을 거행했다"고 표현했다. 그리고 레이건 이후의 대통령들을 '글로벌 리더'라 명명했다.

리더가 강대국을 만든다

미국 대통령을 명실공히 글로벌 리더라고 부르는 데 아무도 이의를 달지 않을 것이다. 미국의 전 지구적 우월성이 지속되는 핵심 역할은 대통령에게 주어진다. 국력을 따지는 요소는 많지만 세계 역사에서 우월한 영토와 자원을 가지고 강대국이 된 나라보다는, 강력한 지도자의 영도 아래 번영을 구가한 나라가 강대국으로 탄생한다. 리더가 세계를 변화시키고 강대국을 창조해 내는 것이다.

미국이 강대국이 된 배경에는 '건국의 아버지들'이 만든 자유민주주의 공화국 헌법과 그것을 가능케 하기 위한 선거제도가 큰 기능을 했다. 미국인은 미국식 민주주의 선거제도를 자랑스러워한다. 그 제도가 200년 이상 지속돼온 점을 감안하면 자부심은 정당해 보인다.

대의 민주주의는 다양한 형태를 띠고 있지만 공통점은 시민들이 자신을 통치할 사람을 선택하는 투표를 한다는 것이다. 유권자는 중앙정부, 광역 및 기초 지방자치단체의 공직자를 선출한다. 중요한 사실은 시민들이 자신의 삶에 직접적인 영향을 미치는 사람들의 업적을 평가할 수 있다는 거다.

선거 제도의 핵심은 과정이 개방적인가, 권력이 없는 사람도 공직에 도전할 기회를 얻는가에 있다. 또 누구에게 투표할지 결정하기에 앞서 얼마나 많은 정보에 접근할 수 있는가, 후보자와 정당은 현안을 자유롭게 표현할 수 있는가 등도 중요한 요소다. 이런 모든 것을 한눈에 볼 수 있는 것이 미국 대통령 선거다. 미국 헌법에 명시된 선거 절차는 권력 분립과 연방 체제를 구성하고 있으며, 민주적 동의라는 문제를 해결하고 이를 다시 음미할 만한 중요한 결과를 가지고 왔다.

그렇다면 같은 대통령제를 채택하고 있는 우리나라의 경우는 리더를 제대로 선출하고 있을까?

필자가 굳이 미국의 대통령 선거를 들여다보는 이유는 리더 선출과정에서, 우리나라의 선거와 민주주의 발전을 위해 시사하는 바를 찾기 위해서이다.

미국 대선에서 발견한 정치의 묘미

민주주의에서 선거는 대단히 중요한 함의를 가진다. 그것은 "~를 할 수 있어야 하는" 기본적인 권리의 실천이며, 그 결과 선택한 리더에게 나라와 국민의 운명을 맡긴다는 점이다. 즉 야당이 집권당에 도전할 수 있고, 후보들이 자유롭게 견해를 표현할 권리를 가지며, 자유로운 언론이 선거 과정을 보도할 수 있고, 국민들은 공포 없이 비밀선거를 할 수 있으며, 유권자들은 투표에 필요한 정보를 공개적으로 접근할 수 있는 원칙 등이다.

이러한 원칙들이 작용하는 과정에서 공정하고 효율적인 선거가 이루어져야 한다.

필자가 미국에서 정치학을 공부하고 선거를 관찰하면서 느낀 묘미는 앞서 말한 "~를 할 수 있다"는 데서 나오는 배움과 희열이었다.

첫째, 직접 민주주의의 체험이다. 한국은 유권자 등록 없이 투표권이 바로 나오고, 선거 당일 투표소로 가면 된다. 그러나 미국은 투표를 하고 싶으면 사전에 유권자 등록을 해야 하며, 투표일에는 휴일도 아닌 평일에 일부러 시간을 내어, 거리가 얼마나 떨어져 있든 본인이 직접 투표소를 방문해야 하는 수고로운 과정을 거쳐야 한다. 이렇게 유권자들이 지지하는 후보의 선거인에게 직접 투표를 해야 하기 때문에 미국 대통령은 선거인단에 의해 선출되는 간접선거라고만 볼 수 없는 것이다. 더욱이 지지하는 후보를 반드시 당선시키고 싶다면 유권자 스스로 앞장서서 이웃에게 그를 추천하고 더 나아가 표를 결집시키는 선거 자원자로 나서게 한다는 점이다.

둘째, 2016년 공화당의 대선 후보 경선은 17명의 후보가 난립한 사상 초유의 경쟁이었다. 그 과정에서 정권 교체를 위해 공화당 후보들마다 자유롭게 자신의 정견과 정책을 표현할 수 있었다. 인종 차별 발언, 공화당의 정강정책과 배치되는 발언을 쏟아낸 막말 후보 도널드 트럼프가 대선 후보가 되었지만 그를 비판할 순 있어도, 그의 입을 막을 수는 없었다. 즉 후보의 자유로운 견해 표현은 허용되지만, 그에 대한 책임 추궁은 신랄했다. 민주주의의 '말잔치'는 선거의 치열함과 소통, 사상의 자유, 후보의 말 한마디가 던진 사회적 파장 등을 통해 자칫 지루할 수 있는 대선 후보 경선을 흥미진진하게 만들었다.

셋째, 미국의 대선 레이스는 무려 2년 여간 펼쳐진다. 출마를 선언하는 순간부터 후보의 움직임은 언론의 추적을 받는다. 그리고 자유로운 언론이 후보를 발가벗기다시피 해서 검증한다. 한 나라의 리더라면 갖추어야 할 능력과 덕목을 언론이 체크하고, 검증하며 역량을 시험하는 것이다. 그 과정에서 사소한 일로 낙마해서 아깝다는 평가를 받는 후보들도 등장하지만 결과적으로 건강한 정치를 만드는 여과장치로써 충분히 기능하는 것이 부러웠다. 물론 선정적인 보도를 하는 언론이나 옐로우 저널리즘은 눈살을 찌푸리게 하지만, 그조차도 후보가 되려면 평소에 어떻게 처신하고 공부해야 하는지 반면교사로써 작용한다.

넷째, 유권자가 합리적으로 투표하려면 정책 대안과 이에 대한 후보들의 견해를 상세히 알아야만 할까? 아니면 집권당에 대해 만족감을 느끼는가 여부만 알면 되는가? 1980년 대선에서 레이건은 당시 유권자들에게 카터 대통령의 4년 집권 후에 "당신은 자신이 4년 전보다 더 좋아졌냐?"고 간명하게 물었다. 유권자들은 후자의 질문에 더 관심을 보였고, 레이건은 압승했다.

오늘날 인터넷의 확산으로 후보자의 견해를 알 수 있는 정보를 찾는 것은 어렵지 않다. 그러나 그렇게 적극적인 유권자도 많지 않다. 즉 선거에서 후보자들은 유리한 정보만 제공하고, 대신 상대에게 어려운 이슈나 개인적인 문제에 초점을 맞춰 선거 어젠다를 장악하는 것이다. 정치 컨설턴트들이 개발한 가장 효과적인 기술은 네거티브 운동이었다.

오늘날 미국 대선의 특징은 선거를 둘러싼 환경에서 찾을 수 있다. 유권자들은 생활에 바쁘고 정치에 관심이 많지 않다. 그들은 주로 TV에서 정치 정보를 얻는다. 신문은 후보의 자질이나 정책보다는 어느 후보가 앞서고 어떤 전략을 채택하는지에 초점을 맞춘다. TV는 광고료 수입 이상의 선거운동 보도를 하려고 하지 않는다.

하지만 후보들은 선거에 승리하려고 한다. 후보와 컨설턴트가 네거티브 운동을 펼치는 이유는 네거티브 선거가 성공적이라는 사실을 오랜 경험으로 알고 있기 때문이다. 수많은 사람을 붙잡고 말하는 것보다 잘 만든 광고 하나가 더 대중의 관심을 끄는 것처럼 말이다.

다섯째, 정책선거다. 민주당과 공화당은 2년여의 경선을 거치면서 각 후보들이 내세운 정책들을 검토하고 정리해서 대선 후보 지명 전당대회에서 확정한다. 이렇게 채택된 정강·정책들은 집권 시 공약으로 실천에 옮겨지게 된다.

여섯째, 책임을 지는 정부, 정당의 모습이다. 대통령이 인기가 있는가, 나라가 바른 방향으로 가고 있는가에 대해 유권자들이 만족하면 선거를 통한 정권 교체는 이뤄지지 않을 것이다. 하지만 이런 질문에 만족하지 못한다면 유권자들은 집권당을 교체해야 한다. "모든 정치는 풀뿌리 정치다"라는 토머스 오닐 전 미국 하원의장의 말은 선거 결과를 결정하는 요인이 지역 민심에 있다는 점을 표현한다. 현직 의원이 지역 주민으로부터 좋은 평가를 받으면 공천을 받지 못하거나 지지율이 낮은 정당 소속일지라도 선거에서 쉽게 패배하지 않는다.

미국 정치에서 가끔 보게 되는 풍경이 정당은 현안에 대한 입장이 있으나, 개별 후보는 당의 입장을 무시할 수 있다는 것이다. 그들의 운명을 쥐고 있는 것은 당의 중앙지도자, 지방지도자가 아닌 유권자이기 때문이다. 이것이 정당들이 우수한 도전자를 찾으려고 애쓰는 이유다.

200여 년 살아남은 선거제도, 그 이유가 있다

전 세계의 민주주의와 자유를 지지하는 독립적인 민간기구 프리덤하우스(Freedom House)는 미국이 정치 권리 지수에서 '완벽한 점수를 받았다'고 평가했다. 미국인들은 정치 경쟁, 시민의 동등한 참여, 시민의 정부 통제를 장려하는 제도에 큰 자부심을 가지고 있다. 반대자가 공개적으로 집권자를 비난하고, 선거에서 지면 평화적으로 권력을 넘겨주는 민주주의 과정은 200년 넘게 지속돼왔다. 그리고 선거제도를 개선하려는 노력도 계속돼 왔다. 바로 이것이 필자가 이 책을 구상한 이유다.

한ㆍ미 관계는 남북 분단 시기는 물론 통일 이후에도 군사적, 외교적으로 지속되어야 한다. 통일 한국의 경우 오히려 지정학적 위상으로 한ㆍ미 관계가 더욱 공고해질 가능성이 높다는 게 전문가들의 평가다. 이런 관점 외에 우리 국민들에게는 미국 대통령 선거는 민주주의의 선진화된 모델을 경험하는 정치학습의 장이기도 하다. 미국의 선거제도에서 민주적이며 효율적인 우리만의 선거 모델이 개발되기를 희망한다.

Part Ⅰ

국민의 각도에서 연출되는
민주주의 극장

미국 건국의 아버지들은 왕정과 독재를 끔찍이 싫어했다. 권력을 독점한 이들의 폐해를 잘 알고 있기에 견제를 최우선으로 뒀다. 그 결과가 삼권분립과 연방제의 탄생이다.

01

—

미국 헌법과
선거제도

미국 대통령 선거는 4년마다 이뤄진다. 각 당의 경선이 시작하면 1년 8개월에 걸친 장정에 들어간다. 대통령 4년 임기의 후반부 내내 선거 분위기에 휩싸이게 된다. 외국에서는 다소 이상하게 보일지 모르지만 이것은 바로 차기 대통령감을 검증하는 절차이기 때문이다. 기나긴 선거 과정에서 다양한 검증을 통해 후보의 역량이 드러난다.

민주주의 드라마의 하이라이트,
대통령 선거

슈퍼파워를 움직이는 인재 풀

강대국 미국을 움직이는 인물들은 누구일까? 그들은 어떻게 탄생되는가? 그 과정은 대선에 있다. 핵심은 사람이다. 미국 대통령은 슈퍼파워를 가진 국가를 움직이는 지도자이기 때문에 선발 과정 또한 엄격하다. 미국 대선의 원칙은 크게 세 가지로 나눠 볼 수 있다.

첫째, 인재 풀이다. 미국의 대통령이 되려는 인물들로 이뤄진 인재 풀에는 상원의원, 하원의원, 주지사 등이 잠재적인 후보군을 구성한다. 그 수는 매우 많아 인종, 출신 지역, 학교, 경력은 제각각이다. 그들은 성인이 되어서 정치에 입문하기보다는 대학교 때부터 정당 활동을 시작한다. 미국식 정당정치를 몸에 익히고, 뚜렷한 이념이나 정강·정책 등에 대한 생각을 수없이 다듬는다. 그렇게 해서 정당에서 주목받는 인재로 등장하게 되고 다채로운 경력을 쌓으면서 성장한다. 물론 선거라는 과정이 정치적인 인재 성장의 토양이자 자양분이 된다.

둘째, 2년, 4년마다 돌아오는 선거의 주기성이다. 선거란 한 계단씩 밟고 올라가는 절차이자 퍼블릭 어페어(public affair)를 체득하는 현장이다. 정치의 힘을 보여준다. 리더십을 드러나게 하는 여과 장치다. 리더십을 함양하는 기회다. 민주주의의 묘미를 선거에서 유감없이 느끼는 황홀함을 준다. 비록 선거에서 졌어도 다음 선거에 출마하여 새롭게 재기할 수 있다.

선거는 돌아오기 마련이고, 국민들은 장기 집권을 원치 않는다. 적절한 타이밍에 변화 욕구를 거침없이 드러낸다. 미국에서 공화당과 민주당이 번갈아 집권하는 것은 변화하지 않으면 안 된다는 국민들의 요구다. 변화를 통해 국가발전을 유지하는 것이 국민들의 투표권 행사의 주된 이유다. 미국의 파워는 군사력, 경제력이 아닌 정치력, 즉 민주주의에서 나온다는 사실을 깨달아야 한다.

셋째, 일당의 지배나 왕의 출현을 억제한다. 건국의 아버지들은 유럽에서 왕정 정치에 시달리고 박해 받은 경험의 소유자들이다. 종교 박해, 왕정의 독재에 신물이 난 그들은, 신대륙에서 그와 같은 정치체제를 용납할 수 없었다. 그래서 도입된 것이 철저한 삼권분립이다.

권력은 하나만 가져야 한다는 원칙

대통령은 행정권을, 의회는 입법권을, 대법원은 사법권을 갖는 삼권분립 원칙을 정립했다. 이것도 어느 한쪽으로 힘이 쏠리지 않도록 미국 대통령은 4년마다 선출한다. 상원의원은 6년, 하원의원은 2년, 주지사는 4년을 주기로 하고, 상원의 경우 2년마다 3분의 1을 개선(改選)하도록 했다. 이는 어느 한 시기에 일당으로 표가 쏠리는 것을 막았다. 일당이 모든 권력을 독점할 수 있는 구조를 허용하지 않았다.

미국만 놓고 보면 미국의 대통령(President of the United States)은 국가원수이자 행정부의 수반, 미군의 총사령관이다. 하지만 오늘날 세계에서 '선출된 군주'라고 불릴 만큼 막강한 권한과 책임을 지니고 있다.

미국 대통령은 의회에서 제정된 법률이 대통령에게 위임한 권한 안에서 명령을 내릴 수 있다. 미국 상원과 하원을 통과한 법률을 승인할 권한, 상원의 동의로 내각의 장차관을 임명할 권한, 의회의 동의로 사면이나 형 집행 연기를 명령할 권한 그리고 미국 상원의 동의 아래 외국과 조약을 체결하고, 상원의 동의로 연방의 주요 직, 대사, 연방대법원 판사를 포함한 연방판사를 임명할 권한을 가진다. 그러나 의회에 대하여는 법안의 제출권도 의회 해산권도 가지지 않는다.

미국 헌법 제2장은 대통령의 임기를 4년으로 정하고 있다. 제12차 수정헌법(1804년)에 따라 대통령 후보와 부통령 후보가 분리되었고, 제22차 수정헌법(1951년)에 따라 대통령직의 3선은 금지됐다. 미국 대통령이 되려면 최소 35세 이상이어야 하며 미국 내에서 출생한 미국 시민으로서 최소 14년 동안 미국에서 거주했어야 한다.

부통령은 대통령이 면직, 사망 또는 사임하여 그 남은 임기 동안 2년 이상 대통령직에 있었거나 대통령의 직무를 대행한 사람도 1회만 중임할 수 있다. 프랭클린 루스벨트는 제2차 세계대전을 이끌면서 네 번 대통령에 당선됐다. 이는 초대 조지 워싱턴의 1회 중임 원칙이라는 불문율을 깨뜨린 것으로, 그가 사망하자 대통령의 3선 금지는 성문화되었다.

대통령직의 3선을 금지한 1951년 이후 재선에 성공해서 8년간 재임한 대통령은 드와이트 아이젠하워, 로널드 레이건, 빌 클린턴, 조지 W. 부시, 버락 오바마 등 5명에 불과하다. 리처드 닉슨은 재선에 성공했으나 임기 도중 사임, 불명예 퇴진했다.

닉슨의 사임으로 부통령인 제럴드 포드가 승계했다. 포드는 이전의 스피로 애그뉴 부통령이 부패혐의로 사임한 후 닉슨의 지명과 상·하원의 인준을 거쳐 부통령에 취임한 바 있어, 미국 역사상 국민의 선거를 거치지 않고 대통령이 된 유일한 사례로 기록됐다.

제왕적 권력에 대한
견제와 균형

통합 이념으로 탄생한 연방제

건국의 아버지들은 권력분립(헌법으로 보장된 견제와 균형)과 연방주의로 미국 민주주의의 기틀을 세웠다. 미국 헌법에서 권력분립과 연방주의가 작동하는 방식은 독특하다. 개인은 삼권 중 한 곳에서만 근무할 수 있다. 행정부에서 근무한다면 다른 입법부나 법원에서 근무할 수 없다. 다만 중앙정부의 경우 두 가지 사소한 예외가 있다.

선출된 행정부 공직자인 미국 부통령은 상원의 의장이다. 상원에서 부통령의 유일한 기능은 상원을 주재하고, 표결에서 가부 동수일 때 한 표를 행사하는 것이다. 또 연방대법원장은 상원이 대통령을 탄핵하는 예외적인 상황에서 상원을 주재한다. 연방대법원장이 상원을 주재한 경우는 미국 역사에서 단지 두 차례 있었다. 워터게이트로 탄핵된 닉슨 대통령 때 등이었다.

미국에서 행정부와 입법부 공직자는 별도 선거로 선출된다. 헌법에 특정된 대통령 4년, 하원의원 2년, 상원의원 6년 등 임기에 따라 다른 형태로 구획된 선거구민에 의해 선출된다.

미국은 연방공화국으로 명백한 경계를 가진 지리적인 소단위로 구성된다. 이 단위들은 연방정부의 권력을 제외한 나머지 권력을 가진다. 수정헌법 제10조는 "헌법에 의해 연방정부에 부여되지 않은 권력, 헌법에 의해 주정부에 금지하지 않은 권력은 주정부에 넘겨지거나 국민에게 있다"고 규정한다. 각 주는 각자 선출된 정부를 갖고 있으며 권력이 분립됐다. 주정부는 각 주의 헌법에 따라 내용이 상이하다.

연방주의는 국가 통치 이념으로 각 주보다 국가 전체의 이익을 내세우는 통합 이념이다. 미국은 건국 때부터 중앙정부와 주정부의 권력을 나눈 연방으로 정부를 구성했다. 이때 연방주의자와 반(反)연방주의자 간의 갈등이 심했고, 이 대립은 헌법에 잘 나타나 있다. 그 결과 미국 중앙정부는 헌법에 명시된 권한만 가지며, 나머지 권한은 주에 귀속되는 체계를 확립했다. 영역을 구분해서 통치권을 행사하는 방식으로 정리된 것이다.

50만 명 공직자 선거에서 리더십 경험

국민들은 선거를 통해서 연방 및 주정부 공직자를 동시에 뽑는다. 그리고 대통령과 의회가 나라를 잘 이끌고 있는지 정책 방향의 다툼을 지켜보고 선택한다.

미국은 50만 명이 넘는 공직자를 투표로 뽑는다. 행정부와 입법부의 공직자를 뽑고, 어느 주에서는 연방 또는 주의 지방판사도 투표로 뽑는다.

미국 역사를 보면 초기에는 의회가 주도권을 쥐고 있었지만 전쟁을 치르면서 대통령의 권한이 강화되었다. 만일 의회와 대통령의 다툼이 있을 경우에는 사법부가 중재 또는 견제하였다. 대법관은 기본적으로 종신제다. 대통령이 지명하지만 의회가 선임 과정에서 견제한다.

그 때문에 오늘날 미국 대법원은 보수 대 진보가 반반으로 팽팽한 균형을 보이고 있다. 대법관의 유고 시 양당이 첨예하게 대법관 선출을 두고 다투는 것은 바로 이 때문이다.

상·하원은 주민들이 직접 투표로 선출하는데, 상원의원은 2년마다 3분의 1씩 개선한다. 이는 한쪽 당에서 싹쓸이를 못하게 하며, 중도가 중요한 위치를 점하도록 한 것이다.

2016년 현재 민주당의 오바마 대통령이 행정부를 장악하고 있지만 의회는 공화당이 우세하다. 연방 상·하원 및 주 상·하원 뿐 아니라 주지사 수에서도 공화당이 우위를 점하고 있는 것이다. 여소야대로 오바마 대통령은 사실상 힘이 없다. 의회를 통과하지 않고서는 어느 것 하나 제대로 된 정책을 펼 수 없다.

그가 의료보험 정책 통과 과정에서 고전한 이유도 의회를 장악한 공화당의 협조를 얻을 수 없어서다. 이에 따라 오바마는 행정명령을 남발하고 있는데, 이는 정권이 바뀌면 바로 정책이 없어질 운명을 밟게 된다. 공화당에서 오바마를 '행정명령으로 통치하는 대통령'이라고 조소하는 것은 바로 이 때문이다.

2년 동안의 대선 레이스는 리더십의 리트머스

미국 대통령 선거는 4년마다 이뤄진다. 각 당의 경선이 시작하면 2년
여에 걸친 대장정에 들어간다. 대통령 임기의 절반 내내 선거 분위기
에 휩싸이게 된다. 외국에서는 다소 이상하게 보일지 모르지만 이것은
바로 차기 대통령감을 검증하는 절차이기 때문이다.

2016년 대통령 선거의 공화당 후보로 확정된 도널드 트럼프는 2015
년 6월 출마를 선언했다. 민주당의 버니 샌더스는 4월, 힐러리 클린턴
은 5월에 선언했다.

공화당은 17명의 후보가 난립하여 10개월 동안 10여 번의 TV토론을
거쳤다. 이런 긴 시간을 보내면서 국민들은 후보의 스펙부터 거짓말
사례, 성격, 성품 등 모든 것이 밝혀지는 모습을 보게 된다. 시간이 흐
를수록 국민들이 좋아하는 후보를 확실히 알 수 있게 되는 것이다. 경
선 기간 내내 전국의 주들을 돌아다니며 선거를 치르고 승리해야 본선
에 오를 자격을 얻는다.

기나긴 선거 과정에서 다양한 검증을 통해 후보의 역량이 드러난다.
선거를 통과하지 못하면 슈퍼 파워의 국가를 운영할 자질이 없다는 것
이 절로 드러나게 된다.

개인의 성품, 정책 대안 제시, 정치자금 모금, 후원자 모집, 미디어의
선호, 공직자 및 연방의원의 지지를 차례차례 얻어야 본선에 나설 수
있는 것이다.

2008년 힐러리 클린턴이 우세하다는 전망에도 불구하고 결국 본선에
나서지 못한 것은 오바마의 걸출한 능력에 밀렸기 때문이다. 오바마는
성품과 연설 능력, 후원금 모금 등에서 힐러리보다 못할 거라는 예상을

깨고, 당당히 대통령 후보로서의 역량이 있음을 증명해 보였다.

미국의 대선 레이스 극장에서는 장장 2년에 걸쳐 후보의 건강과 능력이 고스란히 드러나는 드라마를 상영함으로써 국민들에게 지도자 감별의 쾌감을 만끽하는 민주주의의 장이 열린다.

대선 본선에서 패배한 경우 재수해서 출마하는 경우는 거의 없다. 대선 레이스 과정이 치열해서 한 번 겪는 것조차 후보 자신은 물론 가족들에게 엄청난 부담이기 때문이다. 경선이 아닌 대선 본선에서 패배한 다음 재기해서 대통령이 된 경우는 닉슨이 유일하다. 그는 39세에 아이젠하워 대통령 아래에서 부통령을 지낸 전형적인 정치인이었다. 1960년 선거에 나선 그는 민주당의 케네디에게 패배했지만 절치부심, 치열한 권력욕으로 무장해 드디어 1968년 선거에서 험프리를 꺾고 대통령에 당선됐다.

당내 대선 경선에서 떨어진 경우 재도전한 사례는 더러 있다. 레이건은 1976년 당내 경선에서 제럴드 포드에게 진 후 1980년 재도전해서 민주당의 지미 카터 대통령을 물리치고 대통령에 당선됐다.

건국의 아버지들의 발명품,
선거제도

간접선거, 승자 독식에 숨겨진 비밀

대통령 선거는 선거제도에서 가장 큰 행사다. 4년마다 열리는 미국 대통령 선거는 다른 모든 선거를 압도한다. 그 결과 국민들은 대통령 선거에만 몰두한다. 그러다보니 다른 선거는 관심 밖이 된다. 이를 폴오프(falloff), 관심저하라고 부른다. 그럼에도 선거를 통해 유권자들은 자신의 삶에 직접적인 영향을 미치는 사람들의 업적을 평가할 수 있다는 사실이 중요하다. 미국민들이 민주주의 선거제도를 자랑스러워하는 이유다.

선거 과정은 개방적이고, 권력이 없는 사람도 공직에 도전할 기회로 인식하기 때문이다. 국민들이 투표에 앞서 얼마나 많은 정보를 얻는가, 후보자와 정당이 현안에 대한 견해 표현이 자유로운가, 언론과 야당이 권력층을 비판할 수 있는가 등이 민주주의 제도의 근간인 것이다. 그런 기준에서 미국의 민주주의는 높은 평가를 받고 있다.

미국 헌법은 선거를 규정하고, 모든 선출직 공직 임기를 고정했다. 이 때문에 미국의 역대 어느 정부도 위기에 대응하지 못했다는 이유로 붕괴된 적이 없다. 유권자들은 정해진 임기가 끝날 때까지 정권 교체에 대한 의견 표명 기회를 갖지 못한다. 즉 유권자들은 정권 교체를 요구할 권한이 없다.

연방정부의 대통령 선거는 세상에서 무슨 일이 일어나도 짝수 해의 11월 첫 번째 화요일에 선거를 치른다. 대통령 임기는 4년이다. 대통령이 재임 중 사망 또는 사임(닉슨 대통령)하면 계승자는 잔여 임기만 재임한다. 다음 정례 선거 때까지는 선거를 새로 치르지 않는다.

미국 대선에서 가장 독특한 제도가 간접선거에 의한 대통령 선출이다. 그리고 그 작동원리는 때론 약간의 논란거리도 제공한다. 그럼에도 미국의 민주주의를 유지하려는 건국의 아버지들의 발명품을 바꿀 이유는 없다는 게 미국인들의 생각이다.

미국인 그리고 세계는 지난 2000년 11월 미국의 정 · 부통령을 뽑은 선거인단 제도를 놓고 심각하게 고민했다. 선거가 끝나도 몇 달 동안 플로리다의 25명 선거인단 표를 조지 W. 부시 또는 앨버트 고어, 누구에게 주어야 하는지 토론이 거듭됐다. 당시 고어가 직접 투표수가 많았음에도 두 후보 모두 대통령이 되는 데 필요한 다수 선거인단 표를 얻지 못했다.

결국 연방대법원이 플로리다에서 재검표를 중단하고 선거인단 표는 부시에게 돌아가야 한다고 결정한 뒤에야 미국 제43대 대통령 선거가 끝났다. 이 과정에서 선거인단 제도에 대한 의구심도 있었지만, 대부분의 미국인들은 건국의 아버지들의 결정을 여전히 존중하고 있다.

선거인단 제도를 반드시 이해해야 하는 이유는 후보들이 어떻게 선거운동을 하고, 어떤 유권자들에게 호소하며, 궁극적으로 국민들의 견해가 선거 결과에 어떻게 반영되는지를 결정하기 때문이다.

일당 독재를 막기 위한 장치

선거인단 제도는 건국의 아버지들이, 당시 직면했던 정치적 문제를 해결하기 위해 고안됐다. 1787년 헌법 기초에서 가장 중요한 타협은 인구 비례로 선출하는 하원과 각 주마다 2명씩 선출하는 상원을 두도록 요구한 '코네티컷 타협(Connecticut Compromise)'이다. 이는 인구가 많은 주와 적은 주 사이의 갈등을 해결했다. 하원의원은 인구수에 따라 선출했고, 상원의원은 주 의회가 채택한 선거 규정에 따라 결정토록 했다.

그러면 대통령은 어떻게 뽑을까? 각 주가 뽑는가? 만약 인구가 많은 주의 의견이 반영되지 않는다면? 직접투표로? 이런 난제에 부닥친 '민주주의자'들은 대중에게 맡기는 것을 꺼려했다.

노예들을 어떻게 할 것인가? 노예가 있는 주는 자신들의 노예도 인구에 포함시키려 했다. 이는 악명 높은 3/5 타협안, 즉 노예는 일반인의 3/5에 해당된다는 타협으로 문제를 풀었다. 노예가 있는 주들은 노예 인구로 하원의원 수를 늘렸음에도 투표권을 주지 않았다. 이런 여러 문제를 절충해서 생겨난 것이 오늘날의 선거인단 제도다. 각 주는 하원의원과 상원의원(모든 주가 2명)을 합한 수의 선거인단 위원을 선출하게 됐다.

이런 공식은 큰 주와 작은 주 사이의 타협의 산물이었다. 각 주는 선거인단을 어떻게 선출할지는 각자 정하게 했다. 이렇게 함으로써 각 주의 권리를 보장하면서, 노예 문제에 답해야 할 필요성을 피해갈 수 있었다.

선거인단 위원은 연방정부 내의 책임 있는 공직을 가질 수 없게 했다. 따라서 이익 분쟁에 휘말리지 않는 존경할 만한 사람이 선출됐다. 각 위원은 두 표를 행사한다. 그중 한 표는 자신의 출신 주가 아닌 후보에게 행사돼야 했다. 당시 이런 조항이 없다면 출신 주의 지지를 받는 후보들만 표를 얻을 것이라고 생각했기 때문에 지역주의를 피하기 위한 목적이었다.

대통령과 부통령에 선출되기 위해서는 선거인단 투표의 과반이 필요하다. 이는 1~2개 주에 좌우되는 일을 막기 위해서였다. 만약 과반이 나오지 않으면, 상위 3명의 후보를 놓고 하원에서 대통령이 선출된다. 이때는 모든 주가 한 표를 행사하며, 과반을 얻어야 대통령에 선출된다. 부통령도 똑같은 방식으로 상원에서 선출된다.

우세주는 찬밥, 스윙 스테이트는 따뜻한 밥

가장 특징적인 점은 각 주에 할당된 선거인단을 모두 차지하는 승자 독식 방식 채택이었다. 1836년 모든 주들은 민주적인 개혁 조처들을 반영해 소규모 지역 단위별이 아닌, 주 전체 차원의 직접투표로 선거인단을 선출했다. 정당의 권력 때문에 이 제도는 자연스럽게 승자 독식 선거로 귀결됐다. 만약 한 주를 장악한 후보라면, 승리를 위해 더 많은 것을 얻으려 할 것이다. 한 정당의 지지자들이 이 제도를 채택하자, 다른 주의 정당 지지자들도 자신들이 승리한 주에서 이 제도를 따라야 했다. 그렇지 않으면 표를 손해 보게 된다.

비슷한 이유로 양분된 세력을 가진 주도 득표 차에 따라 승자와 패자에게 표를 나눠주는 것이 아니라 그 주의 선거인단을 통째로 승자에게 준다면, 후보들은 그 주의 선거운동에 더 집중할 것임을 알아챘다. 미국 대선에서 스윙 스테이트(Swing State, 경합주)가 주목받게 된 이유다. 후보들은 텃밭에서 굳이 선거운동을 할 필요가 없다. 당락을 결정할 절대 다수를 얻으려면 스윙 스테이트에 집중하는 전략을 펼치게 되는 것이다. 예를 들어 민주당 후보는 민주당의 텃밭인 캘리포니아에서 유세를 할 필요가 없고, 공화당 주자라면 보수적인 텍사스 주에 아예 신경을 쓰지 않는다.

현재 승자 독식 방식은 50개 주 중 48개 주와 컬럼비아특별구(워싱턴 DC)가 채택하고 있다. 메인과 네브래스카는 하원의원 선거구마다 최다득표를 한 후보자가 선거인단의 한 표를 얻고, 주 차원의 선거에서 승리한 후보가 두 표를 얻는다.

협치해야 정치가 산다, 양당제와 중도파

200여 년 역사 속 뒤바뀐 민주당과 공화당의 지지층

미국 정치의 장점이자 단점으로 꼽히는 것이 양당제다. 1828년 민주 공화당이란 이름으로 출발한 민주당과 1854년 창당한 공화당은 미국 정치를 안정적으로 이끌어 왔다. 양당제 장점 중 하나가 계파나 보스에 의해 움직이는 패거리 싸움이 없다는 점이다. 어디까지나 정책 중심의 정치로 국민들의 선택을 받음으로써 예측 가능한 정치가 현실에서 실현되고 있는 것이다. 양당 사이에 중도표는 양당에 협치를 강제하는 기능을 한다. 양당제는 이런 협치의 조화를 통해 발전해왔다.

그런데 2000년대 들어서 미국 대선 특징 중 하나가 중도정치의 실종이다.

특히 공화당의 도널드 트럼프가 대선 후보가 되면서 인종 갈등 발언을 쏟아내고 있는 게 우려스럽다. 미국 사회는 원래 백인이 절대 다수였다. 1940년에는 거의 90%에 육박했는데, 2010년에는 72%로 추정되고 있다. 퓨리서치센터의 2016년 미국 대선 유권자 인종 비율을 보면 백인은 69%, 흑인 12%, 히스패닉 12%, 아시아계 4%로 추정했다. 이는 2000년 대선 당시의 백인 78%, 흑인 12%, 히스패닉 7%, 아시아계 2%에 비하면 백인이 절대 다수에서 밀려난 모습이다. 오늘날 흑인과 히스패닉, 아시아인이 인구의 3분의 1을 차지하면서 경제적으로 백

미국 공화당과 민주당(2016년 9월)

구분	공화당	민주당
의장	라인스 프리버스	데비 와세르만 슐츠
원내대표	미치 매코널(상원) 폴 라이언(하원)	해리 리드(상원) 낸시 펠로시(하원)
창당	1854년 3월 20일	1828년
병합한 정당	휘그당, 자유토지당	민주공화당
중앙당사	미국 워싱턴 D.C.	미국 워싱턴 D.C.
학생 조직	대학생 공화당원 (College Republicans)	미국 민주 대학생
청년 조직	청년 공화당원 (Young Republicans)	미국 민주 청년
당원(2012년)	3,070만명	4,310만명
이념/정치노선	주류: 보수주의, 경제적 자유주의, 재정보수주의, 사회보수주의 비주류: 우익대중주의	현대 자유주의, 사회자유주의, 진보주의
정치적 스펙트럼	중도우파~우익	중도주의~중도 좌파
국제조직	국제민주연합, 아시아-태평양 민 주연합	진보동맹
상징색	빨강	파랑
상원의석	54/100	44/100
하원의석	246/435	188/435
주지사	31/50	18/50
주 상원의석	1,134/1,972	832/1,972
주 하원의석	3,044/5,411	2,344/5,411

인들의 일자리가 줄었다.

　빈부격차를 민주당에서는 레이건의 신자유주의 정책의 후유증이라고 공격하고, 공화당은 오바마가 무능해서 경제성장이 더딘 결과라고 공세를 편다. 하지만 백인 입장에서는 30년 전에 비해 확실히 먹고살기 힘들어진 것은 사실이다.

양당제의 비밀은 늙어가도 낡으면 선거 패배

　예전에 세계에서 미국이 1등이 아닌 분야는 거의 없었지만 오늘날 글로벌 시대로 경쟁이 격화되면서, 소수 인종들이 일자리를 빼앗아간다고 백인들은 생각하고 있다. 특히 저소득층 백인들이 힘들어하는 상황인 것이다. 이 틈을 노려 트럼프는 백인들에게 인종차별을 강조하고 자유무역협정(FTA)으로 일자리가 줄었다고 공격함으로써 저소득층 백인들의 표심을 자극하는 것이다.

　미국 공화당의 지지층은 초기에는 북부였으나, 1964년 시민권법 제정과 공화당의 '남부 전략' 이후에는 남부가 공화당의 기반이 되었다. 서부나 동부의 거대 도시보다 변두리나 시골에서 공화당 지지도가 높은 편이다. 정책 이념이 상당히 보수적이라 연령대로 보면 나이든 세대에서 인기가 높다. 또 미국은 기혼자에 대한 세금 부담이 덜하기 때문에 기혼자가 상대적으로 더 공화당을 선호하며, 고소득층이 공화당을 지지하는 경우가 많은데, 이는 감세 정책 때문이다.

　공화당은 링컨과 시민권법 제정 등 흑인들의 인권과 평등을 위해 민주당과 싸운 정당이지만 지금은 흑인들에게 인기가 없다. 이는 감세와 복지 예산 삭감 때문이다. 백인들은 6 대 4의 비율로 공화당을 지지한다. 히스패닉의 공화당 지지율은 2016년 현재 23% 내외로 조사된다. 또 전·현직 군인들은 공화당을 지지하는 비율이 높다. 특히 장교들은 절대적이다. '강한 미국'을 내세우는 정책, 군 관련 복지 정책으로 군인들의 표를 모으고 있다. 남성의 공화당 지지율은 민주당보다 15% 차이로 높게 나온다. 여자는 반대로 민주당이 14% 차이로 높게 나온다.

미국 민주당의 지지층은 서부 및 동북부의 인텔리 백인과 도시노동자(노조), 흑인, 히스패닉계, 아시아계, 여성, 동성연애자 등이다. 공업화와 도시화가 이루어진 주들에서 민주당이 공화당보다 지지도가 높다. 도시 거주 노동자와 젊은 세대, 고학력자, 이민자들에게서도 지지율이 높게 나온다. 히스패닉의 경우 민주당 대 공화당이 70 대 30으로 우세하며, 흑인 표는 90% 이상 득표할 정도로 민주당이 우세다. 백인 표는 2012년 대선 때 오바마 39% 대 밋 롬니 59%로 공화당이 우세다. 또 할리우드를 중심으로 한 미국 영화계가 민주당 지지로 유명하다.

한편 공화당 도널드 트럼프의 2016년 5월 대선 후보 확정 후 실시된 뉴욕 타임스의 여론조사에 따르면 2016년 대선에서 힐러리 클린턴이 승리할 확률이 76%에 달한다고 보도했다. 뉴욕 타임스는 클린턴 우세 주 28곳 대 트럼프 우세 주 23곳, 그리고 경합주 10곳 중 클린턴이 8곳 우세라고 판세를 분석했다.

1960년 이후 대통령 민주 7 vs 공화 7

미국 대선은 1960년 케네디 대통령 당선 이후 민주당과 공화당이 정확히 7번씩 정권을 나눠가졌다. 모두 16명이 출마해 9명이 승리했고, 7명이 패배했다. 대통령을 지낸 9명 중 5명이 재선에 성공했다. 4명 가운데 닉슨은 워터게이트 사건으로 탄핵 중 사임하고 포드, 아버지 부시와 카터는 재선에 실패했다.

20세기 하반기 들어서 성공한 대통령으로 초당적으로 인정받는 인물은 레이건과 클린턴 2명에 불과하다. 56년 동안 미국인들이 정치를 잘했다고 평가하는 기간은 16년에 불과한 것이다. 따라서 대통령이 되기도 힘들지만 '성공한 대통령'으로 기록되는 것은 더욱 힘들다. 16명 중 2명만이 국민들로부터 존경받는 대통령으로 기억되기에 그 경쟁률은 8 대 1이 된다.

20세기로 범위를 넓혀 보면 전반기는 민주당의 프랭클린 루스벨트, 후반기는 로널드 레이건이 존경받는 대통령으로 꼽힌다. 루스벨트는 제2차 세계대전 종식과 뉴딜정책으로, 레이건은 1980년대 경제부흥과 미·소 냉전 종식으로 높은 평가를 받고 있다.

영화배우 출신인 레이건은 원래 루스벨트 대통령의 팬으로 민주당원이었으나, 영화인노조협회장을 거치면서 보수주의 성향을 띠며 반공주의자가 되었다. 그가 대중의 주목을 받은 것은 1964년 현대 보수주의 아버지라고 불리우는 배리 골드워터의 대선 후보 확정 전당대회에서 연설하면서부터다. 그는 반공주의를 주창하고 애국자가 미국 정치를 바꿔야 한다고 역설했다. 이후 캘리포니아 주지사 선거에 나서 재선을 했다.

레이건 이전만 해도 미국 대통령들은 아이비리그의 하버드와 예일 출신이 대부분이었다. 레이건의 유레카대학 졸업과 영화배우 경력은 워싱턴 정가에서는 '무식한 정치인'이라는 폄하를 받기도 했다. 하지만 그는 미국인들의 사랑과 존경받는 대통령으로 기록되었다.

'성공한 대통령'으로 평가받는 빌 클린턴도 가정적으로는 매우 불우했다. 친부와 계부 모두 사망하는 환경 속에서도 조지타운대, 옥스퍼드대, 예일대 로스쿨을 나온 똑똑한 인물로 32세에 아칸소주지사에 선출될 정도로 정치 감각이 탁월했다.

1960년 이후 미국 대통령 선거 당선자

대	대통령	임기	기(期)	정당	전직	부통령
35	존 F. 케네디	1961. 1. 20~ 1963. 11. 22	44(1960년)	민주당	상원의원 (1953-1960)	린든 B. 존슨
36	린든 B. 존슨	1963. 11. 22~ 1969. 1. 20	45(1964년)	민주당	부통령	휴버트 호레이쇼 험프리
37	리처드 닉슨	1969. 1. 20~ 1974. 8. 9	46(1968년)	공화당	부통령	스피로 애그뉴/ 제럴드 포드
			47(1972년)			
38	제럴드 포드	1974. 8. 9~ 1977. 1. 20	47(승계)	공화당	부통령	넬슨 록펠러
39	지미 카터	1977. 1. 20~ 1981. 1. 20	48(1976년)	민주당	조지아 주지사	월터 먼데일
40	로널드 레이건	1981.1.20~ 1989. 1. 20	49(1980년)	공화당	캘리포니아 주지사	조지 H. W. 부시
			50(1984년)			
41	조지 H. W. 부시	1989. 1. 20~ 1993. 1. 20	51(1988년)	공화당	부통령	댄 퀘일
42	빌 클린턴	1993. 1. 20~ 2001. 1. 20	52(1992년)	민주당	아칸소 주지사	앨 고어
			53(1996년)			
43	조지 W. 부시	2001. 1. 20~ 2009. 1. 20	54(2000년)	공화당	텍사스 주지사	딕 체니
			55(2004년)			
44	버락 오바마	2009. 1. 20~ 2017. 1. 20(예정)	56(2008년)	민주당	상원의원	조 바이든
			57(2012년)			

당 대표가 없는 미국의 정당

　워싱턴의 가십에 '키가 더 크고 잘생긴 사람'이 당선된다는 속설이
있다. 레이건과 클린턴은 상대 후보보다 키가 컸다. 무엇보다 두 사람
이 정치적으로 돋보이는 특징은 초당파로 정치를 이끌어갔다는 점이
다. 진영 논리가 강하면 반대당의 지지를 얻을 수 없고 정책 집행에 애
를 먹는다. 따라서 두 사람은 재임 중에 상·하원에 끊임없이 전화하
고, 법안 통과를 위해 여야를 막론하고 접촉했다. 골프 치고 티파티를
자주 여는 것이 대통령의 일상 업무인 것처럼 소통하고 중도 정책을
펼쳤다.

　미국 정치의 특징 중 하나가 당 대표가 없다는 점이다. 전국위원회
의장은 있지만 중앙당을 대표하는 대표가 없다. 지역구에서 오픈 프라
이머리를 거쳐 의원으로 선출됨으로써 누구나 선거에 출마할 수 있고,
중앙당에 줄을 설 이유가 없는 것이다. 우리나라의 경우 중앙당이 공
천권을 쥐고 줄서기를 강요하는 것과는 다르다.

　미국의 선거는 정책과 이념으로 싸운다. 예측 가능한 정치를 펼친다
는 점에서 한국 정치가 본받을 만하다. 미국은 의원이 되면 교체율이
낮다. 상원의원은 보통 3, 4선은 기본이며, 하원의원은 두 자릿수의 선
수(選數)를 기록한 경우도 많다. 한국전 참전용사로 미국 현역 최다선
의원인 존 코니어스는 26선을 기록했다. 이 정도면 직업이 하원의원이
라 할 만하다.

02

—

미국 대선의
정치 공학

미국 대선에선 한국민에게 생소한 제도가 많다. 가장 눈길을 끄는 것이 간접선거 방식의 대통령 선거와 승자독식 제도다. 또 대의원의 14%를 슈퍼 대의원들이 결정하는 슈퍼 대의원 제도, 정치 광고 무제한 허용의 슈퍼팩, 정치공학의 산물인 부통령 지명, 네거티브 선거전략, 보수와 진보의 이념 대결의 보루인 연방대법관 선출 등의 히스토리는 매우 흥미롭다.

트럼프의
'미국 우선주의'의 배경

트럼프의 고립주의

   미국 공화당 대선 후보가 된 도널드 트럼프가 수락연설을 통해 밝힌 '미국 우선주의(America First)'에 전 세계의 시선이 쏠리고 있다. 이 정책의 핵심은 동맹이나 기존 세계 질서를 해치고서라도 미국의 이익을 우선하겠다는 것이다. 불행히도 그의 국익 우선 선언 사례로 언급되는 것이 주한미군 철수 압박과 한·미 FTA의 재협상이다.

   그는 미국이 맺은 모든 무역협정의 재협상 의지를 밝히고 있다. 또 동맹국이 비용을 더 부담하지 않을 경우 해외 주둔 미군을 본토로 불러들일 수 있다는 뜻을 내비쳤다. 더 나아가 트럼프는 "일자리를 죽이는 한국과의 무역협정을 지지했다"고 힐러리를 비난하고 나섰다. 2016년 11월 대선 본선에서 이를 쟁점으로 삼아 공격무기로 활용하고 있다.

또한 트럼프는 뉴욕 타임스와의 인터뷰에서 "주한미군 주둔 덕분에 한국에서 평화가 유지된다는 보장은 없다"는 말을 쏟아내 한국인들의 가슴을 쓸어내리게 했다. 한국의 방위비 분담이 늘지 않으면 미군을 철수시키겠다는 노골적인 발언이다. 알아서 분담금을 최대한 내라는 억박지름이다.

트럼프의 이런 회견내용은 공화당 경선 과정에서 보호무역주의를 재확인한 것이다. 대선 출사표를 던지면서 이를 강조하고 나선 것은 당선되면 반드시 하겠다는 강한 의지라고 볼 수 있다. 여기에는 트럼프의 지지기반인 저소득층 백인을 겨냥한 발언이다. 미국 대선 후보들은 고립주의를 내세우는 경우가 많다.

원래 미국의 대외정책은 고립주의와 개입주의를 반복해 왔다. 초기 미국은 종교 박해와 가난으로부터 종교의 자유와 풍요를 꿈꾸던 이주민이 세운 나라였다. 그 과정에서 영국과 독립전쟁을 치렀다. 왕정을 피해 메이플라워를 타고 신대륙에 상륙한 청교도들이 세운 국가다.

그들은 유럽의 간섭이나 개입을 원하지 않아, 고립주의 외교정책을 선호했다. 초대 대통령 워싱턴은 1796년 고별연설에서 "어떠한 나라와도 복잡한 동맹관계를 맺지 않고 유럽국가와의 국제분쟁에 휘말리는 것을 회피한다"는 외교방침을 강조했다. 이는 1823년 먼로 대통령의 먼로교서에서 구체화되어 미국 외교의 기본 원칙이 되었다.

또 제1, 2차 세계대전 시에도 중립을 견지해야 한다는 논거로 이용되었다. 1917년 윌슨 대통령은 고립주의 외교를 포기하려고 시도했지만 연방 상원의 반대에 부딪혀 국제연맹 참가를 포기해야 했다. 그러나 제2차 세계대전을 거치면서 미국은 고립주의만으로는 미국의 평화가 유지될 수 없다는 판단 아래 공산권으로부터 자유진영을 지키는 세계경찰을 자임하면서, 세계분쟁에 적극 개입하기 시작했다. 이후 라틴 아메리카와 아시아 국가의 국제 문제에도 깊이 관여하였다.

1948년 재선한 트루먼 대통령은 냉전시대를 열며 봉쇄정책을 폈다. 이런 구도는 1968년 닉슨이 중공을 방문하면서 균열이 생기기 시작했고, 1991년 소련의 몰락과 냉전 종식을 맞으면서 미국은 사실상 글로벌 유일의 리더로 즉위했다.

글로벌 리더의 딜레마

세계에서 가장 강력한 국가로 미국이 등장하면서 조지 H.W. 부시는 신세계 질서(New World Order)를 주창했다. 하지만 2001년 9·11 테러는 유대인과 기독교 대 이슬람 구도로, 헌팅턴이 말한 '문명의 충돌'을 겪게 된다. 테러와의 전쟁으로 공화당은 지금도 미국은 전쟁 중이라고 말하고 있다.

또 미국에선 중국의 슈퍼파워 부상은 시간문제로 보고, 고립주의 경향이 점차 강해지고 있다. 이는 1910년 미국이 영국 GDP의 60% 수준으로 올라서며 패권을 잡았던 사례에 비춰 볼 때, 현재 중국이 미국 GDP의 60% 수준을 넘으면서 패권이 역전될 거라는 불안감 때문이기도 하다.

한편 2008년 리먼브러더스 사태로 야기된 금융 불안은 자신감 상실을 가져왔고, 오바마의 결정으로 단행된 미군의 이라크 철군은 시기상조였다는 분석을 내놓고 있다. 최근 러시아 푸틴 대통령의 팽창정책은 신냉전 회귀가 아니냐는 우려도 낳고 있다.

그 와중에 백인의 인구 비중이 절대 다수에서 60%대 수준으로 떨어지면서 인종 갈등이 심해지고, 이런 여러 상황이 겹치면서 21세기를 불안하게 보는 것이다.

미국은 고립주의 전통에 따라 국제 문제에 개입하는 것을 회피하는 소극적 측면도 있지만 다른 한편으로는 유럽의 세력을 배제하고 미국 세력을 확대하는 팽창 논리를 펴기도 한다.

미국의 개입주의 노선은 달러를 중심으로 한 자유무역체제와 막대한 군사력을 바탕으로 추진됐다. 이 과정에서 세계 역사상 가장 강력한 슈퍼 국가로 탄생한 것이다.

하지만 세계의 수입 마켓 노릇을 자처하면서 발생한 무역적자와 막대한 군비 지출에 따른 재정적자는 미국의 발목을 잡고 있다. 아이러니컬하게도 미국을 초강대국으로 만든 요인이 스스로 힘을 약화시키는 결과를 가져온 것이다.

무역적자의 증가로 미국의 전통 제조업은 경쟁력이 떨어졌고, 백인 노동자들은 일자리를 잃거나 불안정한 생활을 하게 되었다. 미국의 보수파는 이런 백인들의 불만 원인을 경제적으로는 신규 이민자들에게서, 군사적으로는 이슬람 테러리스트에게서 찾고 있는 것이다. 이것이 트럼프가 개입주의 전략에 대한 반작용으로써 고립주의를 강조한 배경이다.

트럼프의 고립주의는 경선 과정에서 등장한 타 후보와는 다르다. 공화당 주류의 생각과는 다른 것이다. 히스패닉계인 마코 루비오는 공화당의 주류이자 2016년 대선의 본선 경쟁력이 있다고 평가되었고, 미국 역사상 첫 히스패닉계 대통령감으로 주목받았다. 공화당은 승리를 위해 히스패닉 표를 차지해야 한다고 했고, 이는 루비오에게 유리한 구도였다.

　트럼프는 '워싱턴을 바꾸자'라며 반주류, 반이민법 추진을 선동하고 나섰다. 공화당 주류에서 보면 트럼프는 반동인 것이다.

트럼프의 고립주의는 공화당 주류와 갈등을 불러 일으키고 있다.

힐러리가 이긴 게임,
슈퍼 대의원 제도

뜻하지 않은 도전자, 샌더스 돌풍

버니 샌더스 버몬트주 상원의원은 5월 17일 미국 오리건주 민주당 경선에서 힐러리 클린턴 전 국무장관에게 승리하자 "경선은 아직 끝나지 않았고 우리는 7월 말 필라델피아에서 열리는 민주당 전당대회, 즉 끝까지 가볼 것이다"라고 말해 열광하는 그의 지지자들을 흥분시켰다.

또한 샌더스와 그의 맹추종자들은 "민주당의 경선 시스템 자체가 기득권과 주류(主流)에게 유리하게 만들어져 있고, 그래서 샌더스발(發) 민주주의 혁명이 이번 대선에서 반드시 필요하다"며 민주당의 리더십에 대한 불만을 계속해서 공공연하게 밝히고 있다.

샌더스는 또한 5월 22일 CNN과의 인터뷰에서 현 민주당 전국위원회 의장인 플로리다주 하원의원 데비 와서먼 슐츠가 당 내 대선 경선 과정을 공정하게 이끌지 못했다며 그녀를 하원의원 경선에서 낙마시키기 위해 경쟁자 팀 카노버를 지지하겠다고 밝혀 민주당 리더십을 향해 사실상 선전포고를 선언했다.

민주당의 이러한 막장 내분(內紛)을 흐뭇하게 바라보고 있는 공화당의 트럼프는 5월 16일 자신의 트위터에 "버니 샌더스는 민주당에 의해 매우 부당한 취급을 받고 있다! 민주당의 경선 시스템 자체가 샌더스에게 불리하게 만들어져 있으므로 샌더스는 탈당해 무소속으로 출마해야 한다. 무소속 출마하세요! 버니"라고 글을 남겨, 힐러리의 가슴에 분노를 질렀다.

클린턴은 5월 19일 CNN과의 방송 인터뷰에서 "민주당 경선은 이미 끝났다. 내가 후보가 된 것이나 마찬가지다"라고 밝힌 반면 샌더스는 "끝까지 가봐야 한다"고 말하는데, 과연 누구의 말이 맞는 것일까? 정답은 바로 클린턴의 주장이다.

민주당 경선의 '큰손'

공화당과 함께 미국 정치를 양분하고 있는 민주당의 경선은 2016년 2월 1일 아이오와주 경선을 시작으로 5월 17일 오리건주 경선까지 총 48번 치러져, 클린턴이 27개 주에서 승리했고 샌더스가 21개 주에서 승리했다. 이에 따라 지금까지의 대의원 확보 수는 힐러리가 1771명, 샌더스가 1499명으로서 비율로 따지면 힐러리 54% 대 샌더스 46%이고, 6월 14일까지 9번 남은 프라이머리에 걸려 있는 대의원 수가 781명이므로 샌더스가 충분히 뒤집을 수 있는 수치다. 그럼에도 불구하고 힐러리가 이미 경선은 끝났다고 주장하며 샌더스의 선거 중단을 요구한 이유는 민주당 대의원의 15%를 차지하는 슈퍼 대의원 제도 때문이다.

슈퍼 대의원이란 민주당의 최고 리더십, 곧 연방 상원의원, 하원의원, 주지사 및 전직 대통령, 대통령 후보 등으로 구성된 총 712명을 말하는데, 이 중 약 75%에 육박하는 525명의 압도적인 수의 민주당 기득권 정치인들이 힐러리를 공개적으로 밀고 있어서 샌더스는 이번 경선에서 승리하는 것은 사실상 불가능하다.

바로 이 사실 때문에 올해 대선 본선 경쟁력이 힐러리 클린턴보다 낫다고 조사됐던 조 바이든 현 부통령조차 민주당 내 경선에 뛰어들지 않았던 것이다. 2016년 대선은 힐러리가 2008년 대선 경선에서 오바마에게 패배한 이후 8년 동안을 절치부심하며 기다려왔던 선거이고, 클린턴 대통령 부부에게 수십 년간 수많은 정치적 빚을 져왔던 민주당 주류 정치인들은 이번 경선에서 힐러리 대통령 만들기에 올인하며 그 부채를 갚으려 하고 있다.

워싱턴 기득권 정치인들의 발명품

그렇다면 궁금한 것이, 누가 언제부터 어떤 이유 때문에 이러한 반(反)민의적인 경선제도를 소수민족과 여성 인권, 그리고 소위 민중을 대변한다고 하는 민주당에서 만들었느냐다.

1980년 대선에서 카터 대통령이 레이건 전 캘리포니아 주지사에게 참패해 재선에 실패하자, 민주당은 고통스러운 과정의 내부 진단을 거쳐 1984년 대선 후보 선출을 위한 경선에서는 대의원의 14%를 슈퍼 대의원들이 결정하게 하도록 하는 시스템을 도입한다.

1972년의 조지 맥거번 민주당 후보와 같이 너무 진보적인 정치인이나 1976년의 카터와 같이 반(反)워싱턴 정치의 기치를 드는 비주류 후보가 경선에서 이겨, 본선 경쟁력을 떨어뜨리는 것을 견제하기 위해 만든 제도다. 쉽게 말해 민중의 표심은 시류에 따라 너무 치우치는 투표를 할 수 있으므로 '정치의 달인'인 슈퍼 대의원들이 당원과 미국 국민들의 경선 과정을 견제하겠다는 것이다.

이 슈퍼 대의원 제도를 잘 활용해 민주당 경선에서 승리한 정치인이 바로 2008년 버락 오바마였다. 그는 민주당원 및 일반 국민들의 표심에서도 힐러리를 제쳤고 슈퍼 대의원들인 워싱턴 정치인들도 힐러리보다 더 설득할 수 있었기 때문에 당내 경선을 통과할 수 있었다. 이 슈퍼 대의원 시스템을 뼈저리게 직접 체험했던 힐러리 클린턴은 오래 전부터 이 기득권 정치인들을 자신의 진영으로 끌어 모으는 데 전력을 기울였고, 게임이 이미 끝난 상태에서 버니 샌더스는 힐러리 선거의 들러리를 서는 것이나 마찬가지인 민주당 경선에 뛰어들었던 것이다.

문제는 자칭 사회주의자인 샌더스가 예상외로 돌풍을 일으켜 지난 4개월여 동안의 경선에서 대의원 숫자에서 54 대 46으로 힐러리에게 바짝 따라 붙었다는 것이다. 2030세대의 청년들과 매우 진보적인 이념 성향 미국인들의 압도적인 지지를 받은 샌더스는 이러한 슈퍼 대의원 시스템이 바로 자신이 깨부수어야 할 불의한 워싱턴식 기득권 정치라고 주장하고 있다.

정치적 이념과 정강 정책이 보수 우파적인 공화당은 대선 후보 선출 과정도 매우 보수적이어서 풀뿌리 공화당원들의 안전한(?) 투표 성향을 신뢰해 슈퍼 대의원 같은 견제 장치를 만들어 놓지 않았다. 이러한 제도적 맹점 때문에 트럼프와 같은 위험천만한 아웃사이더 비주류 후보가 공화당 경선에서 이길 수 있었는데 반해 진보 좌파적인 민주당은 당원들의 표심을 100% 신뢰하지 않아 샌더스 같은 인물이 대선 후보가 되지 못하게 견제 시스템을 만들어 놓았다는 것이 2016년 대선 경선 과정 중에 목도된 최대 아이러니이다.

슈퍼대의원 제도를 활용, 지지기반을 굳힌 힐러리는 샌더스와 경선 승리가 일찍부터 예견됐다.

정치 공학의 산물,
부통령 후보 지명

대선 후보의 '짝'을 찾는 선거 공학

미국 대선에서 부통령 후보는 당락을 판가름할 정도로 중요하다. 상대의 허점을 찌르고 나의 능력을 부각시킬 수 있는 대선 후보의 '짝'은 어떻게 결정될까?

지난해 3월 시작된 민주당과 공화당의 기나긴 경선이 6월 끝나면 7월 말 양당의 전당대회가 개최된다. 사실상 대선 후보인 민주당의 힐러리 클린턴과 공화당의 도널드 트럼프가 과연 누구를 부통령 후보로 지명할 것인가가 미국 정계와 언론, 유권자들의 최대의 관심사다.

4년마다 열리는 미국 대선에서 각 후보는 전당대회 전에 부통령 후보, 즉 러닝메이트를 발표해 본선 레이스의 본격적인 개막을 알린다. 부통령 후보는 유권자의 표심에 어떤 영향을 미칠까?

클린턴과 트럼프가 지명하는 부통령 후보는 크게 세 가지 요건에 부합해야 한다. 첫째는 대통령 유고 시 부통령이 헌법상 대통령직 승계 1순위이므로 대통령직을 언제든 수행할 수 있는 역량을 갖춘 사람이어야 한다. 둘째는 부통령이 대통령과 4년 동안 호흡을 맞추고 직무를 수행할 때 시너지 효과를 내려면 두 사람 사이에 인간적인 신뢰가 밑바탕이 돼야 한다. 마지막이자 가장 중요한 것은 대선에서 이겨야 하므로 유권자의 표심을 파고들 수 있는 정치 공학적인 계산이 필요하다.

과거의 부통령 후보 지명과 정치적 논리, 그리고 선거 결과를 살펴보면 부통령 지명을 예측하는 데 도움이 된다.

2008년 47세의 젊은 흑인이었던 버락 오바마 후보는 정치적 경험이 상대적으로 많고 선거 당락에 결정적인 스윙 주들의 백인 중산층과 서민층의 표심을 잡을 수 있는 백인을 원했다. 그래서 정치 신예 오바마는 상원의원 35년 경력의 66세 조 바이든을 러닝메이트로 지명했다. 바이든의 진보적인 정치 성향 때문에 오바마·바이든 팀은 선거에서 블루칼라 유권자에게 인기를 끌어 승리를 거머쥐었다.

2012년 공화당 후보로 선출된 65세의 밋 롬니는 오바마 대통령·바이든 부통령의 재임을 막을 수 있는 러닝메이트를 우선순위로 꼽았다. 롬니는 성공한 기업가이자 매사추세츠 주지사로서 많은 경력을 쌓았지만 2030세대 유권자 층을 꽉 잡고 있는 오바마를 무너뜨릴 수 있는 '젊은 피'가 절실했다. 그래서 오바마보다 아홉 살 젊은 42세의 폴 라이언 위스콘신주 하원의원을 부통령 후보로 지명했다.

후보의 결점을 보완하는 짝짓기

공화당의 조지 W. 부시는 2000년과 2004년 대선에서 승리했다. 2000년 선거 당시 그는 텍사스 주지사 경력이 5년밖에 안 된 새내기 정치인이었다. 상대 후보는 자신과 나이가 비슷하지만 테네시 하원의원과 상원의원을 18년간 지내고 빌 클린턴 정부에서 부통령직을 8년 동안 수행한 관록의 정치인 앨 고어였다. 그래서 부시는 59세의 딕 체니를 러닝메이트로 깜짝 지명했다. 체니는 35세에 제럴드 포드 대통령의 백악관 비서실장, 11년간 와이오밍주 하원의원, 아버지 조지 H.W. 부시 행정부에서 국방장관의 경험을 쌓은 안정감 있는 정치인이었기 때문이다.

그렇다면 1992년 대선에서 46세의 젊고 매력적인 아칸소 주지사 빌 클린턴 민주당 후보는 왜 자신의 경력과 강점이 흡사한 44세의 앨 고어를 부통령 후보로 지명했을까? 당시 68세의 대통령 조지 H.W. 부시를 평생 정치만 해온 워싱턴 중심의 기득권 세력임을 강조하기 위해서였다. 또 자신의 젊음을 부각시켜 '바꿔 열풍'을 일으킬 목적으로 고어를 택했던 것이다. 클린턴은 자신과 사는 동네(?)가 비슷한 남부 테네시의 고어를 택해 공화당의 표밭이었던 남부(켄터키·미주리·조지아·루이지애나주)에서도 승리를 가져올 수 있었다.

2016년 대선에서는 힐러리 클린턴과 도널드 트럼프가 어떤 정치적 셈법으로 러닝메이트를 선정할까?

힐러리는 자신의 노쇠한 기득권 정치인 이미지를 쇄신하고, 트럼프의 기업가와 비주류 아웃사이더 장점을 희석시킬 수 있는 젊고 개혁적이며 비주류이자 이념적으로 매우 진보적인 후보를 택할 가능성이 크다. 또한 히스패닉과 흑인 등 소수민족 유권자들이 인종차별적 발언을 일삼는 트럼프에 반대하고 자신을 압도적으로 지지할 것으로 예상해 백인 중산층, 특히 여성의 표심을 자극할 수 있는 백인 여성을 지명할 수도 있다. 미국 역사상 첫 여성-여성 러닝메이트 대선 티켓은 중도층의 여성 미국인에게 8년간의 민주당 장기 집권이 계속돼야 하는 명분을 제공할 수 있기 때문이다.

힐러리는 고심 끝에 팀 케인 버지니아주 상원의원을 부통령 후보로 지명했다. 그는 민주당 내 온건파로, 미주리 대학과 하버드 로스쿨을 졸업했다. 리치먼드 시장을 거쳐 버지니아 주지사, 민주당 전국위원회 의장을 역임했다. 상원 외교군사위원회 위원이며, 중도주의자로 알려져 있다.

공직 경험 없는 트럼프의 선택은?

한편 트럼프는 선출직 공직 경험이 전무하다. 따라서 유권자들이 트럼프의 정치 무경험을 불안해하지 않도록 백악관과 행정부를 잘 꾸려나가고 의회를 설득할 수 있는 노련한 정치인을 택할 가능성이 크다. 하지만 공화당 경선에서 돌풍을 일으킨 핵심 요인이 워싱턴 기득권 정치를 개혁할 비주류 아웃사이더 이미지이기 때문에 러닝메이트 선택에 신중해야 한다. 따라서 비주류이면서 보수층과 백인 중산층을 대거 투표장으로 끌어 낼 수 있는 사람의 승률이 높다.

결국 트럼프는 부통령 후보로 마이크 펜스를 지명했다. 그는 현 인디애나 주지사이자 강경보수주의자이며, 성소수자에 대해서도 아주 보수적이다. 하원의원 6선에 성공했으며, 당초 공화당 경선에서 테드 크루즈를 지지했으나, 중도하차하자 트럼프로 돌아섰다. 티파티의 핵심 멤버이며, 공화당 주류 세력으로 평가된다.

　오는 11월 8일 선거일까지 한 치의 양보도 없는 혈전이 펼쳐질 것이다. 네거티브 비방으로 역대 최대의 진흙탕 선거가 될 클린턴-트럼프 매치업. 양 진영의 부통령들까지 가세돼 어떤 싸움을 벌일지 전 세계의 이목이 집중되고 있다.

보수와 진보의
연방대법관 전쟁

역사를 바꾸는 연방대법원관

오바마가 공석인 대법관 후임자를 지명하자 공화당은 차기 대통령의 권한이라며 인준을 거부했다. 종신직인 연방대법관에 공석이 생긴 것을 가지고 민주 · 공화 양당의 싸움이 치열한 이유는 무엇일까?

연방 대법원을 차지하기 위한 힐러리와 트럼프의 전쟁이 시작됐다. 오는 11월 8일 민주당의 힐러리 클린턴과 공화당의 도널드 트럼프가 격돌할 미국의 대선 결과는 한반도를 비롯한 동북아와 세계 정세에 막대한 외교적 영향을 미칠 것이다. 그렇다면 미국에는 어떤 정치적 파급이 있을까? 바로 미국 연방대법원의 미래다.

미국이 영국으로부터 독립한 직후인 1787년 헌법제정회의에서 새롭게 제정된 미국 헌법은 연방정부의 삼권분립을 명시했다. 행정부와 입법부, 사법부의 상호 견제를 통해 권력의 집중화를 막는 것이다. 연방대법원은 미국 최상위의 사법 기관으로서 현재는 대법원장 1명, 대법관 8명 등 총 9명으로 구성됐다. 이들은 모두 대통령이 지명하고 연방상원에서 표결로써 동의해야 하는 헌법 절차에 따라 임명됐다.

문제는 연방대법원이 1980년대 말 이후 사회 이슈에 정치적인 판결을 내리면서 매우 당파적인 권력 기관으로 변하고 있다는 점이다. 지난해 대법원은 동성결혼을 금지한 주들의 법이 위헌이라는 판결을 내렸다. 동성결혼을 50개 주의 주법(州法)에 따라 결정하지 못하도록 강제했다. 한마디로 미국은 국가적으로나 헌법적으로 동성결혼을 허용하는 사회가 된 것이다. 이 판결에 공화당과 보수 기독교(개신교 및 천주교)는 대법원을 신랄하게 비판했다.

2010년 연방대법원은 개인과 기업의 정치인에 대한 후원금액 한도 제한은 위헌이라는 판결을 내렸다. 따라서 대기업은 액수에 관계없이 맘껏 정치인을 도울 수 있게 됐다. 민주당과 힐러리 클린턴 같은 진보 성향의 정치인은 이 판결이 천문학적 돈으로 정치인을 합법적으로 매수하는 정경유착을 가속화할 것이라며 비난했다.

연방대법원의 결정에 따라 이처럼 미국 사회를 완전히 변모시킬 수 있는 역사적인 사건은 수없이 많다. 예를 들어 피임, 낙태, 수간, 공공기관에서의 종교적인 기도, 소수민족 우대, 이민, 공무원 노조, 투표권, 선거구획, 총기 소유, 검찰과 경찰의 권한 제한 등 모두 사회적으로 논란을 불러일으키고 찬반이 확실히 갈리는 이슈다.

양당의 이념 수호천사, 연방대법원

그리고 행정부의 수장인 대통령과 상·하원 의원들은 이런 사회적 어젠다에 입장 표명을 확실히 한다. 그러다 보니 진보 민주당과 보수 공화당은 대법관 공석이 생길 때마다 후임자를 놓고 한 치의 양보 없는 전선(戰線)을 형성해 싸웠다.

사실상 종신직인 대법관이 고령이나 질병, 그리고 사망으로 퇴임하면 그 공석을 채울 신임 대법관 지명자의 과거 판결 성향과 정치 이념은 상원 법사위의 청문회와 언론 등을 통해 '현미경 검증'을 받게 된다.

지난 2월 보수 성향의 안토닌 스칼리아(80) 대법관이 갑작스럽게 사망함에 따라 대법원은 진보 대법관 4명과 보수 대법관 4명이 동수(同數)를 이룬다. 버락 오바마 대통령은 스칼리아 대법관의 후임으로 중도 성향의 메릭 갈랜드(63) 워싱턴DC 연방항소법원장을 지명했다. 그러나 상원의 다수당인 공화당은 신임 대법관을 현 대통령인 오바마가 아니라 올해 대선에서 승리한 차기 대통령이 내년 초에 지명해야 한다며 갈랜드의 인준을 거부하고 있다.

그뿐만 아니라 진보 성향의 루스 베이더 긴즈버그(83)와 스티븐 브라이어(77), 중도 보수의 앤서니 케네디(79)도 고령으로 인해 퇴임이 임박하지 않았느냐는 기대(?)가 양당에서 나온다. 그래서 차기 대통령은 스칼리아의 후임자를 포함해 총 1~4명의 신임 대법관을 지명할 수 있는 절호의 찬스를 맞게 된다.

트럼프는 보수 진영, 특히 기독교인 유권자의 표심을 얻기 위해 백악관에 입성하면 반드시 보수적 판결 성향의 대법관을 지명하겠다며 후보 11명을 언론에 공개했다. 클린턴과 민주당도 차기 대통령은 대법관 지명을 통해 미국 사회를 바꿀 것이라며 자신을 중심으로 한 진보 진영 단합과 대선 승리를 외친다.

레이건부터 오바마까지 전임 대통령 5명 중 4명이 재임에 성공해 8년 임기를 채웠다. 따라서 클린턴이나 트럼프가 내년 1월 대통령에 취임하고 4년 후 재선까지 거머쥐면 적어도 5명의 신임 대법관을 지명한다고 봐야 한다.

올해 대선의 승리자와 집권당은 그들이 추구하는 이념에 따라 앞으로 수십 년간 미국 사회를 변화시킬 대법관 구성의 추를 좌나 우로 기울게 할 것이다. 그래서 올해 대선은 과거와 비교할 수 없는 민주·공화 양당의 사활이 걸린 총구 없는 전쟁터다.

연방대법원의 정치적 판결로, 미국의 정체성을 둘러싼 민주당과 공화당의 다툼이 치열해졌다. 2016년 대선 결과에 따라 연방대법관의 구성이 크게 달라질 전망이다.

스윙 스테이트의
표심을 빼앗아라

러스트 벨트 포함 스윙 스테이트는 10개 주

2016년 미국 대통령 선거는 전통적으로 어느 당도 선호하지 않는 플로리다·오하이오·펜실베이니아·버지니아 등 4개의 스윙 스테이트를 누가 가져가느냐에 성패가 달려 있다. 특별히 2016년 대선은 제조업 몰락으로 어려움을 겪는 북동부 5대호 주변의 쇠락한 공장지대인 러스트벨트(rust belt)를 포함해서 10개 주가 승패를 결정짓는다는 게 언론들의 평가다. 스윙 스테이트는 양당제와 승자 독식의 선거제도가 그 배경이다.

한국과 미국은 모두 대통령 중심제지만 큰 차이점이 있다. 우리나라는 국민이 직접 대통령을 선출하는 직접선거제이고 미국은 50개 주와 워싱턴DC에서 선거인단이 투표로 결정하는 간접선거제다. 간접선거제의 태동과 변천사 등을 이 지면에서 전부 다룰 수는 없지만, 결론부터 말하자면 현대 미국 대선에서는 총 538명의 선거인단이 있고 일반적으로 민주·공화 양당의 후보 중 최소 270명의 선거인단을 가져가는 자가 승리한다.

538명 선거인단 수는 미국 50개 주와 워싱턴DC에 배분된 최소 3명에서 최대 55명의 선거인단의 총 합계를 말한다. 각 주에는 연방 상원의원 2명과 인구비례에 따른 하원의원 수가 배정된다. 상원의원 2명과 하원의원 수를 합하면 그 주의 선거인단 수가 된다. 예를 들어, 상원의원 2명과 하원의원 53명인 캘리포니아주에는 55명의 선거인단이 있다.

그리고 4년마다 있는 선거일 각 주에서 유권자의 과반수 이상을 득표한 후보가 그 주의 선거인단을 모두 가져간다(메인과 뉴햄프셔주만 예외다). 1990년대 대선 이후의 선거 결과들을 보면 보수적인 남부(텍사스 등)와 중부(캔자스 등)의 주들은 대부분 공화당이 가져가고 서부(캘리포니아 등)와 북동부(뉴욕 등)의 진보적 성향의 유권자가 다수인 주들은 민주당으로 가곤 했다. 결국 대선 결과는 어느 당도 선호하지 않아 매번 결과가 다르게 나오는 5~10곳의 스윙(Swing) 스테이트들을 어느 후보가 가져가느냐에 따라 결정된다. 이 중에서도 인구가 많아 선거인단이 몰려 있는 플로리다, 오하이오, 펜실베이니아, 버지니아 4개의 주가 핵심 결전지역이다.

이 중에서도 플로리다와 오하이오주가 가장 중요하다. 2016년 대선에서도 공화당의 트럼프와 민주당의 힐러리 클린턴 중 누가 이 두 곳을 가져가는가를 유심히 살펴볼 필요가 있다. 물론 한 후보가 압도적으로 승리해 대부분의 스윙 스테이트들을 쓸어 담으면 예외겠지만 올해는 어느 한쪽이 일방적으로 승리할 것 같지는 않다.

미국의 이 같은 간접선거 제도 때문에 전당대회 및 후보 선출을 한 8월 초 이후부터 11월 초까지 약 4개월간의 본선 기간에는 후보들이

5~10개의 스윙 스테이트들에서 집중 유세를 펼치고 미디어 홍보 및 조직 선거 자금을 집행한다. 그래서 대통령 중심제의 본거지인 미국의 정치학계에서는 대통령이 될 사람이 몇 개 주의 표심에 맞춰 유세를 펼치는 것이 과연 진정한 민주주의인가 하는 논란이 있다. 쉽게 말하자면 한국 대선에서 대통령은 대부분 충북 충주와 경기도 수원 표심에서 당락이 결정되므로, 후보가 선거 전략과 유세를 이 두 곳에 집중해야 한다는 예상이 매번 나온다고 상상해 보라.

미 대선 본선에서 가장 중요한 2곳의 스윙 스테이트가 플로리다와 오하이오주라면 민주당과 공화당의 경선에서 가장 중요한 주는 어디일까? 바로 아이오와주와 뉴햄프셔주다. 1972년부터 아이오와 코커스 (프라이머리와 더불어 경선에서 승자를 결정하는 방식)는 수개월 동안 치러지는 50여 개 주 경선에서 가장 먼저 실시되는 선거다. 2016년 경선을 예로 들면 지난 2월 1일 민주당에서는 힐러리 클린턴이, 공화당에서는 테드 크루즈가 아이오와 코커스에서 승리해 언론의 스포트라이트를 받았다. 이에 따라 유권자들과 거액 정치자금 후원자들의 관심을 끌었다.

코커스와 프라이머리, 빌 클린턴의 기적

힐러리와 트럼프는 스윙 스테이트의 민심을 얻어야만 백악관에 입성할 수 있다.

아이오와주에서 첫 번째 경선이 이뤄진다면, 두 번째는 통상 뉴햄프셔주 오픈 프라이머리다. 뉴햄프셔주에서는 아이오와주와 달리 민주당이나 공화당 당적이 없더라도 누구나 투표할 수 있어 경선 초반 민심에 중요한 풍향계 역할을 한다. 올해는 민주당에서는 샌더스, 공화당에서는 트럼프가 승리해 선거 돌풍의 시발점이 됐다.

결국 아이오와 코커스와 뉴햄프셔주 프라이머리에서 두 번 모두 또는 둘 중에 적어도 한 번은 승리한 사람이 각 당의 최종 대선 후보가 된다. 이 같은 경선 일정이 채택된 1972년 이후 지난 44년간 두 번의 경선 모두 1등을 하지 못했는데도 최종 대선 후보가 된 인물은 1992년 민주당의 빌 클린턴이 유일하다. 그래서 미국에서는 빌 클린턴을 컴백키드(Comeback kid)라고 부른다. 거의 불가능해 보였던 경선을 뒤집었던 정치인이기 때문이다.

대선 본선에서 최종 결과를 거의 결정짓는 스윙 스테이트들과 마찬가지로 경선 역시 아이오와주와 뉴햄프셔주가 중요하다 보니, 이 또한 미국 선거 제도의 맹점으로 부각되곤 한다. 미국에서 인구가 가장 많은 캘리포니아주 경선은 일정상 거의 맨 뒤에 포진돼 있어 대부분 최종 후보로 결정된 사람이 인사치레로 그곳에 간다고 봐야 한다.

민주주의와 대통령 중심제 선거의 본고장인 미국에서도 본선과 경선에 약점과 보완해야 할 점들이 있다. 상대적으로 대통령 선거의 역사와 변천 과정이 짧았던 대한민국에서야 시스템의 허점이 얼마나 많겠는가. 우리가 다 함께 고민해 봐야 할 대목이다.

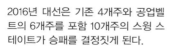

2016년 대선은 기존 4개주와 공업벨트의 6개주를 포함 10개주의 스윙 스테이트가 승패를 결정짓게 된다.

경선 땐 선명성,
후보 지명 후엔 중도로 회귀

국민의 호주머니 불려줄 민주당 · 공화당의 후보는 누구?

미국의 대선 후보 선출을 위한 각 당의 경선은 일단 후보가 된다는 면에서 매우 중요하다. 1년여의 TV토론과 당내 싸움이 치열하게 벌어진다. 공화는 보수를 대표하며, 민주당은 진보를 앞세운다. 그러다보니 여러 특징적인 현상을 관찰할 수 있다.

첫째, 당내 경선에서 선명성 경쟁을 벌일 수밖에 없다. 민주당의 힐러리와 샌더스 중 누가 더 진보인가 경쟁을 벌이고, 공화당의 젭 부시, 테드 크루즈, 마코 루비오와 도널드 트럼프 중 누가 더 보수이며 공화당의 정강에 맞는지 주도권 다툼을 벌이는 것이다. 그러다보니 민주당에선 샌더스가 너무 좌파여서 급진적인 정책을 펼친다는 비판도 있고, 힐러리는 기존 태도에서 좌파로 더 옮겨간 발언과 정책을 내놓는 것이다. 공화당은 17명의 후보들이 경선 과정에서 보수 우파의 기치를 내걸고 선명성 경쟁을 벌였다. 하지만 공화당 주류의 생각과 달리 저소득 백인들의 민심을 간파한 트럼프가 기존 공화당 정강과 배치되는 보호무역주의와 고립주의를 강력하게 주장하면서, 결국 후보로 선정되는 이변을 연출한 것이다.

둘째, 이렇게 당내 경선 과정에서 선명성 경쟁을 벌이다가도 결국 본선인 대선에서 승리하기 위해서는 스윙 스테이트에 주목하면서 중도로 옮겨가게 된다. 양당제인 미국은 지지층이 확고한 주들이 있다. 이런 지역선거 경향은 레이건 대통령 이후 더 심해져서, 미국의 당별 지도를 보면 공화당을 상징하는 레드 벨트와 민주당을 대표하는 블루 벨트가 선명하다. 우리나라가 영호남 구도로 나뉜 것과 같은 이치다. 한국 대선에서 선거 승리를 위해서는 수도권과 충청권에 양당의 전선이 구축되면서 치열한 경쟁을 벌이게 되는 것이다. 미국에서 양당 경합이 치열한 스윙 스테이트는 뉴햄프셔, 오하이오, 펜실베이니아 등 10~15개의 주가 해당된다. 이번 대선에서는 제조업이 몰락하면서 일자리가 크게 줄어든 러스트 벨트 지역이 중요한 스윙 스테이트로 주목받고 있다. 최종 승리를 위해서는 스윙 스테이트에 주목하면서, 양당의 지지가 확실한 주는 대선 후보가 한 번도 가보지 않는 진풍경도 연출된다.

셋째, 스윙 스테이트를 잡아야 대통령에 당선되듯, 대통령이 되려면 중도의 무당파 국민들의 지지를 받아야 한다. 오랜 역사의 양당제에서 지지 후보를 정하지 않은 무당파 또는 중도파의 관심을 끌어들이는 것은 중요하다. 대개 양당 지지층이 40% 내외로, 나머지 20%가 무당파 또는 지지 후보를 결정하지 못한 중도층이다. 당연히 양당과 대통령 후보는 정권을 잡기 위해서 중도층을 공략하는 전략을 펴기 마련이다.

대통령이 되기 위한 최종 전략은 중도층의 마음을 사로잡는 공약이나 후보 이미지 강화 경쟁이 매우 치열하게 벌어진다.

미국 대선의 묘미 중 하나가 선명성 경쟁을 벌이다가 전당대회 후부터는 노선을 약간 중간으로 회귀하는 점이다. 조지 W. 부시도 2000년 온정적 보수주의자를 자처하다가 전당대회 후에는 중도로 선회했다.

빌 클린턴도 경선 중에는 진보좌파였다가 후보 확정 후 중도 좌파로 오른쪽으로 이동했다. 빌 클린턴은 대선 후보 경선 과정에서 루스벨트 쪽 좌파 진보였지만, 후보 확정 후에는 레이건 쪽으로 약간 우클릭했다.

전임 대통령의 인기도가 정권 교체 영향

넷째, 미국 대선은 인종에 따른 투표 성향이 뚜렷하다. 특히 투표율이 지속적으로 낮아져 지난 선거에는 50% 내외로 떨어졌다. 그전까지는 백인이 미국 인종의 절대 다수를 차지해서 큰 이변이 없었지만 오늘날 인종분포가 분산되면서, 대선 판도가 요동치고 있는 것이다. 현재 조사가 엇갈리지만 백인은 65% 내외, 흑인과 히스패닉이 30% 내외, 아시아계가 5% 내외를 차지하는 것으로 관측된다. 백인이 다수인 점은 맞지만 요는 인종마다 한 정당에 몰표를 던진다는 점이다.

트럼프는 저소득층 백인들의 절대 지지를 받고 있고, 힐러리는 흑인과 히스패닉의 절대 지지를 받고 있다. 오바마 대통령의 경우 2030 세대의 백인과 흑인, 여성에게 인기가 높다. 그렇다 보니 전반기보다 후반기 지지율이 50% 초반대로 더 높은 이상 지지율을 보이고 있다.

넷째, 미국 대선은 선거인단 제도를 기반으로 한 철저한 조직선거라는 점이다.

정말 자원봉사자들이 정당 활동에 열심이다. 먼 거리를 마다하지 않고 가가호호 방문한다. 그리고 에피소드를 만들어 유권자를 투표장으로 이끌려고 무진 애를 쓴다. 이렇다보니 조직화하지 않을 수 없다. 여기에 각종 통계와 유권자 분포, 지지층 밀집 지역 등 다양한 통계를 바탕으로 대선 승리의 알고리즘을 계산해 낸다. 이런 첨단 선거공학적인 기법을 사용하여 지지층을 정확히 집어내고 각종 지표로 삼는다. 조지 W. 부시가 국민 투표에서 졌지만 대의원 수에서 과반을 넘어 당선된 것도 그의 선거 참모 칼 로브의 정확한 조직선거 덕분이다.

그러다보니 양당의 지지색깔이 분명한 35개 주는 대통령 후보와 러닝메이트, 그들의 지지자와 부인들의 방문을 거의 받지 못했다. 대신 격전지의 주민들은 텔레비전을 켤 때마다 대통령 후보와 정당, 지지 단체의 선거운동 광고를 거의 봐야 했다. 다른 주들의 시청자들은 대통령 선거운동 광고를 거의 보지 못했다. 여론조사 통계도 격전지 주가 선거에 관심이 높고, 선거 이슈와 후보에 대한 지식과 견해가 높은 것으로 나타났다. 그리고 선거 당일에도 투표율이 높았다. 이는 현재의 선거인단 제도의 결과다.

만일 선거인단 제도가 시행되지 않으면 후보들의 전략은 달라질 것이다. 후보들은 주요 언론의 광고에 집중하고, 강세 지역에 집중할 것이다. 이는 지지자들의 투표율이 중요하기 때문이다. 접전 지역은 집중하지 않을 것이다. 경합주에서 단 몇 천 표 차이로 승패가 갈려도, 압승할 것으로 보이는 주에서 2만여 표를 얻는 것보다 의미가 없기 때문이다.

슈퍼팩도 후보의 능력으로 평가

다섯째, 미국 대선의 선거자금 모금이다. 2000년대만 해도 연방선거 운동법은 대통령 선거에 대해 완전 공영자금 제도를 시행했다. 두 정당은 7억 4000만 달러를 받았고, 군소정당은 지난 선거에서 최고 5% 이상만 득표하면 득표수에 비례해서 자금을 받았다.

미국에서 선거는 절대적으로 돈이 움직인다. 이른바 총기협회와 같은 특정 현안과 관계된 단체들은 자신들이 특정 정책을 지지한다면서 이런 규제를 피해나갔다. 정당들은 법에 걸리지 않을 정도로 다양한 돈을 모금했다. 이에 언론의 선거자금 개혁 여론이 일었고, 공화당의 매케인 상원의원과 민주당의 페인골드 상원의원은 소프트 머니(soft money), 즉 정치에 쓰이는 돈이나 규제받지도 않고 대부분 신고도 되지 않는 돈을 일소하는 개혁법을 발의했다. 그리고 매케인이 2008년 대선 후보가 되면서 개혁입법안을 통과시켰다.

소프트 머니를 받은 것은 금지됐지만, 선거 당국에 신고하고 규제를 받는 자금인 하드 머니(hard money) 상한선을 올렸다. 이렇게 되자 돈을 가지고 정치판에 영향을 미치려는 사람들이 새로운 방법을 찾아냈다. 바로 슈퍼팩이다. 상대 후보를 낙선시키려는 TV광고 모금을 무제한 모을 수 있었다. 그리고 양당은 소프트 머니를 줄이고 하드 머니를 격전지에 쏟아부었다. 아무튼 선거자금은 선거운동 전략에서 중요한 것은 사실이다. 선거에 이기고 정권을 잡기 위해서라면 부정과 타협하고 이익집단에 휘둘리는 정당의 경우 유혹을 받을 수밖에 없다.

여섯째, 미국 대선은 미디어 선거다. TV토론이 10여 차례 열리고 후보 간 토론 과정을 지켜본 유권자들의 여론조사 결과가 발표된다. 보통 각 당의 경선은 4개월여가 지나면 유력 후보가 등장하고, 낙마 후보 사퇴가 이어진다. 또 경합주에서 대체적인 승패가 결정되면 나머지 주들은 그 결과가 대체로 비슷하게 나오게 마련이다. 따라서 슈퍼팩을 활용한 정치광고가 승패를 가름할 지역에 집중된다. 모두 미디어를 활용한 선거 전략이다.

무엇보다 대선 후보가 결정되는 전당대회에서의 모습이 어떻게 비쳐지느냐도 매우 중요하다. 전국적으로 중도파 또는 결정을 하지 못한 유권자, 선거에 관심이 없던 사람들도 양당의 전당대회를 호기심으로 쳐다보게 된다. 이때 경선 과정의 경쟁자들이 승부에 승복하고 축하메시지를 발표하고, 가족들이 등장해 가족애를 과시하는 모습이 TV를 통해 방영된다. 이런 감동 스토리를 보여준 후 후보의 수락연설이 절정에 이르는 일련의 정치 축제를 연출함으로써 중도층 유권자들의 마음을 끌어들이는 것이다.

이번 민주당 전당대회에서 치열한 경쟁을 벌였던 샌더스는 힐러리의 승리를 축하하고 당의 단합을 촉구하는 연설을 했다. 현직 대통령인 오바마를 비롯, 앙숙인 미셸 오바마까지 등장해서 힐러리가 새로운 대통령을 맡을 적임자라고 강조했다. 이어서 남편인 빌 클린턴이 "힐러리는 한 번도 나를 떠난 적이 없다"고 감격 어린 연설을 하고, 딸 첼시가 "엄마는 위대한 인물"이라고 할 때 힐러리가 등장, 수락연설을 했다. 이런 일련의 과정이 TV 미디어를 통해 보여짐으로써 중도 유권자들을 지지세력으로 끌어들이는 것이다.

미국 정치는 정권을 잡기 위한 치열한 과정이지만 민주주의를 체험하는 학습의 장이기도 하다. 축제를 마치면서 그동안의 학습효과를 통해 후보를 결정한다. 그리고 자신이 미국인임을 자랑스러워하고, 새로운 지도자의 등장에 기대와 희망을 걸어보는 것이다. 자신의 주머니를 불려줄 꿈과 함께.

미국 공화당 경선에서 TV토론에 나선 후보들.

03

—

미국 대선의
판세 읽기

2016년 미국 대선에서 흥미로운 점이 공화당 주류의 트럼프 이탈이다. 당의 정강·정책과 배치되고 막말 파동으로 여론을 악화시키는 트럼프를 지지할 수 없는 딜레마에 놓인 것이다. 1980년 레이건 데모크랫처럼 힐러리 리퍼블리컨 현상이 나타날 것인가? 힐러리나 트럼프 모두 유권자로부터 '싫어서'라는 이유로 전통적인 투표 성향이 변화하고 있다.

미국 대선을 읽는
14가지 관전법

리더를 뽑는 게임의 법칙

미국 대통령 선거의 게임의 법칙은 간명하다. 한 정당의 대통령 후보 지명자는 후보 지명 전당대회에서 과반 득표를 한 후보다.

지난 50년 넘게 후보 지명 전당대회는 후보 지명자를 위한 케이크 커팅 장소일 뿐이다. 이미 전당대회에 앞서 선출된 대의원들은 특정 후보에 대한 지지를 공식 발표한다. 한 후보가 과반 득표에 해당하는 대의원 수를 확보하면 후보 지명은 결정된다. 비록 대통령 후보가 지명하지만 부통령 후보도 마찬가지 절차로 결정 확정된다.

민주, 공화 양당은 이런 절차를 거쳐 대선 본선에서 자당의 후보를 당선자로 만들기 위한 치열한 게임을 벌이는 것이다.

그러면 게임은 어떻게 벌어질까? 필자는 14가지 항목으로 하나씩 설명하려고 한다. 이는 정치제도가 다른 우리나라도 미국의 선거와 정치를 이해하는 요소가 된다. 미국 정치를 파악하는 것은 우리에겐 매우 중요하다. 그 이유는 세 가지다.

첫째, 역사상 미국만 한 슈퍼 파워 국가는 없었다. 1990년대 냉전이 종식되고 미국이 승리하면서 팍스 아메리카나(Pax Americana)는 절정에 달했다. 오늘날 미국은 두 개의 전쟁을 치르고 있다. 테러리즘과의 전쟁을 수행하면서 G2로 부상하는 중국과 협력 또는 견제 전쟁을 치르고 있다. 이 과정에서 우리는 미국의 정치를 깊이 이해해야 한다. 미국 대선은 정권 교체 과정이면서 미국의 움직임을 예측할 수 있는 기회이기도 하다. 미국은 20세기에 이어 21세기에도 슈퍼 파워 국가를 이어갈 것이다.

둘째, 한반도 정치 질서는 한·미, 한·일, 한·중, 한·러 관계에서 결정된다. 4대 강국과의 관계 정립은 매우 고차원적인 방정식이다. 가장 중요한 미국과의 관계는 미국 대선 과정에서 다양한 의견이 도출되고, 후보마다의 정책 방향을 내놓기 때문에 좀 더 미국의 심중을 읽을 수 있는 것이다. 한반도 정치 질서의 핵심은 한·미 관계이며, 미국 정치에 우리의 국익과 입장을 충분히 전달해야 하는 것이다.

셋째, 2016년 미국의 대통령 선거를 통해 시대정신을 읽을 수 있다. 1976년 닉슨 독트린은 냉전의 봉쇄를 열었고, 1970년대 말 카터의 한반도 미군 철수 정책을 불러왔으며, 1980년대 레이건 대통령의 냉전 승리로 이어졌다. 미국 정치에서 시대정신을 발견하고, 어젠다를 새롭게 설정해서 한국의 방향을 찾아야 한다. 그런 모습을 관측하고, 미국 정치의 속내와 움직임을 살필 수 있는 기회가 대통령 선거인 것이다.

미국 대통령 선거의 게임에 대해 알아보자

대통령 선거의 게임판 · 게임법칙 · 게이머 그리고 한국은?

1. 판의 구도

미국 대선은 기본적으로 양자 구도다. 민주당, 공화당의 양당제인 까닭에 양당 후보가 본선 경쟁을 벌인다. 2012년 민주당의 오바마와 공화당의 롬니 후보의 득표 차는 3%가 채 안 된다. 그런데 3자 구도로 벌인 대선 경쟁은 흥미로운 결과를 내놓곤 했다. 1992년 미국 대통령 선거는 공화당의 조지 H.W. 부시와 민주당의 빌 클린턴이 나섰다. 당시 예상은 부시의 재선 성공이었다. 클린턴은 아칸소 주지사를 지낸 젊은 정치인일 뿐 지명도에서는 부시의 적수가 되지 못했다. 부시는 당시 신세계 질서를 주창하며 글로벌 리더로서의 미국을 강조하며 재선을 낙관했다. 그런데 부호이자 정치인인 로스 페로가 무소속으로 출마하면서 양자 구도에서 3자 구도로 바뀌었다. 대선에서 로스 페로는 18.9%를 득표, 부시의 표를 잠식함으로써 빌 클린턴의 당선에 기여했다. 양자 구도에서는 집권당이 유리했지만, 3자 구도가 정권 교체의 기회를 열어준 것이다.

우리나라의 경우도 2012년 이명박 후보와 정동영 후보의 양자 구도에서 문국현이 등장하면서 3자 구도가 되었다. 보수 대 진보 대 진보의 구도에서 보수가 유리한 상황이었다. 1997년에도 김대중 대 김종필 대 이회창의 3자 구도로 대선이 치러졌다. 그 결과 김대중과 김종필의 단일화로 이회창은 낙선하고 말았다. 2002년 이회창 대 노무현의 양자 구도는 불과 50만 표 차로 승패가 갈렸다. 박근혜와 문재인의 양자 구도도 표 차는 3% 내였다. 이렇게 보면 한국 대선은 2자냐, 3자냐의 구도가 중요한 요소임이 분명하다. 정권 교체를 원하면 단일화가 필요하다는 얘기다. 하지만 미국 선거에는 단일화란 단어 자체가 없다. 미국의 민주주의는 철저한 개인주의에서 발단되었기에, 각 후보가 끝까지 자신의 정당에서 그리고 정책으로 유권자들의 선택을 받을 뿐이다.

아버지 부시는 재선을 노린 대선에서 신세계 질서를 주장하고 이라크전을 벌였지만, 클린턴은 냉전은 끝났으며 평화의 시대에는 다원주의가 득세한다며 "문제는 경제야!"라고 외쳤다. 그의 선거 구호는 유권자들의 선택을 받았고, 재임 시에 중국의 세계무역기구(WTO) 가입 승인, 미국 역사상 최장 기록의 경제 호황기를 이끌었다.

2. 지역

미국 대선의 승패는 스윙 스테이트에서 결정된다. 그러다보니 양당이나 후보들은 뻔질나게 스윙 스테이트를 방문, 지지를 호소한다. 2016년 대선은 미국 제조업이 몰락한 공업지역인 러스트 벨트를 중심으로 한 스윙 스테이트가 크게 늘어난 게 특징이다. 기존 뉴햄프셔, 오하이오 등의 5개 주에서 10개 주로 늘어나, 힐러리가 유리하다는 주장이 나오는 것도 이 때문이다. 왜냐하면, 플로리다 등 스윙 스테이트에 유독 히스패닉 인구가 많아, 반 멕시코 이민 발언을 주창하는 트럼프에게 불리하기 때문이다.

우리나라의 경우 대선 때마다 거론되는 스윙 스테이트는 충청권이다. 1997년 대선에서 소위 DJP 연합이 성공한 이래 야당은 충청권과의 단일화가 늘 기본 전략으로 부각됐다. 1987년 대선 직선제 개헌 이후 지난 6번의 대선에서, 충청도에서 패배하고 대선에서 승리한 후보는 1987년의 노태우 후보가 유일하다. (1992년 김영삼, 1997년 김대중, 2002년 노무현, 2007년 이명박, 2012년 박근혜 후보 등 5명의 대통령 당선자들은 모두 충청도에서 승리했음.) 그래서 2017년의 제19대 대선에서도 충청도에서 지고 대통령이 된다는 것은 확률상 거의 불가능하다고 예측해 볼 수 있는 것이다.

3. 투표율

미국의 선거제도는 유권자가 등록을 해야 투표권이 주어진다. 따라서 각 정당은 지지자들을 독려하여 유권자 등록 운동을 활발하게 전개하는 것이다. 바꿔 말하면 집토끼를 많이 등록시킬수록 선거에서 유리한 것이다. 중요한 것은 지지층을 조직적으로 동원해 투표율을 높이는 것이다.

2000년, 2004년 부시가 재선에 성공할 수 있었던 것도, 여론의 향배와 관계없이 칼 로브라는 선거참모가 제의한 집토끼 전략을 철저하게 활용한 덕분이다. 그는 '기독교 보수층을 최대한으로 불려라'라는 전략으로, 공화당 지지자들의 역대 최고 투표율을 올렸다. 부시가 국민 직접투표에서 1% 미만의 차이로 앨 고어에게 뒤졌지만, 오하이오와 플로리다 등에서 승리함으로써 대선에서 성공할 수 있었다.

2016년 미국 대선에서도 투표율이 매우 중요하다. 대세론의 힐러리도 백악관 입성의 마지막 승부수도 역시 집토끼를 최대한 투표장으로 이끌어내는 전략이어야 한다.

4. 시대정신

미국 대선에서 패배한 후보들을 살펴보면 역설적으로 미국민들이 원하는 욕구와 시대정신이 드러난다. 오바마는 비주류 흑인 대통령, 조지 W. 부시는 테러와의 전쟁을 수행한 성공한 전쟁 대통령, 빌 클린턴은 냉전 후의 경제 재건을 구호로 대통령에 당선됐다. 반면 상대 후보들은 국민들이 원하는 시대정신을 제대로 파악하지 못해 고배를 들었다고 볼 수 있다.

그렇다면 2016년 대선의 시대정신은 무엇일까? 미국 국민들은 2008년 리먼 사태 이후 중산층의 회복이 더딘 탓에 경제를 잘 운영할 후보를 기대한다. 또 테러와의 전쟁을 벌이는 미국의 입장에서 누가 잘 싸울 것인가라는 면도 후보 선정 기준이다. 트럼프의 막말로 불거진 국민 통합도 이슈다. 인종 갈등, 지역 갈등, 빈부 격차 등으로 분열된 국민을 하나로 묶을 수 있는 후보를 고르는 것이다. 시대정신을 잘 읽고 해결방안을 제시하는 후보에게 유권자들의 표가 쏠릴 것은 자명하다.

5. 정권 교체

미국민들은 재선을 성공시킨 정당이 또다시 정권을 잡는 것을 견제하는 심리가 있다. 또 정권이 오래가면 긴장이 풀어지고 정책 추진력이 떨어져 교체 필요성을 느끼게 된다. 8년 정권 교체 주기설은 이런 인식을 바탕으로 한다. 그런데 8년 주기를 깨트린 경우가 딱 한 번 있다. 레이건의 뒤를 이은 아버지 부시 대통령 당선으로 12년 공화당 정권이 열린 것이다. 그 이유는 워낙 레이건의 인기가 높아, 그 여파로 부시가 당선됐다는 분석이다.

2016년 힐러리가 당선되면 오바마의 8년 재임을 넘어 1960년 이후 민주당 최초의 12년 정권 시대를 열게 된다. 8년의 정권 교체 주기를 넘어서기 위해서 힐러리는 지지층들을 규합해 투표율을 최대한 올려야 한다. 오바마 대통령의 인기가 52%로 높은 편이어서 힐러리의 당선을 예상하는 언론보도가 많다.

우리나라의 경우도 지난 대선에서 박근혜 후보에게 50대가 몰표를 준 것은 세대 갈등이라기보다는 지지층의 결집이 큰 효과를 발휘한 것이다.

또 2008년의 리먼 사태와 같은 경제 위기 사건이 벌어진 후에는 정권 교체 여론이 올라간다. 한국의 경우에도 새누리당이 2017년 제19대 대선에서 세 번 연속 승리라는 거의 불가능해 보이는 역사를 쓰기 위해서는, 현 정부의 경제 관리 능력이라는 대전제가 반드시 필요하다는 얘기이다.

6. 본선 경쟁력

2015년 6월 가상 대결에서는 민주당은 힐러리, 공화당은 마코 루비오가 주인공이었다. 힐러리는 백인 여성, 외교 안보, 대중 연설에 능한 것이 강점으로 꼽혔다. 루비오도 히스패닉의 지지를 받고, 외교 안보 활동 및 대중연설을 잘해 경쟁력 면에서 양당의 대표 주자로 뽑혔다.

민주당과 공화당은 본선 경쟁력을 중시한다. 민주당은 힐러리를, 공화당은 정치 명문가 출신인 젭 부시나 히스패닉의 표를 끌어모을 수 있는 마코 루비오를 본선 경쟁력이 있는 후보로 보았다. 그런데 공화당의 바닥 민심은 트럼프였고, 결국 대선후보로 선출됐다.

그래서 공화당의 주류 정치인들은 트럼프의 본선 경쟁력을 의심했던 것이다.

우리나라도 각 당마다 잠룡 또는 잠룡 후보는 많다. 하지만 본선 경쟁력 면에서는 여론이 엇갈린다. 정당에서 거론되는 후보들의 면면을 보며 본선 경쟁력을 따지는 것은 당연한 일이다. 한국의 경우에도 2017년 제19대 대선에서 각 정당은 여론조사 등을 바탕으로 본선 경쟁력이 있는 후보를 최종 선택하는 것은 너무나도 당연한 대선 전략이다.

7. 중도표심

미국 대선에서 한쪽으로 쏠린 성향을 보이는 것은 강점이자 약점이 될 수 있다. 2012년 오바마의 재선 상대는 공화당의 밋 롬니였다. 그는 하버드대를 졸업하고 베인컴퍼니 등을 운영했던 기업가이자 재력가였다. 아버지도 정치인이어서 금수저 출신이었다. 중도층에서는 롬니를 선택하지 않았다.

2004년 민주당 후보였던 존 케리는 30여 년간의 정치생활 중에 민주당 내에서도 가장 진보적인 인사였다. 그런데 재선에 도전했던 부시는 존 케리를 북동부 메사추세츠 진보 좌파로 지목하고 공세를 펼쳤다. 당시 미국은 테러전이 한창일 때였다. 국민들은 전쟁 중에는 군 통수권자를 바꾸고 싶지 않았고, 테러와의 전쟁에서 외교 안보적으로 유약해 보이는 중도 좌파의 대통령을 원하지 않았다.

미국 대선 후보 가운데 1988년 민주당의 듀카키스는 동부의 진보 정치인이었다. 또 1964년 공화당 후보였던 배리 골드워터는 골수 보수인사였다. 둘 다 당선에는 실패했다.

평소 진보, 보수였다고 하더라도 중도층의 마음을 사로잡지 못하면 당선될 수 없다. 한국의 경우에도 과거 대선 결과를 보면, 중도의 표심을 사로잡은 후보가 결국 이기게 된다는 것을 볼 수 있다. 한국의 2017년의 대선도 마찬가지일 것이다.

8. 감성 터치

투표행위란 "머리로 판단하지만 가슴으로 투표한다"는 말이 있다.

2000년, 2004년 공화당의 부시에 맞선 민주당 대선 후보인 앨 고어와 존 케리는 능력이나 신망이 매우 높았다. 심지어 앨 고어는 로봇이라는 소리를 들을 정도로 이성적인 정치를 했다. 그런데 부시는 동네 이웃집 아저씨 같은 인상과 행동으로 유권자들의 호감을 샀다.

2008년 공화당 후보 존 매케인은 이혼에 바람을 피웠다는 이유로 비난을 받았다. 같은 경우 레이건도 이혼 경력이 있지만 재혼 후 45년을 낸시와 행복하게 지내며, 따뜻한 가족애를 보여주었다. 이혼 경력이 있더라도 화목하고 행복한 가정을 꾸려가는 것을 미국 유권자들은 중시한다. 대통령에 당선된 레이건, 조지 H.W. 부시, 조지 W. 부시는 부부 금실이 좋다는 공통점이 있다. 1996년 공화당 후보였던 밥 돌은 그런 면에서 최악의 후보로 꼽힌다.

선거는 인기 경쟁이 아니다. 감성을 터치함으로써 유권자들에게 인간적인 정치인이라는 이미지를 투영시키는 게 중요하다.

우리나라도 이회창은 차가운 이미지였지만 상대였던 김대중, 노무현은 감성 터치 캠페인으로 당선될 수 있었다.

9. 선거 공약

유권자들은 선거 공약을 다 읽어보지 않는다. 읽어보았다 해도 기억하는 것은 몇 가지에 불과하다. 기억의 한계는 10가지에 그친다는 조사도 있다. 따라서 선거 공약은 2~3가지에서 결판난다. 국민의 귀에 쏙 들어오게 공약을 다듬어야 선거에서 이길 수 있다. 1980년 대선에서 카터와 맞붙은 레이건은 "옆집 사람이 직업을 잃으면 불경기이고, 내가 직장을 잃으면 대공황이 온다"며 비유적인 표현으로 경제회복 선거공약을 알렸다.

가장 유명한 구호는 1992년 빌 클린턴의 "이 바보야, 문제는 경제라고!(It's the economy, stupid!)"였다. 걸프전 직후 부시 대통령의 지지율은 90%까지 솟아올라, 불과 마흔여섯 살인 애송이 시골 주지사 빌 클린턴은 신경 쓸 후보가 아니었다. 그런데 클린턴은 부시가 외교에만 신경 쓰고 재정적자와 복지, 인권, 의료보장제도 등 국내 문제를 소홀히 한다고 비판했다. 불경기에 시달린 유권자들에게 경제에 활력을 주면 모두가 다 잘살게 된다고 속삭인 것이다. 결과는 클린턴의 승리였다. 이때 제3당 후보 로스 페로가 18.9%로 부시의 표를 깎아먹었다.

오바마의 "우리도 할 수 있다(Yes, We Can)"도 귀에 쏙 들어오는 선거 공약이다.

우리나라는 김대중의 '준비된 대통령', 노무현의 '99%를 위한 정치', 이명박의 '국민성공시대', 박근혜의 '준비된 여성 대통령' 등이 간결한 선거 구호로 많이 회자됐다.

10. TV토론

미국 대선의 특징은 유권자들이 후보를 관찰한다는 점이다. 각 당은 경선 과정에서도 최소 10번 이상 TV토론을 개최하며, 언론의 평가가 시시때때로 전달된다. 후보의 인상부터 태도, 인성, 경륜, 지식, 가족애 등 거의 발가벗기다시피 후보의 모습을 볼 수 있다. 당내 경선 후보를 선언하면서 언론의 집중 조명을 받으면서 국민들은 후보의 모든 면을 파악할 수 있는 것이다.

2008년 오바마와 힐러리는 20회의 TV토론을 거쳤다. 오바마는 말실수도 거의 없었고, 머리로 생각해서 표현하는 어휘, 랩뮤직 하듯 리듬을 타는 연설 솜씨는 유권자들을 집중시켰다. 시간 제한도 없이 후보

끼리 벌이는 자유 토론에서 후보의 자질을 검증하는 것이다.

우리나라는 시간 제한에 딱딱한 진행, 패널의 한계 등으로 대선 TV 토론회가 재미없는 경우가 많다.

11. 조직

미국의 선거제도는 복잡하고, 투표율도 낮아지는 추세다. 또 투표일이 공휴일이 아니다보니 유권자들이 꼭 투표장에 가야 할 이유가 없다. 또 투표소까지 가기 위해서는 차량, 거리, 시간을 내야 하는 노력이 필요하다. 그렇기 때문에 비용도 많이 든다.

지지자를 파악하는 문제부터, 새로운 지지자들을 끌어 모으기 위해서는 가가호호 방문해야 한다. 선거 당일 어떻게 유권자들을 수송할 것인가, 자원봉사자 모집 등 선거운동을 조직화하는 과제가 중요하다.

이런 문제로 민주당, 공화당 내에는 선거공학 전문가 그룹을 두고 있다. 유명한 선거 참모로는 부시의 칼 로브가 유명하다. 부시가 직접 투표에선 졌지만 선거인단에서는 앨 고어를 누르고 승리할 수 있도록 선거 전략을 짰다. 빌 클린턴은 제임스 칼빌을 기용, 1992년, 1996년 대선에서 성공했다.

12. 미디어 선거

미국의 대통령 선거는 미디어 선거다. 인터넷 시대에 들어서면서 SNS를 활용해 선거운동을 벌인 후보가 오바마다. 또 트위터를 애용하는 후보는 트럼프로, 새벽시간에도 이슈가 있으면 지지자들에게 트윗을 날린다. 본인이 직접 트위터로 소통하는데, 순발력이 강점이긴 하지만 실수가 잦은 게 흠이다.

슈퍼팩 도입으로 TV 광고로 경합주에 집중적으로 10억 달러의 돈을 쏟아붓기도 한다.

13. 러닝메이트

부통령은 대통령을 승계한다. 따라서 당의 지명을 받은 대선 후보는 러닝메이트로 부통령 후보를 지명한다. 보통은 전략적인 선택을 하는데 선거전략상 대통령 후보의 취약한 부분을 보완하거나, 역할이나 강점을 고려하여 결정한다. 민주당의 경우 동부 출신이면 남부 출신을 지명하거나, 외교 안보에 강한 후보라면 경제나 정책에 경험 많은 후보를 지명하는 식이다.

14. 레이건 데모크랫, 클린턴 리퍼블리컨

1980년 대통령 선거에서 레이건 대통령을 지지한 민주당원들을 레이건 민주당원이라고 한다. 당시 사회적으로 보수적인 민주당원들의 충성도는 시험대에 올랐다. 레이건은 명료한 철학을 가진 카리스마로 강력한 국방, 낮은 세금, 복지정책 축소, 그리고 전통적인 사회가치의 옹호를 주장했다. 보수적이었으나 전통적으로 민주당이던 노조 지도자들이 레이건 지지자로 돌아서면서, 레이건의 당선을 도운 것이다.

두 정당의 당파적 대립은 어떤 때는 한계를 넘기도 한다. 이슈를 주장하면서, 현안마다 시민들은 당에 대한 투표 방향을 갈라놓게 하는 것이다. 최근 공화당의 트럼프를 지켜보면서 전통적인 공화당 주류들의 이탈이 가속화되고 있다. 그들은 당의 정강·정책과도 배치되고, 막말 파동으로 여론을 악화시키는 트럼프를 지지할 수 없는 딜레마에 빠지고 있다. 민주당이 밝힌 공화당의 유력 지도층 인사만도 50명에 달한다. 이를 클린턴 리퍼블리컨이라 부른다.

아직까지 얼마나 많은 공화당원이 힐러리를 찍을지는 예측할 수 없다. 레이건 민주당원은 미 북부와 중서부 지역 근로자 계층 백인 유권자들 사이에서 카터 대신 활기 넘쳤던 레이건을 지지했는데, 그것은 레이건의 매력이 크게 작용한 결과였다.

이번 클린턴 리퍼블리컨 현상은 힐러리를 지지한다기보다는 트럼프가 싫어서 힐러리에게 기울고 있다는 차이가 있다. 이번 대선에서 트럼프를 떠나 힐러리 지지를 선언한 공화당 지도부 인사의 클린턴 공화당원이 평당원까지 번질지는 아직 예측 불가다. 후보에 대한 호불호가 전통적인 투표 성향을 변화시키고 있는 것이 2016년 대선의 관전 포인트로 새롭게 떠올랐다.

미국 대선 드라마의 주인공
① 힐러리 클린턴

　미국 대선은 본선만 남긴 상태에서 어느 당의 전당대회가 국민, 특히 중도성향 국민들의 주목을 받느냐에 따라 승패가 갈린다. 어느 후보가 거당적인 지지와 환호를 받으며 국민들의 시선을 사로잡는가에 대선 흥행이 판가름 난다.

　그런 면에서 힐러리가 트럼프보다 우세하다고 볼 수 있다. 힐러리는 샌더스의 지지를 받으며 등장했으나, 트럼프는 경쟁자인 루비오의 절대적인 지지는 받지 못했다. 테드 크루즈가 가족을 모욕했다는 명분을 들어 7월 전당대회에서 트럼프에 대한 지지 선언을 하지 않았던 것과 비교된다.

　전당대회의 모습에서 민주당이 한 발 앞선 것이다. 이로써 188년 민주당 역사상 첫 여성 후보를 냈고, 162년 역사의 공화당은 처음으로 선출직 또는 지명직의 공직 경험이 전무한 트럼프를 후보를 만들어냈다.

미국 최초의 여성 대통령 탄생할 것인가?

힐러리 클린턴 전 국무장관이 7월 26일 미국 역사상 주요 정당에서 처음으로 여성 대통령 후보로 선출됐다. 민주당은 이날 필라델피아에서 열린 전당대회에서 힐러리를 대선 후보로 공식 확정했다. 힐러리는 영상 메시지를 통해 "유리 천장에 가장 큰 금을 냈다. 내가 아마 대통령이 되겠지만 다음 차례 여성 대통령은 바로 여러분 중 한 명"이라고 말했다.

이날 경쟁자였던 샌더스는 "전당대회 절차 규정에 관한 행사를 중단하고 힐러리 클린턴을 민주당 대선후보로 지명하자"고 제안했다. 이는 대선 승리와 단합이라는 두 마리 토끼를 잡기 위해 경선 패자가 승자의 대선후보 지명을 제의하는 형식을 재연했다.

전당대회에서 힐러리의 콘셉트는 '함께(Together)'였다. 샌더스와 미셸 오바마가 연사로 나서는 첫날은 '함께 단합하기(United Together)'를, 남편 빌 클린턴과 여성단체 멤버들이 나서는 둘째 날은 '자녀와 가족을 위해 싸워 온 일생'을 강조했다. 셋째 날에는 버락 오바마 대통령과 조 바이든 부통령이 등장해 '함께 일하기(Working Together)'를, 그리고 마지막 날 딸 첼시의 찬조 연설 후 클린턴의 수락 연설은 '함께하면 강해진다(Stronger Together)'를 강조했다. 한편 부통령 후보로는 경합주의 하나인 버지니아주의 상원의원인 팀 케인을 지명했다. 그는 미주리대와 하버드대 로스쿨을 나와 민권 변호사로 활동했으며, 리치먼드 시장, 버지니아 주지사를 지냈다. 히스패닉이 아님에도 스페인어를 유창하게 구사한다. 그는 오바마의 건강보험개혁(오바마케어)의 지지자이며, 환태평양경제동반자협정(TPP)을 지지한 13명의 상원의원 중 한 명이다. 또 가톨릭 신자로, 그의 부인은 버지니아주 교육장관이다.

2008년 백악관으로 가는 길의 첫 번째 도전에서 힐러리는 오바마의 손을 들어주었지만, 8년 후 그녀는 샌더스의 연설을 통해 미국 역사상 최초의 여성 대통령 후보가 되었다.

당초 민주당 경선은 힐러리의 독주가 예상됐으나, 샌더스가 등장하면서 한때 긴장감이 고조됐었다.

1년여의 기간 중 미니 슈퍼 화요일의 투표 결과 힐러리는 5 대 0으로 모든 주에서 승리를 거두었다. 이날 결과로 일반 대의원의 격차는 300명 이상으로 벌어졌고, 슈퍼 대의원까지 합치면 약 1559명으로 필요 대의원의 3분의 2를 차지하게 되었다. 그러나 이후부터 샌더스가 연승을 거듭하면서 대선 경선전은 새로운 바람이 불었다. 그후 뉴욕 프라이머리에서 힐러리가 승리하고, 5개 지역 경선에서도 4 대 1로 이겨 사실상 민주당 후보로 결정됐다.

힐러리의 이력은 화려하다. 미국 제42대 대통령 빌 클린턴의 영부인, 전 뉴욕주 연방 상원의원, 전 미국 국무부 장관이자 미국 역사상 최초의 여성 대통령 후보이자 대통령 당선 가능성이 가장 높은 여성이다. 재미있는 것이 예전에는 '클린턴' 하면 빌을 의미했으나, 요즘은 힐러리를 의미한다.

그녀의 화려한 경력은 최고의 주목을 받는 대신 논란도 많다. 탄탄한 인지도와 지지층을 얻음과 동시에 반대파도 상당하다. 사실 클린턴 부부는 지난 30여 년간 미국 정치 경제계의 영향력 강한 인사들과 두터운 인맥을 맺은 기득권층의 대표 주자다. 이제 힐러리까지 여성 대통령 후보가 되면서 현대의 미국은 클린턴 부부의 지배하에 들어갔다고 표현할 수 있을 정도다.

꺼지지 않는 샌더스 바람을 껴안아야 승리 확정

　민주당 경선에서 샌더스가 힐러리의 경쟁자가 될 거라고 생각한 사람은 많지 않았다. 힐러리는 당내 슈퍼 대의원을 장악할 정도로 기득권층을 대변하고 있다. 하지만 수많은 미국의 젊은 진보층은 힐러리에 대해 부정적으로 생각한다. 공화당과 마찬가지로 대기업들의 노예가 된 민주당의 이미지를 떠안고 있기 때문이다. 실제 힐러리는 월가는 물론 대기업들과 길게 얽힌 역사를 가지고 있고 언론계와 대기업의 슈퍼팩을 적극적으로 활용하고 있다. 대선자금을 빌미로 정경유착이 극도에 달한다는 느낌을 주는 것이 미국 대선의 풍경이다.

　대다수의 주에서 힐러리가 유리했지만 샌더스의 지지세력도 늘어났다. 그는 슈퍼팩을 통한 선거자금 모금을 거부하고, 힐러리와는 달리 걸프전쟁, 이라크전쟁과 애국자법에 일관되게 반대표를 던졌다. 동성애자의 결혼을 적극 찬성할 정도로 대표적인 진보주의자였다.

　샌더스는 자주 의견을 바꾸는 힐러리와는 달리 평생 일관된 자세를 유지했으며, 네거티브 전략을 쓰지 않고 공약만을 가지고 정정당당한 캠페인을 벌여 젊은 층의 폭발적인 지지를 이끌어냈다. 그의 일관된 과거 기록은 SNS를 통해 새로운 지지자를 끌어 모으는 창구가 되었다. 대학생과 청년층이 줄기차게 그를 지지한 이유가 여기에 있다.

　그는 원래 무당파, 무소속으로 1991년부터 하원의원, 상원의원을 순수하게 시민 지지자들의 소액 기부만으로 정치활동을 해왔다. 실제 대선 출마 선언을 한 지 24시간 내에 샌더스가 받은 돈은 무려 150만 달러로, 어느 누구도 하루 만에 기부를 이렇게 받은 후보는 없었다. 하지만 선거에 무관심한 계층이 적극 참여하면서 8년 전의 오바마처럼 폭

발력은 컸다. 샌더스는 이런 전략을 정치혁명(Political Revolution)이라고
표현하고 있다.

힐러리의 전략은 조기에 슈퍼 대의원을 포함해서 후보 선출에 필요
한 대의원 2383명을 최대한 빨리 확보하고 본선에 집중하는 것이었다.
하지만 압승할 것이란 예상과 달리 여론조사에서 20% 이상 이길 것이
라던 미시간에서도 샌더스에게 패하는 등 이변이 속출했다. 슈퍼 대의
원은 경선 결과에 관계없이 투표권을 갖는 상·하원 의원과 전국위원
회 멤버 등 민주당의 주요 정치인들을 말하는데, 이들의 93%가 클린
턴을 지지함으로써 당초 민주당 경선은 힐러리의 압승으로 끝날 것이
란 예상이 많았다.

결국 경선 결과 힐러리가 승리했지만 '상처투성이의 승리'란 지적도
많다. 당초 압승 예상과 달리 일반 대의원 확보 수에서 55%(힐러리) 대
45%(샌더스)로, 후보로 확정되는 날까지 승리한 주의 숫자도 24개(힐
러리) 대 20개(샌더스)로 압도적 경쟁력을 보여주지 못했다. 미 전국 지
도를 놓고 봤을 때는 샌더스가 승리한 지역의 면적이 클린턴보다 훨씬
넓다.

다만 샌더스는 인지도가 떨어져 히스패닉계나 아시아계, 흑인들의
지지가 낮았다. 힐러리의 지지층이 흑인과 히스패닉이 몰려 사는 대도
시에 쏠려 있는 것을 상징한다.

일각에선 "힐러리가 승리한 이유는 결국 슈퍼 대의원 중 90% 이상
을 잡았기 때문"이라며, "40년 민주당원인 힐러리가 신입 당원 샌더스
를 당내 영향력 측면에서 앞선 것"이란 평가를 내놓고 있다. 이로 인해
힐러리가 샌더스를 부통령 후보로 지명해야 한다는 목소리도 나온 바
있다.

여성에겐 인기, 남성에겐 외면

민주당 경선 과정에서 드러난 몇 가지 사실은 흥미를 더했다. 힐러리는 여성들에게 인기가 많지만 반대로 남성들에게는 인기가 많이 떨어진다는 점이 확연히 드러났다. 또 그녀의 잠재적인 경쟁자 조 바이든이 불출마를 선언한 것도 슈퍼 대의원에서 밀린 까닭이다. 하지만 1차 민주당 대선 후보 토론 이후 샌더스의 인지도가 "당신의 망할 이메일(your damn emails)" 발언으로 엄청나게 늘어난 것은 경선의 역동성을 보여준다. 샌더스는 이후 각종 온라인 여론조사와 포커스 그룹 조사에서 지지율을 끌어올렸고, 화제를 그 중심으로 몰아갈 수 있었다. 그간의 행적, 발언 하나하나가 훗날 낱낱이 밝혀짐으로써 정치적 짐이 될 수도, 반전의 기회도 제공하고 있음은 매사에 신중한 처신이 요구되는 공직자상을 보여준다.

샌더스는 전당대회에서 슈퍼 대의원 제도를 철폐하는 안을 제안했지만 부결됐다. 하지만 경선 규칙에서 하원의원과 정당지도부를 제외한 나머지 슈퍼 대의원(각 주의 당 간부)은 각 주의 경선결과를 그대로 따르도록 하는 데 성공했다.

출발부터 부동의 원 톱이었던 힐러리는 많은 미국 주류 언론들로부터 샌더스를 실력으로 앞섰다고 평가했고, 이는 여론조사에서도 나타난다.

샌더스의 지지층은 고학력, 30대 이하에서 힐러리에 비해 높게 나타났다. 샌더스의 약점이자 힐러리의 강점이라고 할 수 있는 민주당의 핵심 당원, 소수인종, 여성단체에서는 클린턴이 압도적으로 우위를 점하고 있다. 인터넷이나 커뮤니티, SNS에서는 샌더스가 우위일지 몰라도, 기성세대나 노년층, 여성에서 힐러리가 여론조사에서 매번 거의

60% 이상의 지지를 얻고 있고, 경선에서 이들의 영향력이 인터넷 여론보다 훨씬 압도적이기 때문이다. 또 민주당원이 중요시하는 거의 모든 이슈 대결에서도 압도적으로 샌더스를 누른다. 총기규제 문제에서도 예전 자신의 입장을 집어던지고 힐러리가 샌더스보다 훨씬 선명한 색깔을 보여주면서 진보적 선명성도 강해졌다는 평가다.

또 힐러리는 2차 대선 후보 토론에서 샌더스로부터 정치자금의 출처가 대부분 월가라는 지적에 "나는 9·11 테러 당시 월가의 재건에 온 힘을 쏟았다"고 발언해 "월가의 정치자금 받은 것을 변호하려고 9·11 테러를 언급한 것은 적절치 않았다"는 비난을 받았다.

클린턴의 정치성향 좌파 진보

힐러리는 남편 빌 클린턴의 대통령 재직 시절 오바마 케어로 불리는 건강보험 개혁안의 전신인 건강보험 선택 제도(Health Choices Plan)라는 것을 도입하려다 실패하였다. 이 때문에 힐러리와 그의 남편인 빌 클린턴이 1990년대 '중도주의'의 상징과 같은 인물이었지만 힐러리는 조금 더 진보적인 인사라는 평가를 받았다. 하지만 미국 사회 내의 불평등이 심해지고, 민주당과 공화당이 각각 왼쪽, 오른쪽으로 한 발짝씩 내디디면서 힐러리도 더욱 진보적인 성향으로 이동했다.

2016년 대선 민주당과 공화당 양당 후보 중에서 샌더스 후보 다음으로 진보적인 편으로 나타났다. 지금은 경선에서 하차한 조 바이든 부통령과 공동 2위를 기록했다.

중국에 대해서는 별로 호의적이지 않은 반응이나 발언을 종종 한다.

그중에서도 미국과 중국이 항상 충돌하는 인권 문제에 대해서는 인권 침해국이라고 지칭해 중국의 반감을 산 적이 있다. 자서전에서도 중국의 인권 문제를 무척 무게감 있게 다루면서 부정적인 설명을 많이 덧붙였다. 결국 중국은 힐러리 회고록을 금지했다. 시진핑한테 대놓고 부끄러운 줄 모른다고 하기도 했다.

위에 언급된 중국에 대한 태도와 연결하자면 오바마 1기 행정부의 국무장관 시절 미국의 대외정책 우선순위를 전임 부시 행정부 시절의 중동, 대테러전 수행에서 아시아·태평양 지역으로 재조정한 주역으로 손꼽힌다. 이는 부시 시절 미국이 중동에 골몰하는 동안 중국이 경제대국을 넘어 정치, 군사대국으로 성장하여 미국의 아태 지역 패권을 위축시키는 것을 방치하다시피 했다는 비판을 배경으로 한 것이다. 이에 따라 미군의 이라크 철수가 완료된 이듬해인 2011년부터 오늘날 '아시아로의 회귀(pivot to Asia)', '재균형(rebalancing)' 등으로 불리는 아시아·태평양 중시 정책이 본격화된 것이다. 특히 힐러리는 미국의 국제문제 전문지 〈포린 폴리시〉 2011년 11월호에 직접 기고한 글에서 미국을 "태평양 국가(Pacific Power)"로 규정하며 아시아 중시 정책에 대한 열의를 강조했다.

부부 대통령, 영부인 출신 대통령

힐러리는 경선 내내 슈퍼팩을 통해 월가의 금융기업들에서 많은 돈을 받았다고 비판받았다. 그녀는 선거 자금을 모으기 위해 소액은 19%에 그치고, 2700달러가 한도인 고액 기부자 혹은 기업으로부터 받았다고 알려져 있다. 가장 많은 금액을 기부한 기업은 조지 소로스의 소로스펀드였다. 친기업 이미지 때문에 실러리(Shillary, $hillary)라는 별칭으로도 불리고 있다. 샌더스로부터 월가의 지원을 받는다고 공격을 받았지만 실제는 가장 많은 돈을 모은 팩인 '미국을 위한 힐러리'는 5달러부터 시작하는 개인기부금도 받고 있다. 또 TV 광고도 하지 않았다. 샌더스는 기부금의 71%가 소액 기부자로부터 모금되었고, 200달러 이상 기부한 사람은 전체 기부자의 약 2% 수준이다. 하지만 전당대회 후 샌더스는 6억원이 넘는 별장을 구입해 구설수에 올랐다.

글로리아 스타이넘이나 매들린 올브라이트 등 고령 페미니스트들이 힐러리를 지지했지만 뉴햄프셔주의 젊은 여성 80%가 샌더스를 찍어 대조를 보였다.

미국 주요 언론들은 대부분 진보적인 색채(민주당 성향)를 띠기 때문이라는 이유로 힐러리를 지지하고 있다. 일단 2016년 대선에 승리하면 미국 최초의 여성 대통령 겸 부부 대통령 겸 영부인 출신 대통령이라는 타이틀을 달게 된다.

2016년 대선에서 당선이 유력한 힐러리 클린턴은 미국 최초의 여성 대통령 겸 부부 대통령 겸 영부인 출신 대통령이라는 진기록을 쓰게 된다.

미국 대선 드라마의 주인공
② 도널드 트럼프

미국 대선 역사상 가장 튀는 아웃사이더

위키백과에서 트럼프 항목을 찾아보면 맨 앞에 '훼손이 수시로 발생하는 문서'라는 주의사항이 나온다. 그 정도로 트럼프는 미국 정치 역사상 가장 논란이 많은 공화당 대통령 후보다.

지난 7월 19일 오하이오주 클리블랜드 공화당 전당대회장 무대 옆이 소란스러워지며, 트럼프 주니어와 이방카, 에릭, 티파니 등 트럼프 자녀 4명이 등장했다. 이들은 연단 바로 앞 뉴욕주 대의원석 쪽으로 걸어갔다. 이윽고 대의원 공개 투표(롤콜Roll Call)를 알파벳순으로 공개하는데, 매직넘버 1237명을 넘기는 순간 N으로 시작하는 뉴욕주에서 'OVER THE TOP'이 전광판에 새겨졌다. 4명의 자녀는 어깨동무를 하고, 대의원들은 '트럼프'를 연호했다. 트럼프는 가족의 사랑을 세

리머니로 21일 대통령 후보 수락연설에서 아메리카니즘(Americanism 미국주의)을 선언했다. 그는 "이제는 글로벌리즘이 아니라 미국 우선(America First), 아메리카니즘이 우리의 새로운 신조가 될 것"이라고 말하고, "나의 경쟁자(클린턴)는 미국 내 중산층을 파괴하는 북미자유무역협정(NAFTA), 중국의 WTO 가입, 그리고 일자리를 죽이는 한국과의 FTA, 환태평양경제동반자협정(TPP)도 지지했다"고 지적했다. 이어서 그는 "난 우리 노동자를 해치거나 우리의 자유와 독립을 해치는 어떤 무역협정에도 서명하지 않을 것"이라고 강조했다. 이를 위해 그는 중국 등 다른 많은 나라와 맺은 무역협정을 완전히 재협상할 것이라고 말했다. 트럼프는 상대방을 무릎 꿇게 해서라도 미국의 이익을 챙기겠다는 의지를 강하게 내세웠다.

트럼프의 이런 주장은 경선 과정에서도 계속됐다. 후보 수락연설에서 명확히 한 만큼 트럼프 집권 시 기존 동맹 구조 및 대외정책에 대대적인 변화가 예상된다.

이밖에 트럼프는 부통령 후보로 인디애나 주지사 마이크 펜스를 지명했다. 펜스는 "아버지는 한국전에서 싸운 참전용사로, 인디애나주 남부의 작은 마을에서 주유소를 운영한 훌륭한 아버지였다"며 "아버지가 오늘 이 자리에 있었다면 매우 기뻐하셨을 것"이라고 회상했다. 펜스의 부친은 육군 가운데 용감한 병사에게 주어지는 청동성장을 1953년 4월 15일 받았다고 한다.

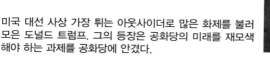
미국 대선 사상 가장 튀는 아웃사이더로 많은 화제를 불러모은 도널드 트럼프. 그의 등장은 공화당의 미래를 재모색해야 하는 과제를 공화당에 안겼다.

16명을 물리친 트럼프의 저력

"미국을 다시 위대하게(Make America Great Again)!"

"나는 신이 주신 가장 위대한 일자리 대통령(Job President)이 될 것이다."

트럼프의 핵심 선거 모토는 이 두 가지다. 그가 하는 막말은 모두 이것을 바탕으로 한 자극적인 언어 표현들이다. 미국의 고립주의를 다시 일깨우고, 중산층 백인 유권자들의 표를 모아 대통령이 되겠다는 선거 전략이다.

처음 경선 출마를 선언하고 온갖 막말로 지지율을 올릴 때도 일시적인 유행일 뿐 대통령 후보는 절대 안 될 것이라고 전문가들은 단언했다. 하지만 불과 1년여의 경선 기간이 지난 2016년 5월 그는 공화당 대선 후보로 사실상 확정되었다. 특히 그가 TV토론에서 다른 후보들을 압도하면서 힐러리와의 토론에서도 우위를 점할 것이라는 예측도 있다. 하지만 멕시코 비하 발언 등 수많은 망언들과 실언들을 생각하면 힐러리와의 맞대결에서 불리하다.

공화당 지도부는 이미지 실추 문제가 발생하면 자금을 끊어버리는 방법 등으로 제어하는 것이 일반적인데, 트럼프는 외부 지원 없이 선거가 가능한 엄청난 재벌이라 공화당도 골치를 썩고 있다.

트럼프는 첫 경선인 네바다 코커스에서 무려 45.9%로 승리했다. 2위인 마코 루비오(23.9%)와는 거의 두 배 격차. 일부 후보의 출신 주를 제외하곤 이런 결과는 경선 내내 지속됐고, 유력 후보였던 젭 부시, 테드 크루즈, 루비오, 존 카식, 벤 카슨 등 16명을 낙마시키는 기염을 토했다. 2015년 11월 파리 테러 직후에 2001년 9·11 뉴욕 쌍둥이 빌딩 테러 당시 무슬림 미국인의 환호 영상을 CBS 보도에서 봤다는 허위 논란에서 트럼프가 타격을 입으리라는 예측은 빗나갔고, 오히려 공화당 경선에서 무려 42%까지 지지율이 뛰면서 압도적인 1위 굳히기에 나섰다.

트럼프가 힐러리를 누르는 여론조사는 거의 없지만 아예 없는 것은 아니다. 이런 일이 가능한 것은 트럼프를 썩 좋아하지 않는 공화당원이라도 대선에서는 민주당을 떨어뜨리기 위해 대부분 공화당 후보를 찍기 때문이다. 이건 반대로 민주당도 마찬가지다. 힐러리나 샌더스를 싫어하는 민주당원도 있지만 대선에서는 더 싫은 공화당 후보를 떨어뜨리기 위해 힐러리가 후보가 되면 샌더스 지지자 대부분이, 샌더스가 되면 힐러리 지지자 대부분이 민주당 후보를 찍기 때문이다. 로스 페로 같은 강한 3자 후보가 나왔던 선거를 제외하면, 공화당 후보든 민주당 후보든 각각 기본으로 최소한 45%씩은 득표한다고 봐야 한다. 군소후보가 나머지 1~2% 정도를 먹고 나머지 8~9%를 누가 더 많이 차지하느냐의 싸움이다. 공화당이 꽤나 밀렸다는 평을 듣는 2008년 대선에서도 매케인은 45.7%를 득표했었다. 참고로 미국 대통령 선거는 전국 득표율보다는 경합주들의 선거인단 결과가 더 중요하다.

트럼프가 인종주의적 막말만 한다고 생각하면 큰 착오다. 그는 미국의 부자와 엘리트들의 이익에 희생되는 소외되고 불만에 찬 이들의 이익도 말한다.

트럼프는 인종차별적인 언행을 일삼지만 그 대상은 대체로 불법 이민(아직 영주권, 시민권을 못 받은) 히스패닉을 겨냥해서 발언하기 때문에 의외로 공화당 후보임에도 흑인들의 트럼프 지지율이 높은 편이다. 히스패닉 유입으로 인해서 흑인 자신들도 저임금 일자리를 빼앗기는 피해를 받았다고 느끼기 때문이다.

트럼프의 히스패닉계 배제 전략 성공할까?

트럼프의 이런 히스패닉 배제 전략이 가능한 것은 미국 대선은 전체 득표율이 아닌, 주 단위 선거인단 독식 제도로 주 단위 표심이 중요하기 때문이다. 히스패닉은 주로 캘리포니아, 텍사스, 뉴욕 3개 주에 몰려 있고, 이중 캘리포니아와 뉴욕주는 어차피 민주당 텃밭이다. 텍사스는 히스패닉이 40%를 차지했음에도 2012년 대선에서 공화당이 59%를 얻었다. 나머지 47개 주의 히스패닉 인구는 훨씬 적고, 연령대가 낮은 데다 투표율도 저조해 큰 변수는 아니라는 것이다. 오히려 늘어나는 히스패닉 인구에 비례해서 이민에 강경한 블루컬러 백인들이 공화당으로 결집되는 경향도 있다. 실제로 트럼프는 히스패닉을 공격하는 듯하면서도 불법 이민과 합법 이민의 선을 긋는 전략을 취하고 있다.

작년 11월의 파리 테러와 반이민 정서로 백인층의 공화당 결집이 더 강화될 수 있다는 점을 감안해야 한다.

그래서 트럼프는 미국 유권자의 72%를 차지하는 백인들의 심리적 박탈감을 효율적으로 공략하고 있다. 2012년 대선의 경우 백인들의 투표율은 64% 정도밖에 되지 않았는데, 그것도 보수 성향 백인들 상당수가 투표에 불참했기 때문이다. 당시 롬니는 선거전에서 보수를 내세웠지만 원래 그는 중도적인 인물이었고, 종교도 보수 백인과 맞지 않는 모르몬교였다. 이에 반해 트럼프는 지지층이 아주 열광적이며, 그 상당수가 보수성향 백인으로 투표율이 상승한다면 숨은 표가 엄청나게 나올 수 있다.

트럼프를 배제할 수 없는 공화당

공화당 지도부는 트럼프에게 대선 승리를 기대하지 않는다. 트럼프 자체가 당선되어도 공화당의 보수 이념 및 정강정책 상 문제가 있고, 힐러리를 상대로 승산이 없다고 생각한다. 경선 과정에서 편법을 동원해서라도 트럼프가 후보가 되는 것을 막아야 했었다는 말이 나올 정도로 거부감이 크다. 당 지도부가 직접 후보를 선출하는 중재전당대회를 검토하고, 트럼프가 과반수 확보를 못하도록 군소후보들이 경선 완주를 해야 한다는 등 의견이 나온 것이다. 이는 트럼프가 무슬림 외국인 입국 금지 등 공화당조차도 동의할 수 없는 발언을 해댄 탓이 크다. 만일 그런 일이 벌어진다면 트럼프가 무소속으로 출마할 수도 있어 공화당으로서는 100% 패배 시나리오를 받아들게 된다.

어쨌든 트럼프는 여러 면에서 미국의 기존 정치판을 완전히 깨트리면서 공화당 지도부를 당황하게 만들고 있다. 공화당은 지난 여섯 번의 대통령 선거에서 무려 다섯 번을 전체 득표수에서 졌다. 공화당 지도부는 히스패닉의 표를 얻기 위해 2013년 히스패닉에게 점차적으로 영주권과 시민권을 주는 것을 지지한 바 있다. 그런데 트럼프는 첫 연설부터 불법이민 멕시코인들을 강간범으로 규정해버려, 히스패닉 표를 대거 잃을 것을 우려했었다.

공화당에 돈을 기부하는 사업가들은 값싼 노동력 확보를 위해 이민정책에 호의적이다. 하지만 상당수의 공화당 지지자들은 포괄적인 이민정책에 반감을 가지고 있다. 바로 이들이 트럼프의 골수 지지층인, 대학 교육을 받지 못한 중하위층의 35~50세 사이의 백인이다. 공화당의 핵심 정책은 부자 기부층의 이익을 대변하는 부자 감세와 자유무역인데, 트럼프 지지자들은 부자의 세금 감면 반대와 보호무역 찬성을 내걸고, 자신들의 일자리를 다른 나라나 이민자들에게 뺏길 것을 두려워한다. 이런 생각을 가진 사람들이 공화당 내 25~35%에 달하는 트럼프 지지자들이다.

어떻게 보면 트럼프가 공화당 후보가 된 것은 경제적으로 보수적이고 친이민적인 공화당의 부자 기부층과 티파티 성향의 반이민적이며 빈곤층 추락 위기에 몰린 백인 지지자들 사이에서 줄타기한 결과라고 할 수 있다.

또 트럼프는 조지 W. 부시 전 대통령을 시간 날 때마다 비판했다. 방송에서 트럼프는 정보기관의 공격 징후 보고를 묵살하고 9·11 테러를 초래해서 고향인 뉴욕 시민이 수백 명 희생됐으며, 대량 살상무기의 증거가 없는데도 이라크를 침공해 수조 달러의 예산을 낭비하고, 수천 명의 군인이 희생당했다고 부시를 비판했다. 공화당에서 티파티 세력이 커졌다지만 공화당 주류 지도부는 네오콘의 힘이 강해서 이를 받아들일 수 없었다. 마코 루비오가 부시를 칭찬만 하는 것도 이와 무관치 않다. 불법 이민도 네오콘이 득세하던 부시 때 막지 않았었다.

급기야 전당대회에 전직 대통령들이 줄지어 불참하고, 유력 정치인들도 외면한 데다, 테드 크루즈가 트럼프를 찍지 말라고 선언하는 꼴사나운 풍경을 연출하고 말았다.

트럼프 현상의 이모저모

트럼프는 부자 증세를 내세워 공화당 주류 노선을 거슬렀다. 또한 투기 자본의 성공 보수에 일반 소득보다 낮은 세율을 매기는 것은 부당하다고 주장했다. 이 때문에 공화당 주류로부터 비판을 받고, 벤 카슨으로부터 사회주의자라는 공격을 받았다. 하지만 부동산에 대한 언급은 요리조리 피해간다. 그가 공개한 공약을 분석하면 제목은 부자 증세인데 내용은 사실상 부자 감세다. 트럼프가 연설에서 늘 강조하는 것이 자신은 선거를 자기 돈으로 치른다는 것이다. 트럼프가 아예 모금을 안 받는 건 아니지만, 다른 후보와 가장 크게 차별화되는 것이 슈퍼팩이다.

슈퍼팩은 미국의 무제한 정치자금 기부제도다. 이익집단들의 선거자금을 후원받고 선거를 치르는데 당선될 경우 영향을 안 받을 수 없다. 제도상 후보 지원은 못하는 대신 상대방 후보들에 대한 비방 TV광고는 가능하다.

트럼프는 다른 공화당 경선 후보들이 슈퍼팩 후원을 받는다며, 월 스트리트의 꼭두각시고 자신만이 독립된 후보라는 것을 강조했다. 이것이 유권자들의 호응을 받은 것도 사실이다. 약간 다른 경우지만 민주당의 샌더스가 인기를 얻는 것도 슈퍼팩을 거부했기 때문이다. 힐러리는 월가로부터 거액의 슈퍼팩 후원을 받고 있어 대비되었다.

트럼프는 막말로 욕도 많이 먹지만 다년간의 TV예능 출연으로 다져진 언변으로 인기도 높다. 미국 대선에서 TV토론 경쟁력은 엄청나게 커서, 힐러리를 제압한다면 승패를 뒤집을 수 있다는 얘기가 나오는 것도 이 때문이다. 그의 장기는 토론에서 상대방을 속사포처럼 비난해 얼을 빠지게 하는 것이다. 공화당 경선 토론에서 누가 가장 토론을 잘했냐는 조사에서 항상 1위를 차지한 것도 트럼프였다. 표정 연기도 다양해서, 긴장하고 평범한 다른 후보와 대비된다.

그는 프로레슬링 방식의 토론을 즐긴다. 권투는 실력 좋고 규칙을 지키는 선수가 챔피언이 되지만 프로레슬링은 끊임없이 화제를 만드는 선수를 선호한다. 트럼프는 에너지 넘치게 반칙하는 선수들을 응원하는 것이다. 공화당 토론회에서 트럼프는 여유로운 모습으로 유력한 후보 젭 부시의 약을 올리며 제압해서 크게 성공했다. 다른 후보들은 서로 싸우느라 트럼프를 견제조차 못했다.

미국인들은 트럼프가 부자여서 능력이 있다고 믿는다. 사실 그는 아버지로부터 부를 물려받았다. 아버지 밑에서 부동산 프로젝트를 성공시킨 재벌 2세로 불리는 것이 맞다. 그는 뉴욕에서 태어나 포드햄대를 다니다 펜실베이니아 대학교로 편입하여 와튼스쿨에서 경제학 학사 학위를 받았다. 키는 190센티미터. 아버지가 타계한 시점에서 재산이 3,000억원 정도였고, 지금은 3조원대로 알려져 있다. 하지만 출마하면서 알려진 것은 12조원이라는 말도 있다. 세무 감사 중이어서 아직 공개적으로 자산 내용을 밝히진 않고 있다.

부동산으로 성공해 계산적이어서 국제관계도 주고받는 식의 주장을 펼쳐 외교 무뢰한이라는 비판도 받고 있다.

당적 5번 바꾼 이단아, 막판 패밀리 동원 쇼맨십

그는 2000년 미국 개혁당(로스 패로가 만든 정당) 대선 경선 후보로 나가려고 했던 적도 있다. 2005년에는 '백수탈출 성공기(The Apprentice)'라는 리얼리티 쇼를 진행하며 쓴 "당신은 해고 됐어(You're fired!)"라는 대사는 유명하다. 이 TV프로는 트럼프 회사의 고위 경영직을 얻기 위해 경쟁해서 승리자가 그 자리에 특채되는 내용이다. 그는 WWE에서 돈을 뿌리고, 삭발 내기도 하는 등 이벤트를 연출하다 2013년 명예의 전당에 오르기도 했다.

그는 인종차별 발언으로 구설에 오르고 반유대주의 태도로 언론의 도마에 오르곤 했다. 하지만 딸이 유대인과 결혼하고 개종하자, 딸을 축복하고 손주가 자랑스럽다고 트윗에 올리기도 했는데, 반유대주의 자라기보다는 쇼맨십이 강한 인물인 것만은 확실한 듯하다.

그의 장남은 도널드 트럼프 주니어다. 첫 아내였던 이바나 트럼프와의 사이에서 태어났다. 장녀는 이방카로 첫째 부인과 사이에서 태어났다. 2009년에 결혼했는데 트럼프의 후계자로, 아버지 옆에서 참모 역할을 톡톡히 수행하고 있다. 트럼프는 이방카의 조언은 받아들인다고 한다. 남편 재러드 쿠시너와 함께 아버지의 핵심 선거 참모로서, 아버지의 막말로 멀어졌던 여성표를 다시 끌어오고 있다. 재러드 쿠시너는 부동산 대부호 찰스 쿠시너의 아들이다. 트럼프의 핵심 참모로 홀로코스트에서 구사일생으로 살아남은 사람의 손자라는 점을 들어 유대인 표를 공략하고 있다. 벌써 주미 이스라엘 대사를 통해 이스라엘 정계와의 라인을 만들었으며, 언행이 점잖은 신사로 트럼프의 막말을 뒤에서 완화시키는 큰 역할을 하고 있다. 사실상 선대본부장이라는 평가도 나오고 있다.

차남 에릭 트럼프도 첫째 부인에게서 태어났다. 미남으로 아버지를 보좌하며 경선지역을 누볐다. 차녀 티파니 트럼프는 두 번째 처 말라 메이플스와 낳은 딸이다. 삼남 배런 트럼프는 현재 아내인 멜라니아와의 사이에 낳은 막내아들이다. 곧 만 열 살이 된다.

트럼프의 현재 부인 멜라니아 트럼프는 슬로베니아 출신의 전직 모델이다. 전당대회에서 연설하면서 미셸 오바마의 연설을 표절했다는 의혹을 받았다.

04

—

역대 미국 대통령과
한·미 관계

제2차 세계대전 종식 이후 45년간 미국과 소련의 냉전시대가 지구를 꽁꽁 얼어 붙게 만들었다. 이 시기 미국 대통령들의 목표는 소련과의 핵전쟁 공포를 어떻게 해결하는가였다. 냉전시대 미국 대통령들은 '전사(Warrior President)'로 불렸다.

전사로 불린
냉전시대 대통령들

　한국과 미국은 8 · 15 광복과 6 · 25전쟁을 거치면서 오늘날까지 관계를 이어오고 있다. 1945년부터 1953년 한국전 정전까지 한 · 미는 처음 직접적으로 서로를 알게 됐고, 관계 설정을 리셋(reset) 했다. 한국전쟁 당시 미국은 유엔군을 조직해 참전했고, 휴전 이후에도 주한 미군이 계속 주둔하고 있다. 한국과 미국은 한 · 미 상호방위조약을 체결했고 주한미군지위협정(SOFA)에 따라 우호적인 관계를 유지하고 있다.

　그러나 때론 한국의 위상은 미국의 세계 전략 곧, '사활적 이익(Vital Interest)'에 따라 결정됐고 한 · 미 관계는 요동쳤다. 냉전시대, 테러와의 전쟁, 중국의 부상 이후 G2의 경쟁 등에 따라 우리나라도 그 영향을 크게 받았다.

　2009년 6월 한국과 미국의 두 정상은 기존의 군사동맹 차원에서 벗어나 글로벌 수준의 21세기형 포괄적 동맹으로 발전시킨다는 내용을 골자로 담은 '한·미 동맹 미래비전'을 채택했다. 이에 따라 지금까지 한반도에 한정됐던 한·미 동맹의 지리적 범위는 동북아시아 지역은 물론 범세계적 차원으로 넓어지고 내용도 군사뿐만 아니라 비군사적 분야까지 포함하게 됐다. 아울러 양국은 한반도 유사시 미국이 핵우산 및 재래식 전력을 제공한다는 '확장 억지력'을 채택했다. 확장 억지력은 미국의 동맹국이 핵공격을 받으면 미국 본토가 공격받았을 때와 동일한 전력 수준으로 응징 타격하는 것을 기본 내용으로 한다. 이는 정상 차원에서 북한에 대한 한·미 공동방위 의지를 재확인하는 것을 의미한다. 2009년 런던 G20 정상회의에 참석한 버락 오바마 대통령은 4월 2일 이명박 대통령과 만난 자리에서 한국을 "미국의 가장 가까운 동맹국이자 가장 중요한 우방국 중 하나"라고 말했다

2016년 9월 6일 라오스의 비엔티안에서 박근혜 대통령과 버락 오바마의 마지막 정상회담이 열렸다. 오바마는 올해 11월 대선에서 미국의 차기 대통령이 선출되면 내년 1월 20일 임기가 끝나기 때문에 박 대통령과의 마지막 만남이었다. 이 자리에서 오바마 대통령은 "한국과 한국인들에 대해 대단히 좋은 감정을 갖고 있다. 대통령직을 그만두더라도 한국에 대한 깊은 관심은 그대로일 것이다. 대통령에 물러나더라도 한국을 자주 방문하고 싶다"고 말했다.

역대 미국 대통령 가운데 한국을 가장 많이 찾은 대통령이 버락 오바마다. 그는 2009년 취임 이후 한국을 4회 방문했다.

오바마는 취임 첫해부터 한국의 교육열을 극찬하는 등 한국에 대한 호감을 여러 차례 표현했다. 2011년 국정연설에서는 "한국에선 교사가 나라를 건설한 사람으로 존경받는다"고 소개했다. 또 2015년에는 저소득층의 인터넷 접근성 확대를 강조하면서 "한국은 초고속 광대역 인테

넷망이 발달해 있고 가입률도 높다"며 모범사례로 한국을 들기도 했다.

현재 북핵 위기로 한국과 미국은 긴밀한 동맹 관계를 재확인하고, 북핵에 공동 대응하고 있다.

해리 트루먼의 사활적 이익과 한반도

광복 이후 한국인이 처음 만난 미국 대통령은 해리 트루먼이었다. 이후 지금까지 11명의 미국 대통령이 나왔다. 한국인에게 트루먼은 6·25 전쟁 때 한국을 지켜준 대통령으로 기억된다.

프랭클린 루스벨트 대통령이 마지막 네 번째 임기 때 민주당은 루스벨트의 고령과 건강에 대한 우려로 인해 세 가지 조건을 갖춘 부통령 후보를 지명했다. 젊은 사람, 대통령직을 감당할 수 있는 사람, 루스벨트를 수행할 수 있는 사람을 찾다 보니 당시 무명 정치인이었던 해리 트루먼이 선출됐다. 그는 제1차 세계대전 때 소령으로 참전했고, 부하를 하나도 잃지 않고 완벽한 승리를 거둔 기록을 가지고 있지만 미국 정치권에서는 거의 존재감이 없었다. 1945년 봄 루스벨트가 작고하고 트루먼 행정부가 시작됐다. 대통령이 된 트루먼이 가장 먼저 했던 일이 전쟁 종식을 위해 일본의 히로시마와 나가사키에 핵폭탄 투하명령을 내린 것이었다.

이후 한국전쟁 때는 불과 전쟁 발발 일주일 만에 미군이 한국에 도착하는 결단을 내렸다. 우리한테는 한국전 참전으로 고마운 대통령이지만, 미국에선 한국전을 빨리 이기지 못하고 오래 끌었다는 이유로 인기 없는 대통령이 되었다. 70년이 지난 지금은 학자들로부터 '외교를 잘한 대통령'으로 호평을 받고 있다. 미국이 냉전에서 소련을 이기는 기반을 단단히 쌓은 대통령이라는 칭송을 받고 있다.

그의 회고록을 보면 트루먼 대통령이 한국전 참전을 결심했던 당시의 이야기가 나온다. 트루먼은 평소 공산주의자들에 대한 확고한 불신과 공산주의는 막아야 한다는 신념을 가지고 있었다. '유럽에서 공산주의자들의 준동을 반드시 막아야 하는데 영국은 힘이 없으니 미국이 막아야 한다'고 발표한 게 트루먼 독트린이다. 이렇듯 트루먼은 공산주의에 대한 봉쇄정책(Containment Policy)을 추진했다.

한국전쟁 발발 직전 미국 국무부와 국방부는 한국의 전략적 위상을 평가했다. 국무부는 한국을 지켜야 한다고 했지만 국방부는 지킬 힘이 없다고 주장했다. 당시 미국이 군사력을 통해서 도와줘야 할 나라가 16개국이었는데 한국은 그 중 13번째였다. 1949년 11월 고문단 500여 명만 남기고 미군은 철수했다. 그런데 불과 6개월 만에 한국전이 발발했다.

트루먼 회고록에는 미국 시각 6월 24일 밤 얘기가 나온다. 트루먼 대통령은 주말 휴가차 고향인 인디애나주 인디펜던스라는 작은 마을에 있었다. 밤 9시 무렵 트루먼이 서재에서 책을 읽고 있을 때 애치슨 국무장관이 다급하게 전화를 걸어 왔다. 애치슨은 "큰일 났습니다. 지금 한국의 38선 전체에서 공산군이 내려오고 있습니다. 평상시와는 다른 것 같습니다. 전쟁 같습니다"라고 했더니, 트루먼 대통령의 첫마디가 "지금 워싱턴으로 돌아가겠습니다"였다. 애치슨이 "지금 밤도 늦고 비도 오는 데다 한국에서 오는 소식은 100% 신뢰할 수 없으니 그냥 집에 계십시오. 내일 아침에 정확한 뉴스가 오면 다시 연락을 드리겠습니다"라고 하자, 트루먼은 "나를 깨운다고 생각하지 말고 아무 때나 특이한 일이 있으면 연락하세요"고 말했다. 토요일 밤중에는 연락이 없자 트루먼은 일요일 아침 교회를 다녀와서 휴가를 반납하고 워싱턴으로 날아가 국가안전보장회의에서 결정을 내렸다. 이것이 유명한 'Korean Decision'이다.

트루먼 대통령이 가장 먼저 "이거 막아야 됩니다"라고 말하자, 참석자들은 "예, 다 막아야 됩니다." "군대를 보내야 됩니다." "네 보내야 됩니다"라고 호응했다고 한다. 이는 위기상황에서 제일 먼저 이야기한 사람의 견해를 따르게 되어 있다는 의사결정이론의 대표 사례로 널리 알려지게 되었다. 즉 참전으로 몰아간 사람이 트루먼 대통령인 것이다.

미국이 중요하지 않다고 버린 나라인데 전쟁이 일어난 지 일주일 만에 미군이 한국에 도착하자 기자가 트루먼 대통령에게 질문을 했다. "포기한 나라인데 전쟁이 나자마자 일주일도 안 되어 미군이 개입한 근거는 무엇인가"라고 묻자 트루먼은 손가락으로 하늘을 가리켰다고 한다.

트루먼 회고록에는 "애치슨의 전화를 받자마자 '이 전쟁을 막지 못하면 안 된다'고 결심을 했다"고 한다. 마침 그때 읽고 있던 책의 내용이 '작은 전쟁을 제대로 다루지 못해서 큰 전쟁으로 확산이 된다'는 것이었다. 그는 "작은 전쟁은 한국전이고 큰 전쟁은 제3차 세계대전인데, 스탈린이 자신을 테스트하려고 별로 중요하지 않은 한국을 건드렸다"고 생각했다는 것이다. 만일 방치하면 스탈린은 독일 혹은 이란을 건드릴 것이고, 그렇게 되면 제3차 세계대전을 안할 수가 없다, 그 개자식들(son of bitch)을 그냥 놔둘 수 없다"고 기록되어 있다.

트루먼 반대자들은 한국전을 미국이 이기지 못한 전쟁으로 비난한다. 하지만 애초부터 한국전은 이기는 것이 목표가 아닌, 한국을 죽도록 내버려두지 않겠다는 것이었다.

트루먼은 한국전을 기회로 소련과 본격적인 경쟁을 펼치기 위해 냉전정책을 수립한 대통령으로 평가를 받고 있다. 이른바 봉쇄정책이다. 본격적인 냉전시대가 개막한 것이다.

한편 트루먼 대통령은 1949년 6월 7일자 교서에서 마셜플랜을 모방하여 한국의 장기적인 경제부흥을 위해 만든 1억5000만 달러의 한국 경제원조를 승인해 달라고 요청했다. 또 트루먼은 한국을 민주주의가 공산주의 위협 아래서도 경제적으로 번영할 수 있는 시금석이라는 메시지를 의회에 보냈다.

애치슨 국무장관은 1950년 1월 연설에서 미국의 태평양 방위선은 알류샨 열도에서 일본의 류큐 제도를 거쳐 필리핀에 이른다고 밝히고, 한국의 안보에 미국의 책임이 지워졌다고 선언했다. 한국과 대만이 방위선 밖에 있다는 발언은 극히 위험한 사태를 몰고 왔다. 불과 6개월도 안 돼 6·25 전쟁을 촉발시킨 것이다. 설상가상 미 의회는 대한(對韓) 원조안을 부결시켰다. 트루먼과 이승만은 전쟁 속에서 한·미 관계를 이끌어야만 했다.

한국전 종식과 핵전략 수립, 아이젠하워

한국전이 한창이던 1952년 공화당의 오성장군 출신 아이젠하워가 '한국전 종식'을 공약으로 내걸고 대통령 선거에서 당선됐다. 그는 1953년부터 1960년까지 8년을 재임한, 인기가 괜찮은 대통령이었다. 기독교인 대통령으로서 인자한 면모를 보였다. 그가 컬럼비아 총장일 때의 일화다. 학생들이 잔디밭을 가로질러 다니자, 학교 측에서 '잔디

밭에 들어가지 마시오'라는 팻말을 붙였다. 그
래도 학생들이 잔디밭으로 들어간다고 하니, 아
이젠하워는 "학생들이 그리로 다니고 싶어 하면
그곳에 길을 만들어 주면 되지 않겠느냐"고 말
했다고 한다. 아주 유연성 있는 사람으로 유명했
다. 그가 연합군을 이끌고 제2차 세계대전을 승
리로 이끈 것도 화합으로 지휘한 결과였다.

아이젠하워는 한국전 종식을 공약으
로 34대 대통령으로 당선됐다.

　우리나라 국민들은 민주당 출신 대통령은 전
쟁을 안 하려고 하고, 공화당 출신 대통령은 호전
적이라고 생각하는 경향이 있다. 그러나 실제는 큰 차이가 없다. 오히
려 길게 보면 민주당 대통령들이 큰 전쟁을 벌였고, 공화당 대통령들
은 그 전쟁을 끝낸 경우가 많다.

　한국전은 민주당 트루먼이 참전했고, 공화당 아이젠하워가 휴전했다.
베트남전은 민주당 존슨 대통령이 참전을 결정했고, 공화당 리처드 닉
슨 대통령이 미군 철수를 결정했다. 한국이나 베트남이나 다 민주당 대
통령이 전쟁을 시작했고, 공화당 대통령이 끝냈다. 아이젠하워는 공화
당 대통령 후보로, 그의 공약은 '전쟁을 빨리 끝낸다'는 것이었다.

　학계에선 냉전시대의 미국 대통령을 전사(Warrier President)라고 불렀
다. 트루먼부터 부시 1세까지 역대 대통령들은 소련을 적으로 생각했
고 열심히 싸웠다. 그리고 대부분이 장교 출신이었다.

　아이젠하워는 소련과 적대 관계를 설정하고 핵전략을 수립했다. 미
국이 핵을 독점하던 시기인데도 북한을 이기지 못하고 시간을 오래 끌
자, 아이젠하워 대통령은 이제 앞으로 공산주의 세력이 전쟁을 일으키
면 핵으로 보복하겠다며 대량 보복전략을 수립했다. 1950년대는 미국

과 소련이 핵전쟁을 준비하던 시기이기도 했다.

아이젠하워의 업적 중 하나가 '주간 고속도로(Interstate High way)' 망 구축이다. 주와 주 사이를 연결하며 격자 모양으로 동서남북을 연결했다. 이것은 산업발전을 위해서가 아니라 핵전쟁이 났을 때 미국인들을 빨리 시골로 소개시키려고 만든 것이다. 아이젠하워 때 계획을 세우고 케네디 대통령 때 고속도로망이 완성됐다. 아이젠하워는 핵전쟁을 염두에 두고 냉전을 준비했던 대통령이었다.

아이젠하워가 취임하자마자 휴전 성립은 불가피한 사실로 받아들여졌다. 이승만 대통령은 휴전에 반대하는 한편 재침략을 받을 경우 미국의 참전 보장과 한국군 강화를 골자로 하는 한·미 상호방위조약을 휴전 성립 전에 체결할 것을 요구했다. 아이젠하워는 휴전 성립을 위해 이승만의 동의가 필요하다는 점을 잘 알고 있었다. 그는 휴전 성립 후 한·미 방위조약 체결을 약속하고 10월 1일 정식으로 한·미 상호방위조약을 조인했다.

아이젠하워 대통령 때 부통령이 리처드 닉슨이었다. 불과 39세의 나이에 부통령에 오른 닉슨은 아이젠하워가 물러난 1960년 대선에서 공화당 후보로 나섰다. 이때 민주당 대통령 후보가 케네디였다. 여론은 닉슨이 우위에 있었지만 최초로 시작된 TV토론에서 멋진 용모와 좋은 인상의 케네디에게 밀리면서 결국 근소한 표 차로 떨어지고 말았다.

냉전 속 데탕트 시작한 케네디

1917년생 케네디는 1913년생 닉슨을 제치고 43세의 나이로 역사상

가장 젊은 미국 대통령이 되었다. 케네디는 암살
될 때까지 3년여를 재임했다. 이후 민주당 후보
들은 짧은 임기에도 국민들에게 인기가 많았던
케네디를 표상으로 삼았다. 공화당 후보들이 레
이건을 표상으로 삼는 것과 마찬가지다.

케네디는 대통령 후보 지명연설에서 "우리는
뉴 프런티어의 한 끝에 서 있다"라고 선언했다.
이후 뉴 프런티어는 그의 모든 정책에 붙어 다니
게 되었다. 그는 공산주의에 대해 강력한 매파였

35대 케네디 대통령은 쿠바사태를
성공적으로 마무리하면서, 인기 많
은 대통령으로 기억된다.

다. 취임 연설에서 "미국은 자유의 횃불을 들고
나갈 테니 세계가 따라와야 된다"라며 공산주의를 공격했다. 또 미국
국민들에게 "나라가 무엇을 해주기를 묻지 말고 내가 무엇을 할 수 있
느냐를 물어보라"고 할 정도로 공세적이었다. 또 그는 젊음의 상징이
었고 낙관적이었다.

아이젠하워 재임 시인 1957년 소련이 스푸트니크 인공위성을 발사
하자 미국은 큰 충격을 받았다. 이후 미국의 과학기술이 잘못되었다며
교과서를 고치는 등 한바탕 소란이 일었다. 대선 선거 과정에서 케네
디는 미 · 소 간의 핵 장착 미사일 보유 수에 있어서 소련이 우세하다
는 점을 들어 미사일 갭(missile gap)을 비판했다. 그리고 그는 인간을 소
련보다 먼저 달에 착륙시키겠다는 선언을 했다. 훗날 "케네디의 목적
은 과학을 발전시키는 게 아니라 소련을 이기는 것이었다"라고 할 정
도로 그는 모든 정책의 초점을 소련에 맞췄다.

케네디 대통령의 재임 시 가장 큰 사건이 '쿠바 미사일 위기'다. 1962
년 10월 소련의 핵미사일이 쿠바에 배치되자 케네디는 쿠바를 봉쇄했

다. 이후 13일 동안은 미·소 간의 핵전쟁 발발 가능성이 반반일 정도로 긴박한 시기였다. 소련의 흐루시초프가 공격용 무기 철수를 발표하고, 10개월 후 미국과 소련이 핵실험 금지조약에 서명함으로써 미·소 대결은 일단락을 짓게 된다. 이 과정에서 미·소는 협상과 대화를 통해 냉전을 유지하면서도 대화하는 데탕트를 시작하게 된다.

한편으로 베트남전쟁 발발은 시간 문제였다. 아이젠하워 대통령 때의 공산주의자와의 전쟁은 대량보복 전략이었다. 하지만 상대는 소련이 아닌 베트남으로 이 전략을 사용할 수 없었다. 케네디는 '정규군은 정규군이, 게릴라는 게릴라로, 핵으로 덤비면 핵으로 싸운다'는 유연대응 전략을 수립하고 베트남전에 파병할 부대를 창설했다. 초록색 모자로 유명한 그린베레는 베트남의 게릴라를 상대하는 군대였다.

케네디는 짧은 재임 기간이었음에도 공산주의와 실질적으로 싸운 대통령이었다. 그러면서 쿠바 미사일 위기를 통해 소련과 대화의 틀을 잡은 대통령으로 평가받는다.

케네디 대통령의 임기가 시작했던 1961년에 한국은 5·16 군사혁명으로 1917년생 동갑내기였던 박정희 소장이 정권을 잡았다. 1961년 11월 14일 미국 백악관에서 케네디와 박정희가 마주앉았다. 이 자리에서 한국의 경제개발계획, 군사력 증강 유지 문제 등이 협의되었다. 1962년에는 한·미 행정협정 체결을 위한 실무교섭이 시작됐다.

위대한 사회, 존슨 대통령

케네디 대통령이 1963년 11월 갑작스러운 암살로 타계하자 린든 존슨 부통령이 1968년까지 대통령직을 수행했다. 그는 텍사스의 초급대학을 나왔지만 진보정치를 내세웠다. 1965년 의회 연설에서 존슨 대통령은 "위대한 사회(The Great Society)는 얼마나 많은 것을 누리느냐가 아니라 얼마나 잘 누리느냐를 묻는 사회다. 그 사회는 부의 축적뿐 아니라 어떻게 부를 쓸 것인지를, 얼마나 빨리 나아가느냐가 아니라 어디로 향해 갈 것인지를 먼저 묻는 사회다. 지금 이 나라는 그 첫 심판대에 섰다"고 연설했다. 그의 '위대한 사회'는 가난 때문에 학교를 다니지 못하는 아이들이 없는 사회, 가난 때문에 의료혜택을 못 받는 이가 없는 사회, 시민이 마시는 공기와 물에 독을 섞지 않음으로써 아름다움을 증진해가는 사회, 낙후한 지역을 개발하고 절망과 곤경에서 벗어나게 하는 사회 등 21세기까지 이어지는 미국의 비전이 됐다.

그는 진보의 이상을 보편의 가치 위에 두고 '위대한 사회'의 꿈을 국민들에게 심어주었다. 그는 14개의 팀을 꾸려 분야별 청사진을 만들고 그 공약을 지키고자 노력했다. 하지만 베트남전에 발목 잡혀 자신의 구상을 이루지 못했고, 재선 출마를 포기해야 할 만큼 인기 없는 대통령으로 임기를 마쳤다.

존슨 대통령은 베트남전에 깊이 개입했다. 한때 미군이 52만 명까지 베트남에 주둔할 정도로 대대적인 공세를 펼쳤지만 결국 실패하고 만다. 그의 실패는 참모들도 마찬가지지만 전쟁의 본질을 잘못 파악했기 때문이었다. 미국은 베트남의 민주주의, 자본주의를 지켜야 한다고 생각했는데, 베트남은 공산국가를 건설하기 위해 싸운게 아니라 독립하려고 전쟁을 벌인 것이었다.

36대 존슨 대통령은 '위대한 사회'를 주창한, 진보정치의 아이콘이었지만 베트남 전쟁으로 재선을 포기해야 했다.

미국은 베트남이 공산화되면 중국 세력이 인도차이나로 진출한다고 판단했다. 그리고 캄보디아, 라오스, 태국 등 동남아가 전부 공산화되는 도미노 효과를 저지하기 위해서 베트남전에 참전한 것이다. 그런데 민족주의자들이 승리할 경우 중국의 힘이 확산되기는커녕 오히려 베트남에 의해 차단당하게 된다는 것이 키신저, 닉슨의 아이디어였다.

베트남이 공산화되더라도 강력한 민족주의로 인해 중국의 앞잡이가 아닌, 중국 진출을 막는 쐐기가 될 것으로 예측했다. 실제 1975년 베트남은 공산화 이후 중국과 갈라서게 되고, 1979년에는 중국과 베트남 간에 전쟁이 일어났다. 2016년에도 베트남이 중국의 남중국해 진출을 막아서는 중요한 역할을 맡으면서 이 논리는 다시 증명되고 있다.

오바마 대통령은 2016년 5월 미국의 베트남 무기 수출금지를 해제했다. 1995년 수교했지만 살상무기 수출금지 조치는 계속되어 왔는데, 이를 풀어줌으로써 41년 만에 미국과 베트남은 비로소 관계를 정상화한 것이다.

한편 한·미 관계의 최고 절정기는 존슨과 박정희 대통령 때였다. 박 대통령이 한국군 5만 명을 베트남에 파견하고 함께 전쟁을 치렀다. 박 대통령은 미국이 베트남전에 빠지면서 한국에 대한 지원이 줄어들고 주한 미군 철수 이야기가 나오자, 한국군 파병을 할 테니 미군을 빼지 말라고 요구했다. 존슨은 군사력을 보내준 한국이 고마워서 박정희 대통령에게 감사 표시를 하고 싶다고 했고 그로 인해 그때 홍릉의 과학기술원이 만들어지게 되었다. 이곳의 강당 이름이 존슨 강당이 된 유래다.

존슨은 케네디 유고 시 임기 1년과 이후 1964년 대선에서 공화당의 배리 골드워터를 압도적인 표 차이로 누르고 당선됐다. 그는 재선에 출마할 수 있었지만 대통령 재임 시 스트레스가 심하다는 이유로 스스로 포기 선언을 해서 미국 사회에 충격을 던지기도 했다.

닉슨 독트린, 키신저의 5강대국 평화론

닉슨 대통령은 정권욕이 강한 사람이었다. 그는 듀크대학에서 법학 박사를 받고 캘리포니아 상원의원을 지내다가 39세에 아이젠하워의 러닝메이트로 지명을 받았다. 부통령을 8년 역임하고 1960년 대선에서 케네디와 붙었으나 근소한 표 차이로 낙선하고 말았다. 그리고 2년 후 캘리포니아 주지사 선거에서 또 지고 말았다. 정계에서 물러나 뉴욕으로 이주한 그는 1968년 다시 공화당 대통령 후보로 선출되어 민주당의 휴버트 험프리를 누르고 대통령에 당선되었다. 1972년에는 민주당의 조지 맥거번을 상대로 매사추세츠주를 제외한 49개 주에서 압승하며 재선되었다.

그는 '베트남전을 종식시키겠다'는 공약으로 대통령에 당선되었고, 그의 외교안보 정책의 핵심 역할은 헨리 키신저 국무장관이 맡았다. 닉슨 독트린은 닉슨 대통령과 키신저 국무장관의 합작품이다.

당시 미국에서는 '아시아의 민족주의는 공산주의에 반대한다'는 아시안 내셔널리즘 이론이 등장했다. 그 대표적인 사례가 인도네시아였다. 독립국의 초대 대통령이던 수카르노는 좌익이자

37대 닉슨 대통령은 정권욕이 강했다. 부통령 8년 후 주지사 및 대선 패배를 딛고 1968년 당선됐다. 미국 외교의 전성시대를 열었다는 평가를 받는다.

친공산주의자였다. 군인이었던 수하르토가 쿠데타를 일으키고 인도네시아를 통치하면서, 좌파 세력만을 골라 청산하는 것을 보고 미국이 아시안 내셔널리즘 이론에 주목하게 됐다.

학자들은 '아시아 민족주의가 공산주의를 배격한다'는 것을 지켜보면서 "만일 베트남에서 미국이 손을 떼더라도 공산주의 도미노 효과는 발생하지 않겠다. 오히려 중국 세력의 남하를 막을 수 있겠다"라는 확신을 가지게 되었다.

또 같은 공산주의인 소련과 중국이 서로 반목하는 것을 보고 만든 게 닉슨 독트린이다. 닉슨 대통령은 "아시아인의 방어는 아시아인의 손으로"라고 선언하면서, 베트남이 중국을 견제하고, 미국이 중국과 수교해 소련을 견제하는 구도를 실행에 옮겼다. 반면 일본의 군사력을 강화하겠다는 논리를 전개했다. 한국에선 주한 미군 7사단을 철수시켰다.

당시 키신저 국무장관은 유명한 국제정치학자로 '5자 강대국 평화론'을 주장했다. 5개 강대국이 균형을 유지하는 구도가 가장 아름다운 평화체제라는 것이다. 그는 유럽과 미국, 소련과 중국에 일본을 강화시켜 5개로 만들면, 아름다운 세력 균형 체제가 되겠다고 판단했다. 그 내용이 포함된 것이 닉슨 독트린이다.

이렇게 되자 한국의 박정희 대통령은 곤란해졌다. 주한 미군 7사단 철수에 위기를 느낀 박 대통령은 1972년 10월 유신을 선포하고 체제를 강화했는데 미국은 이를 묵인했다.(닉슨은 1972년 11월 대선에서 재임에 성공하게 된다.) 북한도 강력한 사회주의 헌법을 공포했는데, 중국도 이를 막지 않았다. 이후 한국은 자주국방을 정책 목표로 설정하고 한국군 현대화를 추진했다.

닉슨 독트린은 키신저의 5자 강대국론과 아시아의 민족주의가 공산주의를 찬성하지 않는다는 사실을 간파하고 수립한 외교 정책이었다. 이를 통해 주한 미군 1개 사단 철수, 공산주의 세력 분리를 위해 소련에서 중국을 떼어내는 아이디어가 결합된 탁월한 외교정책으로 학자들의 호평을 받고 있다.

닉슨과 키신저의 만남도 드라마틱하다. 닉슨은 대통령에 당선된 다음 키신저에게 만나자고 요구했다. 닉슨은 예의를 갖춰 자신과 키신저가 있던 워싱턴과 보스턴 사이의 뉴욕에서 만나, 키신저에게 안보보좌관 자리를 제안했다. 이때 키신저는 닉슨에게 자신을 어떻게 알았는지 물어보았다. 닉슨은 키신저가 1957년에 쓴《핵무기와 외교정책(Nuclear Weapons and Foreign Policy)》을 보고 감동받았다고 대답했다. 이 책은 키신저의 명저로 꼽히는데, 닉슨은 부통령 때 이를 읽고, 장래의 안보보좌관 적임자로 키신저를 꼽은 것이었다.

키신저는 닉슨 재임 내내 외교안보보좌관과 국무장관으로 미국의 외교정책을 주물렀다. 이 시기에 미국이란 나라가 세계를 다루는 과정을 노골적으로 보여주는데, 미국의 탁월한 외교정책을 전개한 시대라고 할 수 있다. 이후 공화당 대통령 후보들은 반드시 키신저를 만나 인사를 드리고 자문할 정도로 지금도 키신저의 영향력은 막강하다. 최근 키신저는 92세의 나이로《세계 질서(world order)》를 펴내 다시 한번 탁월한 평가를 받았다.

선거 안 거친 최초의 부통령, 대통령 포드

닉슨은 워터게이트 사건으로 1974년 사임, 불명예스럽게 물러났다.

38대 대통령 포드는 전임 닉슨의 사임 후 대통령직을 승계했다. 지미 카터에게 패배해 재선에 실패했다.

뒤를 이은 게 제럴드 포드다. 그는 미국 역사상 처음으로 아무런 선거도 거치지 않고 부통령과 대통령을 지냈다. 그는 하원에서 13선을 역임하면서 공화당 하원 원내대표를 거쳤다. 전 부통령 스피로 애그뉴가 부정사건으로 사임하자 닉슨의 지명을 받은 포드는 1973년 연방 상·하원의 과반수 지지로 부통령이 됐다. 이후 닉슨이 1974년 사퇴함에 따라 대통령직을 승계했다.

대통령으로서 그는 헬싱키 협정에 서명하여 냉전 체제에서 데탕트로의 전환이 시작됐다. 그가 재임 중 가장 논란이 많았던 결정이 닉슨 사면이었다. 또한 인플레이션과 경기 후퇴로 경제위기를 겪으면서도 1976년 공화당 경선에서 레이건을 꺾고 공화당 대통령 후보가 되었으나, 민주당의 지미 카터에게 패해 재선에 실패했다. 그의 재임 기간은 불과 895일이었다.

지미 카터 도덕정치로 외교 실패 자초

지미 카터 대통령은 워터게이트 사건 이후에 워싱턴의 정직한 정치를 복원한다는 사명을 띠고 당선됐다. 그의 외교 안보정책은 혹평을 많이 받았는데, 이는 국내 정치적인 잣대를 외교정책에 적용했다는 점 때문이었다. 정치적으로 부패한 닉슨 대신 도덕을 내세워 대통령이 되었는데, 그의 주한 미군 전면 철수의 근거는 박정희가 장기집권 대통령이라는 이유 때문이었다. 그러나 김일성 독재는 무시하고 주한미군 철수를 추진하면서 미국의 전략적 이익을 외면했다는 비판에 시달려 결국 미군 철수를 백지화하게 된다.

카터는 미국 역대 대통령 가운데 가장 인기 없는 대통령 중 하나다. 그는 소련과 잘 지낼 수 있다고 브레즈네프를 믿었는데, 소련이 아프가니스탄을 점령하자 배신감을 느꼈다. 이 때문에 카터는 1980년 모스크바 올림픽 참가를 거부했다. 또 이란의 미대사관 인질 구출작전이 실패하는

도덕정치를 내세운 지미 카터는 1976년 39대 대통령으로 당선됐다.

등 잦은 실책으로 1980년 재선 선거에서 레이건에게 패배했다.

45년 냉전 끝낸
레이건

로널드 레이건은 1980년 대선에서 인기가 형편없던 카터에게 압도적인 표차로 승리했다. 미국에서 외교안보 정책을 평가할 때 20세기 상반기에는 프랭클린 루스벨트 대통령을, 하반기에는 로널드 레이건 대통령을 꼽는다. 레이건은 소련을 악의 제국(Evil Empire)라고 할 정도로 세계관이 단순했다. 그는 적과 친구를 구분하고, 적인 소련은 악마임으로 없애야 한다고 말할 정도였다.

20세기 후반 가장 인기 높은 대통령으로 꼽히는 레이건 대통령. 그는 45년 냉전을 끝내고, 레이거노믹스로 미국 부흥을 이끌었다.

레이건 대통령은 "나는 소련과 전쟁하자는 것이 아니다. 세상에 핵이 이렇게 많은 건 안 된다. 핵무기를 다 감축하자는 협상을 제안하고 싶은데, 소련이 우리보다 핵이 많으니 우리 말을 듣겠는가? 그래서 나는 더 많이 만들겠다. 더 많이 만들어 놓은 다음에 더 우세한 입장에서 소련에 모두 없애자고 말할 것이다"라고 말했다. 실제 그는 핵무기를 크게 늘렸다.

핵군비 경쟁이 전개되면서 소련은 미국을 따라갈 수 없다는 것을 깨달았고 마침 등장한 고르바초프가 미국의 요구를 받아들였다. 이로써 냉전이 붕괴되고, 한때 핵무기를 제일 많이 늘린 레이건이 결과적으로 늘린 것을 다 없애버린 대통령으로 역사에 남게 됐다.

당시 많은 학자들은 소련이 멸망할 리가 없다며, 심지어 레이건을 백치(Mooncalf)라고 표현했다. 하지만 퇴임 후 레이건의 일기장이 공개됐을 때 그가 자신만의 뚜렷한 외교 이념과 정책을 가지고 있음을 확인할 수 있었다. 레이건은 정책적으로 디테일하게 박식하진 않지만 가야 될 방향을 정확히 알고 추진하는 리더십을 보여준 것이다.

레이건은 미국 국민들에게 45년의 냉전을 끝낸 대통령으로 칭송을 받고 있다. 그는 1981년 암살미수 사건으로 총을 맞아 수술을 겪었고, 퇴원 후에도 웃으면서 손을 흔들어 미국인들에게 감동을 주었다. 미국인들은 그를 소련과의 핵전쟁과 제3차대전의 공포에서 벗어나게 한 대통령으로 기억한다.

신세계 질서 주창한 부시

레이건 대통령을 이은 조지 H.W. 부시는 1989년 취임했고, 그해에 베를린 장벽이 무너지는 역사적인 사건이 있었다.

보통 케네디부터 레이건까지를 '콜드 워리어(Cold Warrier)'라고 한다. 모두 소련을 무너뜨리는 데 모든 노력을 집중했던 대통령들이었다. 부

41대 대통령으로 조지 H. W. 부시가 당선됨으로써 처음으로 공화당이 12년 동안 정권을 잡았다.

시 대통령은 레이건의 분신이었다.

그는 8년 동안 레이건 대통령 아래서 부통령으로 재임했고, 개인적인 자질도 뛰어난 사람이었다. 하원의원, 주유엔 대사, 국무부 베이징 연락사무소 소장, CIA 국장 등을 거치며 외교의 달인으로 유명했다.

그는 1980년 공화당 대통령 후보 경선에서 로널드 레이건에게 패했으나 레이건의 요청으로 부통령 후보가 되었다. 1988년 레이건의 추천으로 부시는 공화당 대통령 후보로 나서 민주당의 마이클 듀카키스 후보를 누르고 당선되었다. 미국 대통령 선거에서 한 정당이 연속 세 번 당선된 것은 제2차 세계대전 이후 공화당의 부시가 처음이다.

부시는 냉전 이후의 새로운 세계를 '신세계 질서(New World Order)'라고 명명했다. 당시 학자들은 탈냉전 시대(Post Cold War), 단일 강대국(Unipolar World)이라 불렀지만, 부시는 미국의 지위를 확고히 만드는 데 기여했다. 그는 소련을 포용하고, 전 세계 독재국가들의 체제 전환을 종용했다. 사실 우리나라도 그때 민주화되었다고 볼 수 있다.

부시 대통령은 신세계 질서를 내세우며 미국식 자본주의와 미국에 도전하는 잠재국가들을 막을 계획을 세웠다. 그런데 1991년 사담 후세인이 쿠웨이트를 침공하면서, 미국 주도의 세계 질서에 반기를 들자 신속하게 쿠웨이트를 해방시키고 이라크군을 쫓아냈다. 40여 일 만에 사막의 폭풍 작전을 펼침으로써 미국이 세계 유일의 초강대국이란 점을 확실히 각인시킨 게 부시 대통령이었다.

그는 미국의 패권시대를 성공적으로 열었고, 이라크의 도전에 연합군을 만들어 대응함으로써 외교적인 리더십을 발휘했다. 그리고 국제기구를 강화해 글로벌 문제를 풀어가려고 했다.

부시는 외교안보에서 커다란 치적을 남겼음에도 그의 재선을 막은 것은 경제였다. 당시 미국 국민들은 전쟁을 훌륭히 수행한 부시 대통령보다는 경제 문제를 해결해 줄 수 있을 것 같았던 클린턴에 더 관심이 많았다.

경제 패권 강조한 빌 클린턴

미국 국민들은 냉전 종식 후 세계 초강대국이 이제 미국밖에 없으므로 외교정책보다는 경제를 더 잘 살찌울 수 있는 후보에게 마음을 빼앗겼다. 그가 바로 빌 클린턴이다. 그는 1946년생으로 베이비붐 세대의 첫 대통령으로서, 군대에 가지 않은 경력으로 인해 자격 시비에 휘말리곤 했다.

하지만 시대가 바뀐 것이다. 미국 국민들은 냉전과 싸우던 전사를 요구하지 않았고, '바보야, 중요한 것은 경제야(It's the economy, stupid!)'를 내건 클린턴을 선택했다. 미국이 제2차 세계대전과 냉전을 성공적으로 이겨 세계를 평정했으니 별다른 외교정책이란 게 필요 없고, 이제 '우리 국민들만 잘살면 되지'라는 시대였다.

클린턴이 대통령이 되면서 미국 경제가 역사상 가장 긴 호황기를 맞았다. 미국은 국방비를 줄이고 국가적인 에너지를 경제발전으로 돌리면서, 미국에서 제3차 산업혁명이 일어나게 됐다. 1차 산업혁명이 증

빌 클린턴 대통령 재임 당시는 미국 역사상 가장 긴 호황기를 누린 시기였다. 그의 선거 구호인 '바보야, 중요한 것은 경제야!'는 유명하다.

기기관, 2차 산업혁명이 전기라면 3차 산업혁명은 IT 전자였다. 컴퓨터 IT혁명이 일어나면서 미국은 급속한 발전을 이루는데, 그것이 가능했던 이유가 전쟁 위협이 사라졌기 때문이었다. 경기가 좋아지자 백악관 인턴사원 모니카 르윈스키와의 섹스 스캔들로 대통령 탄핵 위기에까지 몰렸던 클린턴에 대한 비판도 무뎌졌다. 특별한 외교정책도 필요성을 못 느꼈던 시대였다. 당시 미국의 뉴스시간에 큰 비중을 차지하던 국제뉴스가 예전의 3분의 1 이하로 뚝 떨어질 정도였다.

클린턴도 보스니아나 소말리아 등 소규모 지역 분쟁에 관여했지만 대규모 군사력을 사용하지 않았다. 클린턴은 미국이 전 세계적 패권을 유지하면서 동시에 그 패권을 경제로 확장시킨 대통령이었다. 이때 등장한 단어가 '세계화(Globalization)'다. 미국이 군사적, 외교적 세계 평정에 그치지 않고 이제는 세계 경제도 더 공격적으로 주도하자는 것이다. 1990년대는 미국이 냉전 이후의 경제패권을 확립한 시기였고, 그 리더가 빌 클린턴이었다. 클린턴은 국제 문제에서 경제적 요인이 더 중요하다는 것을 깨닫고, 미국을 경제적으로도 막강한 파워로 만드는 데 기여한 대통령이었다.

1993년 7월 빌 클린턴 대통령이 김영삼 대통령을 '자유민주주의 투사'로 존경하며, 취임 후 첫 방문지로 한국을 택할 정도로 한·미 관계는 우호적이었다. 하지만 북한과 미국이 남한을 빼고 직접 핵 협상을 하면서 김영삼과 클린턴의 관계는 틀어지기 시작했다. 1994년에는 미국의 영변 폭격 계획과 제네바 합의 체결로 한·미 간 갈등이 심각했다. 김영삼 대통령이 임기 말의 1997년 외환위기 때 다소 관계가 소원해졌던 클린턴과 미국에서 신속한 도움을 받지 못한 것도 이런 이유였다. 이후 김대중 대통령과 클린턴 대통령은 역대 한 · 미 정부 간 관계에서 가장 좋았던 시절로 평가된다. 클린턴의 대북 포용 정책과 김대중의 햇볕정책이 보조를 맞춘 탓이다.

전쟁 대통령 부시

미국이 주도하는 영구적인 평화의 시대(Pax Americana)가 도래했다고 미국은 생각했다. 일극 체제로 미국은 유일한 슈퍼파워(The Sole Super Power)였다. 그런데 조지 W. 부시 대통령이 취임한 지 9개월 만에 9 · 11 테러가 터졌다. 부시 대통령은 회고록을 통해 사실상 자기의 대통령 8년 임기를 정의하는 사건 하나가 9 · 11 사태였다고 말했다. 그는 스스로를 '전쟁 대통령(War President)'이라고 불렀다.

1990년대는 중국의 부상이 눈에 띄지 않던 시기였다. 9 · 11 테러도 예상하지 못했다.

부시는 신앙이 깊은 사람으로 세상을 선과 악으로 구분했다. 국가 이익보다도 죄 없는 민간인 수천 명을 한꺼번에 죽이면 그 악과 싸우는 게 자기의 사명이라고 생각했다. 그래서 학자들은 부시의 외교정책을 "네오콘도, 그 누구의 아이디어도 아니었다. 모두 부시가 신념으로 한 거다. 그 기반은 신앙이다"라고 설명할 정도다.

취임 후 9 · 11을 겪은 43대 조지 W. 부시 대통령은 임기 내내 테러와의 전쟁을 치렀다.

부시는 주판을 튀기는 현실주의자가 아니라 이상주의자였다. 부시는 9·11 이후 기도하고 회의하고, 회의하고 기도하는 온전히 기독교적 사고를 했다.

부시는 "트루먼이 냉전 승리의 토대를 쌓은 것처럼 테러전쟁 승리의 기초를 쌓은 대통령으로 기억되겠다"라는 말을 했다. 미국은 유일 강대국이 되었고, 1등이 되면서 외교정책의 초점은 '남이 무엇을 못하게 하는 것'으로 바뀌었다. 외교정책 목표가 패권국가로 올라선 현 상황을 유지하는 것이다. 부시가 2003년 제2차 이라크 전쟁으로 후세인을 몰아낸 것은 그가 테러리스트를 지원할 수 있고 핵무기 등 대량살상무기를 개발하고 있다는 의혹을 샀기 때문이었다.

이라크전쟁은 이라크에 대량 살상무기를 없애겠다는 명분으로 시작했다. 그러나 막상 이라크를 점령하고 보니 대량 살상무기는 찾을 수 없었다. 하지만 미국의 패권에 도전하지 말라는 경고는 날릴 수 있었다.

노무현 대통령은 이라크 파병과 한·미 FTA 체결 등 미국에 유화적인 외교를 펼쳤다. 한편으로 노무현은 자주성 표출로 전시작전통제권 환수를 주장하는 등 한반도에서 미국의 군사적 영향력을 축소시키려는 노력을 했다.

얌전한 오바마 다음은 강력한 대통령

2008년 오바마가 미국의 첫 흑인 대통령으로 당선됐다. 오바마의 외교정책에 대한 평가는 극과 극이다. "미국이 세계 최강의 나라라고 하는데, 실상은 그렇지 않다. 미국의 대전략이 붕괴됐다"는 평가와 "미국의 리더십은 다른 나라가 인정하고 따라야 진짜 리더십인데 부시 때는 미국 위주의 교만해 보이는 힘의 리더십이었고, 미국이 미국답지 않았다. 오바마가 이를 정상적으로 돌려놨다"는 평가로 상반된다. 부시 시대에 미국의 위상이 실추되었느냐를 떠나서, 결과적으로 세계 여론은 부시에 비판적이었다.

미국 역사상 첫 흑인 대통령인 버락 오바마는 '모범적인 민주주의 국가, 미국'의 이미지를 세계인들에게 각인시켰다.

오바마 대통령은 미국의 이미지를 개선하는 데 큰 기여를 했다는 평가가 많다. 프랑스가 인권 국가로 자긍심을 느끼지만 흑인 대통령을 뽑을 수 있을까? 그런 면에서 많은 사람들이 "미국이니까 흑인이 대통령이 될 수 있구나"라는 얘기를 한다. 오바마의 당선은 미국이 많은 문제를 안고 있지만 역시 '모범적인 민주주의 국가'라는 이미지를 강화할 수 있었다.

미국 경제는 2008년 리먼브러더스 사태로 인한 금융위기를 극복하고 2014년 4분기에 5% 경제성장률을 달성했다. 경제가 회복되자 자신감을 얻은 오바마 대통령은 올해 2016년 연두교서에서 "미국은 지구에서 가장 강력한 나라다(America is the most powerful nation on earth)"라는 연설을 했다.

이 시기에 미국은 셰일가스 개발 등을 통해 석유 문제에서 해방됐다. 중국의 부상과 러시아의 재도약, 이슬람국가(IS) 테러, 혼란 상태의 이라크, 혼선 빚는 중동정책, 북한 핵문제 등을 해결하지 못했으며 우크라이나를 러시아의 침공에서 지켜내지 못했다. 임기 마지막 해에 쿠바와 수교하고, 이란과 핵협상을 체결했다가 공화당으로부터 강력한 비판을 받았다.

이 때문에 올해 대선에서 힐러리나 트럼프 누가 되든지 오바마보다는 좀 더 오른쪽으로 치우친 매파적인 외교안보 정책이 나올 걸로 보고 있다. 부시 대통령은 완전한 매파였고, 오바마 대통령은 현실주의자였다. 미국 국민들은 강력한(strong) 대통령을 원한다는 설문조사가 있듯, 힐러리 클린턴이나 도널드 트럼프 모두 강한 대통령이 될 것이라는 게 전문가들의 지적이다.

Part II
유창수의 글로벌 정치 토크

미국 정치 외교사를 전공한 석학들과의 대담을 통해
미국 대통령 선거가 민주주의 발전에
어떻게 기여했는지를 조명했다.

대담

김봉중

(전남대 사학과 교수)

미국 정치사는 한국 정치사의 거울

김봉중 교수는 미국사를 전공했다. 미국 역사에서 대통령의 역할과 민주주의가 어떻게 작동하는지 분석했다. 건국의 아버지들이 그렸던 미국의 모습은 어떤 형태의 민주주의였는가, 남북전쟁 후 에이브라함 링컨이 어떻게 상처를 치유했는지, 오바마에 이르기까지 각 시대의 미국 대통령들의 역할에서 미국 민주주의의 발전상을 맥락적으로 분석, 우리에게 미국을 이해하는 중요한 레버리지를 제공하고 있다.

김봉중
전남대학교 사학과 졸업 후 미국 웨스턴일리노이대학교에서 석사, 미국 톨레도대학교에서 박사학위를 받았다. 미국 샌디에이고 시립대학 사학과 교수를 거쳐 현재 전남대학교 사학과 교수로 있다. 미국의 베트남 개입부터 현재까지 미국 외교의 흐름과 전통을 추적하고, 미국의 정체성과 문화 전반을 이루는 역사적 뿌리를 찾는 데 관심을 기울이며, 그간의 연구 결과를 대중화하는 일에도 남다른 열정을 쏟고 있다. 지은 책으로는 《미국의 역사》, 《미국은 과연 특별한 나라인가》, 《카우보이들의 외교사》 등이 있으며, 〈탈냉전, 세계화, 그리고 미국의 외교〉 등 수많은 논문을 발표했다.

5 · 18 현장 겪으며 미국사에 관심

유창수: 김봉중 교수님을 잠깐 소개해드리면 미국 오하이오의 톨레도 대학(University of Toledo)에서 미국 사학과 석 · 박사를 받고 샌디에이고 시립대에서 사학과 교수로 7년을 재직하셨습니다. 1998년부터는 전남 대에서 사학과 교수로 후학을 가르치고 있습니다. 김봉중 교수님은 우리나라의 몇 안 되는 미국사 전문가입니다. 교수님은 어떤 계기로 이런 길을 걷게 되셨는지 간략하게 말씀해 주십시오.

김봉중: 처음부터 어떻게 미국사를 전공했는가에 대한 질문을 받게 됐는데 이게 우연 같기도 하고 어떻게 생각하면 필연 같기도 합니다. 대학에서 사학을 전공했는데, 서양사에 관심이 많은 편은 아니었습니다. 더욱이 미국 역사는 관심이 없었죠. 그러다 대학 2학년 때 5 · 18 광주 민주화운동의 현장에 있었고 그러면서 점차 미국의 민주주의, 우리나라와 미국의 관계 등에 관심을 가지게 되던 차에 저에게는 굉장한 행운이 찾아오게 됩니다. 미국에서 사학과에 교환교수 한 분이 오셨는데 그때 제가 수업을 통역하게 됐습니다. 교수님이 저를 예쁘게 보셨는지 "대학원을 미국으로 가면 어떻겠느냐"고 권유해서 얼떨결에 졸업과 동시에 미국으로 유학을 가게 되었습니다. 전공 고민을 많이 했습니다. 미국에서 미국사를 전공하는 게 조금 어렵다고 만류하는 사람도 많이 있었고, 그래도 미국사를 해야 제대로 된 역사를 할 수 있지 않겠나 해서 선택하게 되었습니다.

유창수: 우리나라에서 미국사에 대해 책을 쓰신 몇 안 되는 교수님 중

한 분으로서 《오늘의 미국을 만든 역사》《미국 역사, 무엇이 대통령을 만드는가》《카우보이들의 외교사》《미국은 과연 특별한 나라인가》 등을 저술하셨습니다. 우리 역사를 공부하기도 바쁜데 우리가 미국 역사까지 구체적으로 알 필요가 있는가라는 질문들이 많습니다. 왜 우리가 미국 역사를 올바로 알아야 합니까?

김봉중: 그 질문에 대한 접근은 여러 가지로 생각할 수 있는데 가장 중요한 부분은 아무래도 한·미 관계라고 볼 수 있습니다. 우리가 미국과는 정치·경제·문화 등에서 불가분의 관계가 있기 때문입니다. 어쩌면 미국사를 아는 게 우리 자신을 들여다볼 수 있는 굉장히 중요한 거울일 수 있다고 저는 생각합니다. 미국 역사가 미국은 물론 서양을 보는 거울임과 동시에 우리를 볼 수 있는 거울이기 때문이지요. 또 하나는 세계 속의 대한민국, 글로벌 시대의 한국에 대한 자부심을 가져야 됩니다. 옛날에는 강대국의 눈치를 봤지만 이젠 강대국들에 영향력을 행사할 수 있을 정도로 한국은 대단히 중요한 위치를 차지하고 있습니다. 이런 현실에서 미국사, 미국을 통해서 우리 자신의 아이덴티티, 정체성을 드러내고 당당하게 세계 속의 우리를 드러내기 위해서는 세계를 주도하는 미국 역사를 아는 것이 굉장히 중요하다고 생각합니다.

유창수: 저도 해방 이후부터 미국을 빼놓고는 우리나라 현대사가 설명이 되지 않기 때문에 그 부분을 듣고자 교수님을 모시게 되었습니다. 또 하나는 앞으로 통일도 해야 되고 지난 100~200년 동안 한·중, 한·일, 한·러 관계를 비롯한 많은 부분에서 미국을 빼놓고는 우리가 동북아 정세를 제대로 이해할 수 없고 미래를 준비할 수 없기 때문입

니다. 먼저 미국의 독립운동 과정을 듣고 싶습니다. 건국의 아버지들이 헌법을 제정하고 조지 워싱턴 초대 대통령이 1789년 취임하는데, 그 18세기 중순 말 역사에 대해서 말씀해주십시오.

김봉중: 미국 역사, 미국 문명사에서 대단히 이해가 안 되는 부분이 사실 초기 역사입니다. 당시 영국은 세계를 지배하던 국가인 데다 아메리카 식민지인들은 대부분 영국인들이었습니다. 그리고 이런 표현은 좀 그렇습니다만, 영국의 품 안에서 행복하게 영국 식민으로서 자부심을 갖고 살았는데 영국의 품을 떠난다는 것, 독립을 한다는 것은 현재의 판단으로는 어리석은 결정이라고 할 수 있습니다. 독립을 하게 되면 외부적으로 프랑스를 비롯한 여러 유럽 국가들, 내부적으로서는 인디언들에 의한 안보 문제를 해결해야 합니다. 그리고 당시 아메리카 식민지에 가장 중요한 살림은 아무래도 무역 통상인데 대서양을 지배하고 있는 영국의 협조를 받지 않는 상황에서는 미국이 통상을 유지할 수 없다는 점에서 독립을 한다 해도 진정한 독립을 하기 어려울 텐데 왜 독립하고자 했을까라는 부분은 학자들 사이에서도 정확히 설명할 수 없습니다.

그래도 독립에 나선 데에는 경제적인 요인과 이데올로기적인 요소를 들 수 있습니다. 경제적인 요소는 다들 아시다시피 영국이 아메리카 식민지에 세금을 포함, 통상 분야에서 상당한 압박을 가했습니다. 영국의 시민 혹은 식민의 일부분으로서 영국 국민과 똑같은 대접을 받아야 되는 미국의 식민지인들이 차별대우를 받게 되니 영국에 대항하게 된 것이죠. 다른 측면에서는 그 당시 유럽을 지배했던 계몽주의의 영향을 들 수 있습니다. 계몽주의 사상을 가장 쉽고 빠르게 접할 수 있는 곳이 미국이었기 때문에 자유나 평등이라는 콘셉트를 중심으로 한 서구 유럽의 계몽주의가 영국의 간섭으로부터 벗어나려는 독립의 이데올로기를 제공했다고 볼 수 있죠. 미국 독립 운동의 추동력이 경제든 이데올로기든 그 시대의 미국인들에게 자유는 대단히 중요한 시대 사상이었기 때문에 자유를 쟁취하려는 기류가 미국사회에 만연해 있었지요. 그런 점에서 패트릭 헨리의 "자유가 아니면 죽음을 달라!(Give us liberty, or death)"는 일회용 선언이 아닌 당시 미국 사람들의 사상적 기류를 대변하는 슬로건이라고 할 수 있겠습니다.

사회계약론이 미국 정치의 핵심 사상

유창수: 토머스 제퍼슨, 벤저민 프랭클린, 조지 워싱턴, 존 애덤스 등 건국의 아버지들에게 가장 영향을 미쳤던 유럽의 정치 사상가는 누구입니까?

김봉중: 존 로크로 대변하는 영국 계몽주의에 영향을 많이 받은 것 같습니다. 1688년 영국에서 의회 민주주의가 승리를 거두는 명예혁명이 일어납니다. 서구 민주주의 역사에 대단히 중요한 계기가 된 명예혁명의 영향과 그 이후에 등장했던 존 로크의 사회계약론 등이 미국 사람들에게 가장 큰 영향력을 끼쳤다고 볼 수 있습니다.

유창수: 사회계약론의 요체를 한 문장으로 말씀해 주시겠습니까?

김봉중: 계약이죠. 군주든 리더든 국가와 국민을 대변하는 사람은 국민과의 계약에 의해서 대표자로 선임이 된 것이지 그 이상도 그 이하도 아니라는 것이죠. 만약에 군주나 지도자가 국민과의 계약을 깨뜨리고 자기의 이익만 챙긴다든지, 국민들의 자유에 도전했을 경우에는 국민들이 분연히 계약을 깬 사람을 처벌할 수 있다, 즉 뒤엎을 수 있다는 겁니다. 이것이 존 로크의 사회계약론에 근거한 혁명의 핵심 사상이라고 볼 수가 있죠.

유창수: 당시 왕정시대로 봤을 때는 혁명 사상가였네요. 독립전쟁은 총 몇 년 동안 펼쳐지게 됩니까?

김봉중: 1776년 시작된 전쟁이 평화 파리협정으로 끝난 게 1783년입니다. 그러니까 한 7년 됐나요?

유창수: 네. 그리고 조지 워싱턴 초대 대통령이 1789년 취임을 하죠. 독립선언문과 권리장전(Bill of rights)에 대해 설명해주시기 바랍니다.

김봉중: 미국이 1776년 7월 4일을 기점으로 상징적으로 독립이 시작됐고 그 독립선언서를 작성한 사람이 다 알다시피 토머스 제퍼슨이죠. 독립선언문의 핵심 사상이 뭐냐를 단적으로 말하기는 힘들지만 키워드는 자유입니다. 그리고 1787년 헌법회의가 열리죠. 헌법이 만들어지고 우여곡절 끝에 2년간의 비준 기간을 거쳐 헌법이 각 주에서 비준됩니다. 이 과정에서 의외로 대형 주에서 헌법 비준에 부정적인 입장을 보입니다. 대표적인 게 버지니아, 뉴욕입니다. 버지니아와 뉴욕을 제외하

고 비준안이 통과될 수도 있었지만 미국 혁명과 미국사에서 대단히 중요한 버지니아와 뉴욕을 빼고 미국 합중국이 시작된다는 것은 문제가 있죠. 그 과정에서 버지니아가 요구한, 지금 얘기하면 수정 헌법, 권리장전을 건국의 아버지들이 받아들였습니다. 1789년 헌법이 비준되고 초대 대통령 조지 워싱턴이 취임하면서 미국 합중국이 시작된 거죠.

워싱턴의 평화적 정권 교체

유창수: 미국의 독립선언문, 헌법의 제정, 초대 대통령 취임이 서구 민주주의, 현대 민주주의에 어떤 영향을 끼쳤습니까?

김봉중: 저는 세계 민주주의에 헌법 제도적으로 가장 중요한 영향력을 끼친 것은 미국의 헌법과 미국의 대통령제도라고 생각합니다. 지금 미국 대통령 선거가 이런저런 관심을 국내외에서 받고 있는데, 대통령이라는 용어가 그때 처음 등장한 거죠. President는 Presider, '앞에 선다, 앞에 앉는다'라는 의미이고, 굳이 해석한다면 회의를 주재하는 의장이에요. 원래는 삼권분립에 근거해서 행정부 수장으로서의 대통령 의미이지, 그 이상도 그 이하도 아니었습니다. 조지 워싱턴은 입법·사법·행정 중 행정부 수장으로서의 대통령이었는데, President라는 용어가 우리에게는 대통령이라고 번역이 되었어요. 제가 볼 때는 뉘앙스상 큰 차이가 있습니다.

우리나라의 '통령'에서 '통'자도 대단히 권위적이고 위압적인데 거기에 큰 대자가 붙어서 대통령, 물론 현대적 의미의 미국 President는 지금의 대통령 의미와도 유사한 게 많습니다. 그러나 미국 합중국이 시작할 때 헌법에 기초한 건국의 아버지들 시절에서는 President가 지금 우리가 번역하는 대통령의 이미지와 좀 거리가 있죠. 어쨌든 앞서 소장님이 말씀하셨듯이 유럽의 오랜 절대 왕정의 고리를 끊고 대통령 중심제를 축으로 삼권분립의 새로운 정치제도를 시작했다는 데에 역사적으로 중요한 의미가 있다고 하겠습니다.

유창수: 서구 민주주의, 현대 민주주의의 초석을 놓는 가장 큰 역사적인 사건이 미국의 독립운동으로 볼 수 있겠습니다. 조지 워싱턴을 빼고는 미국 대통령사가 시작이 될 수가 없는데, 조지 워싱턴의 제일 큰 역사적인 치적은 무엇입니까?

김봉중: 좀 의외의 접근일지는 모르겠지만 제가 볼 때는 조지 워싱턴이 미국 역사와 민주주의에서 가장 큰 치적은 '임기를 끝내고 재집권을 안 했다'입니다. 사실 미국 헌법에는 대통령 임기가 정해지지 않았습니다. 당시 영웅이었던 조지 워싱턴이 초대 대통령이 될 것이 뻔한 상황에서 헌법을 만들었던 동료들과 후배들이 대통령 임기에 제한을 둔다는 것은 좀 불경스러운 일이라고 생각했던 것 같아요.

유창수: 거의 왕처럼 떠받들어서….

김봉중: 네. 대통령 임기가 사실 헌법에는 없습니다. 그러나 워싱턴은 두 번의 임기를 끝내고 깨끗이 정계에서 은퇴를 했죠. 첫 번째 4년을 끝내고 은퇴하려고 했는데 당시 나라 안팎으로 너무 어수선했기 때문

에 참모들의 간곡한 부탁으로 한 번 더 했을 뿐이지요. 두 번의 임기를 끝내고 깨끗이 물러났고 존 애덤스가 2대 대통령이 됐습니다. 세계 역사를 살펴보면 식민지 국가를 경험했던 모든 국가가 독립 직후에 문제가 일어납니다. 독립 직후에 가장 큰 문제가 뭐겠어요? 집권자가 계속하려다 보니까 고인 물은 썩게 되고 권력이 장기화되면서 쿠데타가 일어나고 또 역쿠데타가 일어나서 혼란에 빠지는 경우가 굉장히 많습니다. 그래서 제가 조지 워싱턴의 이러한 부분에 큰 의미를 둔 것입니다.

유창수: 2, 3대 대통령인 존 애덤스와 토머스 제퍼슨은 어떤 대통령이었고 미국 초기에 어떤 역할을 했습니까?

김봉중: 존 애덤스는 워싱턴의 연장으로 생각할 수 있습니다. 워싱턴이 대통령이 되면서 미국 내에 미묘한 기류가 생기게 됩니다. 버지니아 출신인 워싱턴을 에워쌌던 핵심 세력에는 미국의 북동부 출신이 많았습니다. 대체로 미국 초기 정당의 분열은 워싱턴의 오른팔이라고 할수 있는 초대 재무장관 알렉산더 해밀턴, 왼팔이었던 초대 국무장관인 토머스 제퍼슨으로부터 시작된다고 할 수 있습니다. 해밀턴은 북쪽을 대변하고 제퍼슨은 남쪽을 대변하죠. 미국 초기의 정치 흐름은 연방파 중심의 북쪽과 공화파 중심의 남쪽이라는 지역 구도가 형성되었죠. 2대 대통령인 존 애덤스는 매사추세츠 북쪽 출신이기 때문에 워싱턴의 모든 정책을 받아들입니다. 1800년 3대 대통령 선거는 미국 역사에서 대단히 중요합니다. 연방파인 북쪽 주도의 정치에 불만이 많았던 남쪽 공화파들이 몰표를 던져서 남부의 제퍼슨이 대통령에 당선되었죠.

유창수: 그런데 연방파, 민주 공화파가 무엇이고 뭐가 다른 겁니까?

김봉중: 연방파는 아주 쉽게 이야기하면 국가, 특히 중앙정부에 우선순위를 둡니다. 그래서 가능하면 강한 중앙정부를 중심으로 건국 초기의 미국을 경제적으로나 정치적으로, 또 군사적으로 강한 국가로 빨리 만들어 내는 것이 중요하다고 보는 것이죠. 이게 알렉산더 해밀턴의 핵심 사상입니다. 반대로 공화파는 13개 주가 동의해서 만든 헌법의 기본 정신, 미국을 유지하는 기본 정신은 중앙정부가 아니며, 각 주의 주권을 존중해 주어야 한다고 주장했습니다. 일종의 지방 분권이라고 해도 되겠습니다. 그래서 연방파는 중앙집권을, 공화파는 제퍼슨과 매디슨 등이 주도했던 지방 분권, 주(State) 위주의 국가가 중요하다고 맞서지요. 정부를 만들어가는 일종의 철학적인 싸움이 연방파와 공화파의 싸움이라고 할 수 있습니다. 그런데 우연의 일치인지 모르지만 연방파는 북쪽 뉴욕, 매사추세츠 중심으로 북쪽 주도의 정치인들이 후원을 했고 공화파는 남쪽 주에서 후원을 했던 것이죠.

유창수: 그것이 남북전쟁까지 이어지는 거죠?

김봉중: 그렇다고 볼 수가 있습니다. 이런 지역 구도가 결국 지역감정이 되고 돌아올 수 없는 강을 건너게 됩니다. 1860년 선거에서 링컨이 16대 대통령에 당선되는데 그때까지만 해도 금기사항이었던 노예 해방을 부르짖으면서 극단의 내전으로 치닫게 되죠.

유창수: 현재의 공화당은 각 주의 권한을 강화해야 한다고, 민주당은

중앙행정부의 적극적인 개입 등을 요구하면서 노선갈등을 벌이는데 그런 것들이 건국 초기부터 이미 이루어졌던 거군요.

김봉중: 그렇습니다. 근본적인 차이는 자유를 어떻게 해석하는가에 있습니다. 남부 중심의 공화파에서는 주의 자유를 우선으로 하는 게 헌법의 기본 정신이라고 생각하고, 북쪽 중심의 연방파는 진정한 미국의 자유를 지키기 위해서는 강력한 중앙정부 아래서 국민들의 자유를 지켜나가야 한다고 해석했던 거죠.

제퍼슨, 연방파에서 공화파로 평화적인 정권 교체

유창수: 현재 대통령을 비롯해 정치인들이 토머스 제퍼슨 얘기를 굉장히 많이 하거든요. 제퍼슨이 어떤 사람이고 어떤 역할을 했기에 현대 미국 정치인들이 인용을 가장 많이 하나요?

김봉중: 제퍼슨의 역사적인 가치를 어떤 부분에 초점을 맞춰야 되는가는 역사학자에 따라 다를 수 있습니다. 제가 볼 때는 우선 앞서 미국의 혁명적인 선거라고 한 1800년 선거를 들 수 있습니다. 왜냐하면 최초의 지역 분할 구도의 선거였는데 피 한 방울 흘리지 않고 평화적인 정권 교체가 이루어졌던 선거가 1800년 대선입니다. 연방파 주도의 12년을 깨고 제퍼슨의 남부 공화파가 집권하게 되었는데 여기에 왜 제퍼슨이 왜 중요하냐? 제퍼슨이 취임사에서 굉장히 중요한 얘기를 합니다. 제퍼슨은 "우리는 모두 연방파요, 우리는 모두 공화파다"라고 말합니

다. 그래서 남부와 공화파를 대표하지만 연방파를 무시하거나 제거하지 않고 오히려 타협하고 수용하는, 진정한 의미에서 남과 북을 아우르는 화합의 화해를 주도했던 대통령이 제퍼슨입니다. 더 중요한 것은 제퍼슨이 독립선언서 초안자라는 것입니다. 독립선언서의 핵심 철학이 제퍼슨의 철학이잖아요. 초대 대통령과 두 번째 대통령은 연방파에서 잡았지만 세 번째 대통령으로 제퍼슨이 취임하면서 자기가 기초를 쌓았던 미국의 기본 정신에 대해서 다시 한 번 다지게 되지요. 진정한 의미에서 자유에 근거한 미국을 세우는 데 정책과 철학에서 상당한 기초를 다졌던 대통령이라고 할 수 있습니다. 추가로 한 가지 더 얘기를 한다면 지금은 미국이 거대한 제국이라는 표현을 써도 괜찮을지 모르겠지만 세계사를 주도하는 굉장히 큰 슈퍼 파워가 됐는데, 이게 언제 시작되었는가? 이 부분을 학자들이 논할 때 제퍼슨을 빼놓을 수 없습니다. 1803년 제퍼슨이 루이지애나 영토를 나폴레옹의 프랑스로부터 매입합니다. 당시 미국의 영토와 맞먹는 어마어마한 중앙 영토가 미국으로 편입되게 됩니다.

유창수: 4대 대통령 제임스 매디슨을 이어 제임스 먼로, 존 퀸시 애덤스, 앤드루 잭슨까지는 저희가 이름을 많이 들어봤어요. 미국인들도 여기까지는 잘 외우거든요. 이 네 명의 대통령에 대한 역사적 중요성, 역할을 다뤄주시기 바랍니다.

김봉중: 제퍼슨 이후에는 자주 언급되는 대통령이 많지는 않습니다. 헌법의 아버지라고 하는 제임스 매디슨조차 대통령으로서는 그렇게 각광받지 못한 대통령입니다. 매디슨이 중요하다면 1812년 영국과의 전

쟁을 일으켰던 당사자라는 것이죠. 5대 대통령인 제임스 먼로는 1823년의 먼로 독트린으로 미국의 고립주의, 중립주의를 설파했던 걸로 유명하죠.

유창수: 지금의 외교안보를 이해하려면 먼로 독트린은 빼놓을 수가 없는데 먼로 독트린의 핵심은 뭡니까?

김봉중: 핵심은 미국의 고립주의, 어떻게 생각하면 중립주의죠. 아주 쉽게 얘기하면 "미국은 유럽의 정치적인 변동에 휩쓸려가지 않겠다. 그러니 유럽 국가들도 America hemisphere, 그러니까 아메리카 대륙에서 일어나는 일에 대해서 개입하지 마라"입니다. 놀라운 것은 여기에 America hemisphere, western hemisphere라고 했지 미국이라는 얘기를 안 했습니다. 먼로는 그 당시에도 중남미는 미국의 영향권에 있을 것이라고 판단했을지도 모르겠어요. 그래서 더 이상 아메리카 대륙은 유럽의 식민지 대상이 될 수 없다, 그리고 미국도 유럽의 정치에 관여하지 않겠다, 우리가 관여를 안 할 테니 너희들도 우리 대륙의 일에 대해서 관여하지 말라는 것이죠. 일종의 미국 고립주의, 중립주의, 반식민주의를 선포했던 거죠.

7대 앤드루 잭슨, 보통 사람의 첫 대통령

유창수: 존 퀸시 애덤스는 2대 대통령인 존 애덤스의 아들이었죠. 미국 최초의 부자(父子) 대통령입니다. 1대부터 존 퀸시 애덤스까지는 동부

의 지식인, 부자, 전문 정치인 중심의 대통령이었다고 볼 수가 있습니다. 사실 1대부터 5대까지는 '버지니아 왕조(Virginia Dynasty)'라는 용어를 씁니다. 워싱턴, 애덤스는 매사추세츠 출신이지만 제퍼슨, 매디슨, 먼로는 버지니아 출신이죠. 대통령제이지만 왕조시대의 리더가 대통령이 되었던 것이죠.

김봉중: 존 퀸시 애덤스는 매사추세츠의 가장 엘리트이고 귀족이었던 애덤스 가문이기 때문입니다. 이 고리를 깬 최초의 대통령이 7대 앤드루 잭슨입니다. 물론 그도 로열의 범주에 들어가지만 기존의 대통령들에 비해서는 다듬어지지 않은 거친, 거기다가 서부 출신이에요. 쉽게 말해서 미국의 민주주의가 보통 사람들 중심으로, 미국의 민주주의 색깔이 변하게 되는 최초의 대통령이 앤드루 잭슨입니다.

앤드루 잭슨이 많이 배우지 못하고 세련된 정치인도 아닌 데다 경험이 풍부하지 못해 미국 정가에서는 싫어하는 사람도 있었지요. 그러나 미국 대통령의 역사를 장기적인 안목에서 보면 엘리트 중심에서 보통 사람 중심으로 넘어가는 과도기의 첫 주자였기 때문에 미국의 민주주의 색깔을 변화시켰던 대단히 중요한 인물이라고 볼 수 있습니다.

유창수: 역사를 보면 조지 워싱턴이나 토머스 제퍼슨도 흑인 노예가 있지 않았습니까?

김봉중: 대서양 아프리카 노예무역은 미국만 있었던 것은 아닙니다. 유럽에도 있었고 서인도 제도에도 있었죠. 아프리카 노예무역은 경제적으로 대단히 중요했지만 유럽에서는 비인간성 문제가 계몽주의와 맞

닿으면서 노예무역을 금지하는 쪽으로 갔었는데, 미국은 그런 부분에서 역행했다고 볼 수 있습니다. 가장 큰 이유는 초기에는 담배도 있었지만 남부의 면화, 농업이 성황을 이루면서 수많은 노동력이 필요하게 되니까 아프리카 흑인 노예가 더더욱 필요하게 된 것이죠. 계몽사상은 미국 국민들 의식 속에서 높아가는데, 남부를 중심으로 경제적인 현실로는 노예가 필요한 아이러니한 상황이 이어집니다. 미국이 독립하고 합중국 역사가 시작됐기 때문에 노예 문제는 미국 건국 초기부터 암적인 부분이었다고 할 수가 있습니다.

독립전쟁 후의 남북 내부갈등 표출

유창수: 그게 링컨 때 와서 드디어 폭발이 된 건데 북부는 산업혁명 때문에 제조업이 많이 발달하게 된 거죠?

김봉중: 북부는 노예, 값싼 노동력이 중요하지 않았던 경제 구조였고 남부는 농업 중심이었기 때문에 값싼 노동력이 필요하게 되었죠. 그래서 북부에서는 계몽주의 사상이 함께 어우러져서 노예 해방을 부르짖는 사람들이 늘어났고, 남부는 자기들의 문명과 경제를 지키기 위해서 노예제도를 고집하게 됩니다.

유창수: 링컨은 미국인들은 물론 전 세계 정치인들이 가장 존경하는 정치인 1위로 항상 꼽습니다. 링컨이 공화당의 첫 대통령이었는데, 링컨에 대해 설명해 주시면 감사하겠습니다.

김봉중: 잘 아시는 바와 같이 링컨은 위대한 대통령이죠. 톨스토이가 부활한 제2의 예수 그리스도라고 얘기할 정도로 링컨의 인기나 명예는 누구도 부인할 수 없습니다. 잘 아시는 바와 같이 민주주의를 한마디로 엮어내는 핵심 슬로건(Key Slogan)이 링컨의 1863년 게티스버그 연설에 나옵니다. "Government of the people, by the people, for the people. 인민의, 인민에 의한, 인민을 위한 정치." 이게 미국 민주주의의 원칙으로 자리매김하죠. 링컨의 위대함, 역사적 의의를 두 가지 면에서 압축적으로 얘기한다면 미국 문명사에서 언젠가는 해결해야 할 노예 문제를 해결하고, 이를 바탕으로 미국 자유를 기조로 한 미국 헌법을 정확히 완성시키는 문제이기도 합니다. 남북전쟁이라는 내란으로 치닫게 된 아픔은 있었지만 노예 문제를 공론화해서 해결합니다. 대외적으로 세계 민주주의를 놓고 볼 때는 앞서 얘기한 것처럼 미국이 삼권분립 정신에 의해서 유럽의 절대왕정으로부터 벗어나 대통령 중심의 새로운 민주주의를 시도했지만 유럽 사람들이 박수칠 만큼 그렇게 좋은 방향으로 진화되지는 않았습니다. 수많은 당이 오고 가고 깨지고 지역과 지역이 마찰을 일으키고 여러 가지 어려운 일이 있었는데 링컨이 자유에 근거한 미국의 민주주의를 확고히 하는 데 대단한 큰 역할을 했고, 그래서 미국의 민주주의가 다른 국가들에 모델이 될 수 있었던 중요한 계기를 만들었다는 데 링컨의 위대함이 있다고 볼 수 있습니다.

유창수: 연방파, 공화파 말씀하셨는데 링컨은 한마디로 연방파 사상에 더 가까우신 분인 거죠?

김봉중: 링컨이 대통령으로 당선됐을 때는 중앙정부가 우선이냐, 개별 주정부가 우선이냐는 정치적인 분열은 상당 부분 많이 희석된 상황이었습니다. 그럼에도 불구하고 아무래도 남부 주들이 노예를 옹호한 가장 중요한 원칙은 미국 민주주의의 기본은 주정부의 자유, 지방 자치라는 점이었죠. 이게 주요 원칙이었기 때문에 대승적인 큰 흐름에서 링컨은 연방파의 원칙을 따르는, 연방파의 원칙을 존중하는 대통령으로 해석할 수 있겠습니다.

유창수: 그 당시 미국의 남부에서는 우리 주의 문제이니까 우리만의 국가를 만들자며 남부와 북부가 각자 살면 되는데 북부의 링컨과 구태여 전쟁까지 하면서 미국 연방을 지키겠다고 주장한 요인은 뭡니까?

김봉중: 미국 헌법 전문은 "We, the people of the United States"로 시작합니다. 미 합중국의 동격인 우리(We), 국민(People)이 무엇인가에 대해 남쪽에서는 주(州)가, 북쪽에서는 전체 국민이라고 생각하는, 헌법의 시각적인 차이가 있었습니다. 남부 주들이 연방 중심으로 헌법을 해석하려는 링컨 대통령에 반대해 그냥 탈퇴를 했으면 모르겠지만 유명한 연방 군사 기지인 포트 섬터를 공격하면서 남쪽이 연방에 선전포고를 했기 때문에 북쪽에서는 대응을 할 수밖에 없었고 내란이 시작된 것이죠.

유창수: 다른 얘기이긴 한데 그즈음 유럽에서는 어떤 일들이 일어나고 있었습니까?

김봉중: 조지 워싱턴을 초대 대통령으로 미국 연방이 시작되는 1789년

프랑스 대혁명이 일어납니다. 혁명 후반부에 막시밀리앙 로베스피에르가 나와 공포 정치를 전개하면서 프랑스 혁명은 파국을 맞게 되죠. 그러다가 나폴레옹이 등장해서 수습을 합니다. 그러나 나폴레옹은 프랑스 혁명의 이상은 존중하지만 황제로 등극해서 15년 정도 프랑스를 지배하고, 전 유럽을 정복하려고 했죠. 그래서 1815년까지는 어쩌면 영국 외에 유럽의 역사는 프랑스 혁명의 연장선이라고 해도 과언이 아닙니다. 1815년 나폴레옹이 몰락하지만 여전히 프랑스 혁명의 영향에 의해서 국가 간의 이해관계 마찰은 계속되고, 신성동맹을 비롯한 유럽 내부 갈등은 증폭되고 있었죠. 또한 산업혁명 초기의 계급투쟁 문제, 프랑스 혁명에 의해 분출했던 평등 문제 등이 뒤엉켜 여러 가지 사회 · 정치적인 문제로 어수선했던 시기라고 할 수가 있습니다.

유창수: 남북전쟁이 종결되고 링컨은 암살당하지만 미국이 다시 통합이 되어서 재건에 나섭니다. 남북전쟁 당시 전사자가 얼마나 되었나요?

김봉중: 베트남전 전사자와 비슷하다고 봅니다. 아마 50만 명 중반 정도가 전사하지 않았나 생각합니다.

유창수: 정말 피비린내 나는 전쟁이었네요. 같은 민족이라 해야 됩니까? 같은 국가에서 전쟁이 일어났는데…. 그러면 지역 감정, 남과 북, 이런 것들은 씻을 수가 없을 텐데 어떻게 해결됐습니까?

지역 감정, 남과 북의 갈등 해결은?

김봉중: 미국사에서 불가사의한 것이 바로 그런 부분입니다. 제가 앞서 미국의 초기 역사에 대해서 말씀드렸지만 연방파와 공화파를 가르는 기준은 지역이었습니다. 전적으로 지역 선거였던 1800년 대통령 선거에서 남부를 대표하는 제퍼슨이 북부를 대표하는 연방파를 누르고 당선되면서 미국 역사 최초의 평화로운 정권 교체의 모델이 되었다고 볼 수 있습니다. 그 후 여러 가지가 드러나지만 핵심은 갈라진 지역 정서입니다. 이 지역 정서가 표면적으로는 노예 문제이지만 지역 감정으로 증폭되어 1860년 선거를 기점으로 링컨이 금기였던 노예 해방을 부르짖으면서 미국은 내란으로 치닫게 되죠. 저도 미국사를 공부하고 가르치고 있지만 이 부분은 재미있고 미스터리 같아요. 소장님도 방금 물어보셨지만 이걸 어떻게 극복할 수 있었을까? 제가 볼 때는 전쟁에서 이기는 것보다 패배한 남부를 포용하는 게 훨씬 어려운 일이었습니다. 남부는 노예 제도나 기타 다른 헌법 해석, 도덕이나 윤리적인 문제 때문에 졌다고 생각하지 않고 무기라든지 전쟁에 필요한 물자·군사 수, 여러 가지 인프라가 열세했기 때문에 졌다고 생각합니다. 그런 남부를 다시 연방으로 받아들인다는 것이 쉽진 않았죠. 여기에서도 링컨이 대단히 중요한 역할을 했다고 봅니다. 링컨 재건 정책의 핵심은 포용입니다. 전쟁은 전쟁이고, 이제 앞으로는 연방을 추스르기 위해서는 목적을 가지고 그것에 올인 할 필요가 있다고 생각을 합니다. 미국 내전이 세계 역사에서 특별하다고 한다면 전범으로 한 명도 처형당하지 않았던 것이었습니다. 아마 세계사에서 그때까지 한 번도 그런 일이 없었고 앞으로도 없을 것입니다.

유창수 : 한 명도 처형을 안 했습니까?

김봉중 : 전범으로 한 명도 처형되지 않았습니다.

유창수 : 놀라운 일이네요.

김봉중 : 남부 연합의 처음이자 마지막 대통령인 제퍼슨 데이비스는 전쟁이 끝나면서 형식적이지만 체포되었다가 바로 석방됩니다. 정보부 같은 데 끌려가 고문을 당한다든가 하는 일은 없었습니다. 재미있는 것은 데이비스는 죽을 때까지 남부가 전쟁했던 것은 당연하다고 외쳤습니다. 그만큼 남부가 전쟁을 할 수밖에 없다는 그의 논리는 명확했죠. 미국을 여행하다 보면 아시겠지만 지금도 제퍼슨 데이비스 학교나 공원 등 그를 기리는 기념물들이 굉장히 많습니다. 우리나라로 해석하면 좋은 예인가는 모르겠지만 통일된 이후 김일성 초등학교, 김일성 공원이 있다고 생각을 해 보시면 대충 상상이 될 것입니다. 전쟁 중 포로수용소에서 무자비한 인권 유린을 자행했던 군인들에 대한 처벌은 있었지만 정치적으로 전범으로 몰려서 처형당한 경우는 한 건도 없었습니다. 링컨은 전쟁이 끝나면서 가능하면 빠른 속도로 남부를 포용하려고 노력했고, 링컨의 그러한 포용 정신이 후임 대통령들인 앤드루 존슨, 율리시스 그랜트 등에게 계승되었죠. 물론 남부는 여전히 기분이 좋진 않았겠지만 링컨과 후임 대통령들의 포용 정책이 남부의 증오 등을 무마하는 데 굉장히 중요한 역할을 했다고 할 수 있습니다.

유창수 : 에이브러햄 링컨으로 인해 1865년 흑인 노예해방이 이뤄지지

요. 그리고 흑인들이 투표권을 얻게 된 것이 1960년대죠.

김봉중: 헌법적으로는 13조 수정안으로 노예 해방이 이뤄졌고, 14조 수정안으로 미국 흑인들이 시민권을 획득하고 15조 수정안으로 투표권을 획득합니다. 흑인 노예들이 해방되고 미국의 시민이 되고 투표권을 획득했지만 실제 그런 권리들을 행사할 수는 없었죠. 왜냐하면 KKK라든지 백인 우월자들에 의한 증오 범죄들이 굉장히 만연했기 때문에 노예들이 법적으로 투표권이 있었음에도 불구하고 그걸 행사할 수 있는 분위기는 조성되지 않았죠.

유창수: 자유민주주의의 핵심은 투표권, 시민권인데 이것을 실제로 행사하게 된 것은 1960년대라고요.

김봉중: 거의 100년이 지난 후에야 사실상 흑인들이 권리를 행사할 수 있었죠.

유창수: 전 이 부분이 또 놀랍다고 생각해요. 노예를 해방해 놓고 10년도 아닌 100년 동안, 투표권이 있었으나 1960년대까지 흑인과 백인은 학교도 같이 못 다니게 하고 버스도 같이 못 타게 하고, 레스토랑도 같이 이용하지 못하게 하는 등 사람으로 취급을 안 한 거죠. 백인들의 흑인과 소수 민족에 대한 경멸심이 참 뿌리 깊은가 봅니다. 에이브러햄 링컨 대통령 서거 이후에 앤드루 존슨, 율리시스 그랜트, 루더포드 헤이스, 제임스 가필드, 체스터 아서, 그로버 클리블랜드 대통령까지 30년 동안 미국 역사가 어떻게 변천되고 어떤 일들이 있었습니까?

김봉중 : 7대 앤드루 잭슨부터 16대 링컨까지 중간에 재임했던 8~15대 대통령들은 망각의 대통령, 실패한 대통령들, 표현이 적절하진 않지만 쉽게 말해 못난 대통령들의 군집에 들어갑니다. 대부분의 미국 학생들도 이름을 댈 수 없는 대통령들이고, 방금 얘기한 것처럼 링컨 이후에서부터 시어도어 루스벨트나 우드로 윌슨이 나오기 전까지 30년 정도 중간에 긴 대통령들은 미국 사람들도 대부분 기억을 못하는 그럭저럭 못난 대통령의 군집에 포함됩니다. 제가 볼 때 가장 큰 이유는 패배한 남부를 제도적 · 정서적으로 추스르기 어려웠기 때문일 것입니다. 링컨도 재건 정책인 포용 정책의 이상을 실현시키지 못하고 암살을 당했지만, 전쟁에서 패배한 남부 사람들을 미국의 연방의 일원으로 추스르는 것이 정서적으로 쉬웠겠습니까?

또 다른 하나는 우리가 지금 미국의 역사를 정치사와 대통령 중심으로 보지만 사실 남북전쟁 전후로 봐서 가장 중요한 게 미국 산업 구조의 변화입니다. 미국이 영국과 프랑스 등 서구 유럽보다는 늦었지만 본격적으로 산업화의 시기에 접어든 것이죠. 남북전쟁 이후 미국 사람들의 가장 중요한 관심은 누가 대통령이 되고 대통령이 어떤 정책을 펴고 민주주의가 어떤 방향으로 가는 것이 중요한 게 아니고 어떤 사업을 해야 하고, 무엇을 하면 돈을 벌 수 있나 등 먹고사는 문제였어요. 거기에 서부가 굉장히 중요한 역할을 하게 되죠. 1848년 캘리포니아에서 금광이 발견되고, 많은 사람들이 서부로 이주하게 됩니다. 그 전부터 운하가 건설되었지만 도로와 철도가 서부로 뻗어나가면서 미국은 굉장히 경제적으로 다이내믹한 시기를 맞이합니다. 그때 멕시칸들, 아시아에서는 중국 이민이 홍수처럼 미국으로 밀려들어 오게 됩니다. 이는 다른 말로 미국에 거대한 문화 전쟁이 시작됐다고 할 수 있습니다.

그 전에는 와스프(White Anglo-Saxon Protestant), 즉 앵글로색슨계 미국 신교도 중심의 보수 문화만이 존재했는데 가톨릭을 믿는 아일랜드나 이탈리아, 유럽의 동남부, 멕시코, 중남미, 중국과 일본 등 와스프의 기준으로 볼 때는 반미국적인 이민이 봇물을 이루면서 이에 대항하는 기류도 굉장히 커지게 됩니다. 경제적으로는 폭발적인 산업화의 흐름 속에 있었고, 내부 문화적으로는 미국의 아이덴티티, 미국의 주류가 뭔가에 대한 문화 전쟁이 시작되었다고 할 수 있습니다. 그 와중에 대통령은 별로 큰 역할을 하지 못했고 그런 역할을 할 수 있는 위대한 대통령들이 나오지도 않았죠. 이런 대내외적인 문제 때문에 링컨 이후에서 20세기를 시작할 때까지는 이렇다 할 대통령이 나오지 않았다고 할 수 있습니다.

유창수: 이때 멕시코로부터 텍사스, 캘리포니아도 전쟁으로 빼앗게 되나요?

김봉중: 남북전쟁 전에 영토 확장 전쟁은 끝났습니다. 미국은 1846년에서 1848년까지 멕시코와 전쟁을 벌입니다. 2년간의 전쟁에서 미국이 남서부 땅을 멕시코로부터 형식적으로는 돈을 주고 매입을 했지만 전쟁으로 뺏은 거죠. 지금의 캘리포니아, 애리조나, 유타, 뉴멕시코, 콜로라도 등이 멕시코와의 전쟁이 끝난 후 미국의 영토가 된 거죠.

텍사스에는 1836년 미국 사람 중심으로 텍사스 공화국이 세워집니다. 그러나 10년 동안 미국 연방의 소속이 되지 못하죠. 왜냐하면 텍사스가 미국의 연방이 됐을 경우에 남부에 속해 있기 때문에 노예제도를 지지하는 남부로 편입될 가능성이 컸습니다. 그래서 정치적인 균형이 깨질 것을 우려한 북쪽의 반발 때문에 미국 연방에 들어갈 수 없게 됩니다.

　그러다 1846년 텍사스 공화국이 미 합중국의 한 주로 편입되죠. 그로 인해 멕시코와 전쟁이 일어나지만 1848년 미국이 승리해서 지금 남서부의 거대한 땅을 차지하게 됩니다. 미국의 팽창은 남북전쟁 이전에 끝났습니다. 남북전쟁 이후에 미국의 영토가 된 것은 알래스카예요. 또 하와이도 1898년 미국과 스페인 간 전쟁인 미서전쟁 때 미국 영토로 편입됩니다. 전투적이고 공격적인 미국의 외교가 알래스카와 하와이를 미국의 영토로 만들었지만 과거와 달리 전쟁을 통해 영토를 확장한 것은 아니죠.

유창수: 미국은 제2차 세계대전 이후 공식적으로는 제국주의국가라고 부르지 않죠. 그 말의 핵심은, 즉 영토에 대한 야심(Territorial ambition)이 없는 나라이기 때문에 과거 영국, 프랑스, 독일, 이탈리아 같은 제국주의와는 차별성이 있다는 것이죠. 그리고 그런 슈퍼 파워였기 때문에 장기간 세계 리더십을 유지하고 있다고 이야기들 하고 있는데, 교수님께서 말씀하셨듯이 남북전쟁 전까지는 영토 확장에 대한 야심이 미국의 근간을 이루고 있네요.

김봉중: 미국의 문명사는 영토 확장의 역사라고 해도 과언이 아닙니다. 방금 얘기하신 것처럼 19세기 말 신제국주의 시대에는 거의 모든 세계가 유럽 열강의 땅따먹기에 희생이 되었는데 상대적으로 미국이 조용했을 뿐이지 미국 역사의 기조는 영토 확장을 위한 전쟁의 역사라고 해도 지나치지 않습니다.

이민 문화전쟁

유창수: 이민에 대해서 잠깐 말씀하셨는데 시대별로 나눠보면 독립전쟁을 하고 건국이 됐을 때는 주로 영국에서 앵글로색슨이 많이 유입이 됐었고, 1800년대 초부터 1800년대 초반부의 반세기는 어떤….

김봉중: 영국의 앵글로 색슨이 주도했죠. 중간중간 독일이라든지 프랑스의 이민이 포함되겠지만 아무래도 앵글로색슨이 이민을 주도했죠. 그러다가 1830년대 중반, 1840년대에 오면서 미국 이민사에 대단히 중요한 계기가 생깁니다. 감자역병(Potato blight)에 의한 감자 기근이 발생하면서 어마어마한 숫자의 아일랜드 사람들이 미국으로 이민 오게 되죠. 아시는 바와 같이 영국과 아일랜드는 서로 숙적이었습니다. 그래서 초기 이민에 따른 문화 전쟁은 아일랜드 이민자를 막으려는 토착 앵글로색슨들에 의해 일어납니다. 그들을 Nativist라고 부릅니다. 우리가 먼저 왔다 이거죠. 남북전쟁 이전에는 앵글로색슨들이 자신들이 싫어하는 가톨릭계 아일랜드 사람들의 이민을 제한하려는 운동이 가장 중요한 이민 갈등이었습니다. 남북전쟁 이후에는 서부의 폭발적인 팽창으로 인해 많은 노동력이 필요하게 되자 아일랜드 사람뿐만이 아니라 유럽의 동남부와 이탈리아, 멕시칸과 중국인 등이 대거 이민을 오게 되면서 앵글로색슨과 아일랜드 사람들 간으로 한정되었던 반이민 정서가 더욱 확대됩니다.

유창수: 이민에 대한 갈등은 현재도 일어나고 있습니다. 도널드 트럼프라든지 히스패닉, 소수민족의 이민에 반발심이 있는 백인들도 많은데

이민이라는 프리즘으로 본다면 미국 역사가 참 재미있겠네요?

김봉중 : 트럼프 얘기도 했지만 미국 역사에서 이민은 직접적이든 간접적이든 미국 대통령 선거에 대단히 중요한 이슈가 되는 것은 사실입니다. 지난 수십 년간 이민 문제가 크게 부각이 안 된 이유는 아무래도 반스패니시 · 멕시칸 · 라틴계 정서가 많이 있었음에도 불구하고 이들의 숫자가 워낙 많아졌기 때문이지요. 공화당부터 라틴계를 자극하는 정책을 제시하면 선거에 불리해지니 드러내놓고 말을 안 했을 뿐이지 굉장히 중요한 이슈입니다. 재미있는 것은 기존의 반라틴, 반이민 정서가 늘어나는 이민자들, 특히 라틴계들 때문에 노골적으로 얘기를 못했었는데 반무슬림이라는 한 박스에 싸서 마녀사냥 식으로 몰아가는 게 트럼프의 독특한 보수주의의 슬로건이에요. 트럼프가 반무슬림 이민을 저지한다고 내세웠지만 저변에는 미국 역사에서 대통령 선거 때마다 직접적이든 간접적이든 잠복되어 있던 반이민 정서, 이런 것들이 독특한 인물인 트럼프를 통해서 독특한 방식으로 발현되었을 뿐이지 미국 역사 전체로 볼 때는 아주 특이한 사항은 아니라고 볼 수 있습니다.

우드로 윌슨은 다자주의 아버지

유창수 : 외교안보적으로는 제국주의가 만개한 시점에서 미국은 최후 발주자였죠. 미국이 내부적으로 어느 정도 정비를 마치고 20세기가 열리는 그때에 시어도어 루스벨트가 대단한 역할을 했던 거죠? 태프트

에 이어 등장한 윌슨 대통령은 특히 현재의 민주당, UN, 소프트한 외교(Soft Diplomacy) 등으로 다자주의의 아버지라고 불리는데 이분은 어떤 분이십니까?

김봉중: 사우스캐롤라이나 출신인 윌슨은 남북전쟁 이후 최초의 남부 출신의 대통령입니다.

윌슨의 대통령 당선으로 드디어 남부가 인정을 받게 되는 계기가 되죠. 그러나 윌슨은 남부의 정서를 대변하지는 않습니다. 일종의 연방주의죠. 남부보다는 미국 전체를 대변하면서 혁신주의를 통해 산업화에 따른 문제를 적극적으로 혁파하려고 했고, 제1차 세계대전에 미국이 개입하게 만들었던 대통령입니다. 1917년 당시 1차 세계대전이 발발한 지 3년이나 지난 상황에서 미국이 개입하게 됩니다. 제1차 세계대전을 마무리 지으면서 윌슨이 이루었던 가장 중요한 업적이 국제연맹(League of nations)의 탄생이죠. 제2차 세계대전 이후 국제연합(UN)으로 확대됩니다. 윌슨이 제1차 세계대전 종결을 위해 발표한 평화원칙 14개조 중 가장 중요한 민족 자결주의는 비록 수사적이었지만 우리나라뿐만 아니라 식민 치하에 있었던 많은 국가들에 희망을 주기도 했지요. 국내적으로는 자본주의의 폐해를 혁신시키고 국외적으로는 제1차 세계대전 참전으로 미국의 위상을 국제적으로 높이게 됩니다. 윌슨이 제1차 세계대전을 마무리하는 베르사유 조약을 위해서 파리로 가는데 이것이 미국 대통령의 역사상 최초의 유럽 방문이에요.

유창수: 제1차 세계대전이 왜 발발을 했으며 미국이 개입하게 됐는지 설명해 주십시오.

김봉중: 제1차 세계대전의 발발은 유럽의 역사이기 때문에 아주 짧게 말씀을 드리죠. 프랑스 혁명 이후 민족주의가 서서히 드러나게 됩니다. 그러던 시점에 유럽도 산업화가 일어나고 산업화와 민족주의, 인종주의 등과 결합하면서 미묘한 기싸움이 시작됩니다. 그러다가 1871년 통일을 달성한 독일이 기존의 세계질서를 주도했던 영국, 프랑스에 도전장을 내면서 유럽이 복잡한 양상으로 치닫게 됩니다. 이런 양상 속에서 힘이 약한 나라는 힘 있는 나라와 동맹을 맺어야 되고 그래서 굉장히 동맹 관계가 복잡하게 연결됩니다. 이런 상황에서 화약고인 유고슬라비아 사라예보에서 1914년 1차 세계대전의 도화선에 불을 붙이는 황태자 저격 사건이 일어나게 됩니다. 당시도 먼로 독트린이 미국 사람들에게 중요한 원칙으로 받아들여졌기 때문에 미국은 전쟁에 참여하기를 원치 않았지만 이런저런 문제로 1917년 전쟁에 참여할 수밖에 없었죠.

유창수: 이승만 대통령이 당시에 미국에서 독립운동을 했는데 윌슨과 이승만 사이에 관계가 있었는지요?

김봉중: 윌슨이 프린스턴대학에 국제정치역사학 교수였고 그 대학원 수업을 들었던 외국인 학생 중 한 명이 이승만 대통령이었습니다. 윌슨은 이승만 대통령을 아꼈고 이승만 대통령은 스승으로서 윌슨 교수를 존경했습니다. 윌슨도 아버지가 목사였고 장로교의 도덕과 윤리 속에서 성장했던 대통령이었고 이승만 대통령도 비슷한 가치관을 가졌기 때문에 통하는 바가 많았다고들 합니다. 그래서 윌슨이 대통령이 되고 제1차 세계대전에 참가하면서 14개 조항을 발표하고 그중에 민족

자결주의를 내세웠는데, 이승만 대통령은 믿고 존경하는 윌슨 대통령이 자결주의를 내세운다면 우리나라도 해방 가능성이 있다고 확실히 믿었다고 합니다. 윌슨은 우리나라와 상당한 관계가 있다고도 볼 수 있지요.

유창수: 그리고 국제연맹을 만들게 됐는데 윌슨은 정치 철학가이시기도 하잖습니까?

김봉중: 윌슨은 당시 세계의 여러 문제점, 제1차 세계대전의 발발은 모든 국가와 민족이 외교문제를 비롯한 여러 사안들을 투명하게 처리하지 않는 데에 있다고 봅니다. 그래서 윌슨은 초기 미국 역사에서 중요했던 자유, 그중에 자유를 확보하기 위해서는 모든 부분이 공개되어야 한다고 생각했습니다. 이것이 윌슨이 생각하는 민주주의와 자본주의의 핵심입니다. 그래서 통상의 자유, 외교의 자유, 정치의 자유가 14개조 항의 핵심 원칙입니다. 윌슨이 보는 세계의 문제점은 모든 것을 투명하게 공개하지 않고 이해관계가 맞는 사람들끼리 동맹을 맺어서 비밀리에 처리하다 보니까 필요 없는 오해를 사게 되고 불신을 쌓아서 제1차 세계대전이 발발했고 유럽에서 정치적, 외교적으로 많은 어려움이 발생했다고 생각합니다. 윌슨 철학의 핵심은 미국의 자유정신과 같이 모든 것을 투명하게 공개하자는 것입니다. 투명한 통상의 자유, 외교의 자유, 그리고 정치의 자유, 언론의 자유 등이 윌슨의 가장 중요한 철학이라고 볼 수가 있습니다.

유창수: 윌슨은 훗날 UN의 초석을 놓고 후세에 큰 영향을 끼쳤던 대통

령이라는 데 이견이 없죠. 윌슨의 후임인 워런 하딩, 캘빈 쿨리지, 허버트 후버는 미국 정치학계에서 후한 평가를 못 받더라고요.

김봉중: 1929년 발발한 대공황 때문이지요. 하딩, 쿨리지, 후버로 이어지는 12년간 공화당의 무능한 경제 정책이 대공황으로 이어졌다는 책임론 때문에 세 명의 대통령이 각광을 받지 못하죠.

세계화와 대공황

유창수: 이 대통령들이 대공황 직전까지 어떤 부분을 간과했습니까?

김봉중: 1919년 제1차 세계대전이 터지고 유럽은 사실상 공황상태였습니다. 세계사에서 지금 우리가 얘기하는 세계화(Globalization)의 시작 시점을 이야기할 때 저는 그때라고 생각합니다. 물론 정치적으로는 제국주의가 최절정기였고 제국주의로 인해 수많은 국가와 민족들이 식민지로 희생을 당했지만 전신, 전화를 비롯한 여러 커뮤니케이션 수단, 군사 및 과학 기술 등 다양한 협력을 통해 세계는 급속도로 작아지고 가까워졌습니다. 세계는 그야말로 글로벌화 시대가 되었는데 애석하게 1919년 전쟁이 끝나면서 유럽은 공황을 맞게 됩니다. 어느 한 국가만의 공황이 아닙니다. 글로벌 시대의 초기였기 때문에 국가들 간에 공황이 맞물리면서 연대 파산으로 가고 있는 상황인데 세 명의 공화당 대통령은 너무 원칙주의에 빠져서 현실의 경제적인 문제를 제대로 보지 못했습니다. 공화당의 원칙주의는 경제는 보이지 않는 손에 의해

서 가만히 놔두면 알아서 정리가 될 텐데 국가나 중앙정부가 개입하는 순간 이 원칙에 의한 시장 경제가 무너지기 때문에 중앙정부는 뒷짐을 지고 있어야 된다는 것이었어요. 현실과 원칙의 간격 때문에 대공황을 수습하지 못하고 비극을 맞게 되었던 것이죠.

유창수: 그리고 드디어 프랭클린 델라노 루스벨트 대통령이 등장합니다. 44명의 미국 대통령 중 미국 정치학자들과 국민들이 가장 존경하는 대통령을 들라면 조지 워싱턴, 토머스 제퍼슨, 에이브러햄 링컨, 로널드 레이건 그리고 꼭 들어가는 분이 프랭클린 루스벨트란 말이에요. 미국 역사에서 유일하게 대통령을 네 번 역임한 영웅이죠. 제2차 세계대전을 승리로 이끌고 대공황을 종결시킨 루스벨트에 대해 설명해주시면 감사하겠습니다.

김봉중: 미국 대통령 톱 5 안에 항상 들어가는 대통령이고 20세기만 놓고 봤을 때 가장 유명할 뿐만 아니라 인기 있는 대통령이 누구냐고 물으면 아마 프랭클린 루스벨트가 거론될 것입니다. 여러 분야에서 루스벨트의 역사적 의의를 찾을 수 있겠지만 대공황을 극복했고, 제2차 세계대전을 통해 미국의 세기(American Century)를 열어 1945년 이후 미국이 세계 강국으로 세계사를 주도할 수 있는 계기를 만들었던 대통령이지요. 조지 워싱턴의 관례를 깨고 네 번이나 대통령을 연임한 그야말로 미국인들에게 압도적인 지지를 받았던 대통령입니다. 미국의 민주주의를 놓고 볼 때 프랭클린 루스벨트 이전에는 자유방임주의(Laissez-faire), 앞서 얘기했던 애덤 스미스의 국부론 중심의 자유주의 사상이 근간이었어요. 그래서 정부는 개입을 안 할수록 자본주의와 민주주의는

더 튼튼해진다고 믿는 보수적인 시각이 중심이었죠. 그런데 루스벨트 대통령이 사회보장주의적인, 진보적인 민주주의와 자본주의의 토대를 쌓았다고 할 수 있습니다. 미국의 자본주의, 민주주의를 엮어서 얘기할 때는 프랭클린 루스벨트 이전과 이후로 나눌 수 있을 정도로 미국 문명사에 대단히 중요한 전환점을 만들었던 대통령이었죠.

유창수 : 대공황 종식에는 여러 원인이 있겠지만 사실은 제2차 세계대전에 참전함으로써 대공황도 종식시켰는데, 프랭클린 루스벨트가 취임했던 1933년 독일에서도 히틀러 정권이 출범합니다. 1930년대 초 히틀러, 루스벨트 그리고 후에 처칠까지 등장을 하는데 그때 그 역사를 설명해 주세요. 그리고 루스벨트의 제2차 세계대전 개입도 말씀해 주십시오.

김봉중 : 히틀러는 너무 잘 아는 인물이라 굳이 설명을 하기가 그렇고 역사에서 재미있는 것 중에 하나가 히틀러와 루스벨트는 거의 동시에 정권을 장악했습니다. 1933년 초 히틀러는 독일 총통이 되고 루스벨트는 대통령에 취임하게 되죠. 또한 거의 동시에 역사에서 사라집니다. 1945년 4월 루스벨트가 지병으로 죽고 히틀러가 일주일 혹은 10일 후 자살하죠. 한 사람은 세계와 인류를 재앙으로 몰고 갔고 다른 한 사람은 재앙으로부터 세상을 구하는 해결사로 추앙받게 됩니다. 이 정도의 선과 악이 한 시대에 이렇듯 세계사를 좌지우지할 수 있었을까를 생각하면 운명으로 치부하기엔 너무나 독특한 시대였다고 할 수 있습니다.

유창수 : 당시 미국 내 여론은 제2차 세계대전은 유럽의 전쟁이기 때문

에 개입하지 말자가 대세였지 않습니까? 그러나 일본의 진주만 침공으로 아시아·태평양에서 일본 제국주의와, 유럽에서는 독일과 싸우는 Two frontier war에 나서는데 루스벨트는 제2차 세계대전에 참전해야 된다고 생각했던 거죠?

김봉중: 루스벨트의 음모론으로 얘기하는 사람도 있습니다. 루스벨트는 당시 미국인들이 생각하는 중립주의, 고립주의를 깨고 어떤 식이든지 제2차 세계대전에 개입해서 히틀러와 일본 제국주의를 패망시켜야 되는데 제1차 세계대전의 영향 때문에 미국 사람들은 역사상 가장 강력한 고립주의에 빠져들었습니다. 제1차 세계대전 이후 많은 미국인들이 우리 선조들이 맞았다, 먼로 독트린이 확실히 맞는 원칙이다, 앞으로는 유럽에 어떤 상황이 벌어지든 개입하지 않는 것이 미국의 이익에서 좋다는 사상이 자리 잡습니다. 그래서 미국 역사상 가장 강력한 고립주의가 1920~1930년대에 꽃을 피웁니다. 이러한 정서 속에서 루스벨트가 전쟁에 참가하고 싶어도 국민의 정서상 어려웠죠. 그래서 루스벨트가 일본을 꼬드겨서 진주만을 공격하게 만들었다, 알고 있으면서도 방어하지 않았다, 그래서 미국 사람들에게 경종을 울리고 진주만 공습을 계기로 본인이 원했던 제2차 세계대전에 개입할 수 있게 되었다는 음모론을 펼치는 사람도 있어요. 큰 틀에서는 완전히 틀렸다고 할 수는 없지만…. 미국의 예외주의, 하나님이 주신 미국의 특별한 사명을 믿었던 루스벨트로서는 어떤 식이든 세계 전쟁에 참여해서 악당을 물리쳐야 된다고 생각했던 것은 확실한 것 같아요. 그러나 루스벨트가 일본의 침략을 유도했다는 주장은 과장된 면이 많이 있죠.

2차 세계대전의 유럽과 아시아 양면 전쟁

유창수: 미국이 연합국의 일원으로 참전했지만 전쟁사를 보면 미국이 혼자 다 싸운 거란 말이에요. 독일과의 전쟁에서는 영국 등이 도와주었지만 아시아·태평양에서는 미국이 혼자 싸웠죠. 경제나 군사학적 관점에서 유럽과 아시아 양쪽에서 전쟁을 벌여서 승리한다는 것이 가능했던 원인은 무엇이라고 보십니까?

김봉중: 경제, 군사 두 가지 중 하나를 선택한다면 경제라고 할 수 있습니다. 미국은 다른 나라들에 비해 전쟁 경험이 많지 않았기 때문에 유럽 전선과 태평양전쟁에 참여했던 미군들의 전투 역량을 놓고 보면 일본군이나 독일군을 압도하는 정도는 아니죠. 전투 능력만으로 보면 미국이 연합국 중에 아마 가장 낮지 않나 싶어요. 현대전은 개개인의 전투 능력도 중요하지만 물자, 경제적인 능력 등이 굉장히 중요하죠. 유럽은 오랜 전쟁으로 인해 전쟁 물자를 댈 수 있는 여건이 풍족하지 않은 반면 미국은 1939년에 발발한 제2차 세계대전에 1941년 12월 참전했기 경제적으로 전쟁 물자 공급 측면에서 충분한 여건을 갖추고 있었다고 할 수 있습니다. 역사를 좀더 확대해 해석하면 남북전쟁 이후 탄탄하게 쌓아갔던 산업혁명에 따른 미국의 경제력 성장, 이것이 결국 군사적으로도 강력한 토대가 되지 않았나 싶습니다.

유창수: 제2차 세계대전이 종전되면 일본, 독일과 제국주의들이 전 세계에서 운영하던 많은 식민지들을 어떻게 해결할까 고심이 많았을 텐데 루스벨트의 사상과 기조는 어땠습니까?

김봉중: 기본적인 기조는 윌슨과 비슷한 반식민주의, 탈식민주의죠. 윌슨은 세계 민주주의를 더 강하게 하기 위해서 제1차 세계대전에 참전한다고 미국의 참전을 합리화했습니다. 꿈을 완성하지 못했지만···. 제국주의로부터 식민주의 피해를 당한 국가와 민족을 구원하기 위해서 미국이 참전한다고 했지만 결과적으론 성공하지 못했죠. 프랭클린 루스벨트는 비슷한 기조를 갖고 있었습니다. 그래서 제2차 세계대전이 끝난 이후 식민지 치하에서 신음했던 국가와 민족들이 독립할 수 있는 방향으로 종전 회담을 유도했었죠. 우리나라, 베트남, 이집트, 인도 등에 제2차 세계대전 종식과 함께 식민지 시대를 종식시키려는 것이 루스벨트의 가장 중요한 목표였다고 할 수가 있습니다.

유창수: 프랭클린 루스벨트가 윌슨에게 큰 영향을 받아 지금의 세계에 큰 영향을 끼쳤네요. 에이브러햄 링컨부터 프랭클린 루스벨트가 서거할 때까지 80년간에 걸친 미국의 중반기 역사를 다뤄 봤습니다. 이어서 미국 근대 역사를 보면서 세계 역사의 변천, 한반도에 끼쳤던 영향을 살펴보도록 하겠습니다. 제1, 2차 세계대전에서 승리하게 되면서 식민지로 시름하고 있던 한반도도 해방을 맞이하게 되었으며 미국은 초강대국이 됐습니다. 유일 초강대국인 미국에 소련이 도전장을 내밀면서 냉전이 시작되었죠. 6·25전쟁에 개입한 트루먼 대통령은 우리로서는 은인과 같은 분인데 미국사, 세계사, 한반도에 어떤 영향을 끼치셨습니까?

김봉중: 해리 트루먼은 미국 대통령 중에서 그리 인기 있는 대통령은 아니죠. 인기가 없다고 해도 과언이 아닙니다. 역사학자들의 평가에서

는 괜찮은 대통령이고 장점도 많지만 미국 국민들은 대통령을 전반적인 이미지로 보기 때문에 트루먼은 위대한 대통령이나 훌륭한 대통령 반열에 들 수 없습니다. 여러 이유가 있겠지만 트루먼이 누구를 계승했습니까? 미국사에서 영웅시되는 프랭클린 루스벨트를 계승한 데다 두 사람은 너무 상반된 인물이기 때문이지요. 키도 미국 대통령 역사상 가장 작은 편에 속하고요. 그리고 동부가 아닌 미주리주 출신으로서 촌놈 이미지가 강하고 미국 대통령 중에서 가장 욕을 많이 했던…. 잘생긴 얼굴도 아니고 루스벨트와 지적으로나 스피치 능력으로나 지역 출신으로나 여러 가지 면에서 대비되면서 피해를 많이 본 대통령이었습니다. 미국에서 인기 없는 대통령이지만 우리에게는 대단히 중요한, 또 미국 냉전의 역사에 대단히 중요한 대통령임에는 틀림없죠.

유창수: 독일의 항복을 받고 바로 원자폭탄을 히로시마와 나가사키에 떨어뜨렸는데, 트루먼이 대단한 결정을 한 거네요?

김봉중: 원자폭탄 투하는 쉽지 않은 결정이었죠. 트루먼은 복잡할수록 단순하게 생각하는 일종의 시골 정서가 있었던 것 같아요. 트루먼은 냉전 정책을 Get tough, 서부영화의 영웅처럼 터프하게 나가는 이미지를 밀고 나갔습니다. 트루먼이 스탈린과 소련에 서부영화의 주인공처럼 너무 거칠게 나갔기 때문에 소련과의 관계가 악화되었다고 해석하는 사람도 있어요. 트루먼의 입장에서는 제2차 세계대전의 와중에는 어쩔 수 없이 연합국의 일원으로 소련, 영국과 함께 전쟁을 주도했지만 이게 물과 기름의 관계라고 생각했습니다. 트루먼은 스탈린이나 소련 주도의 세계 공산주의에 불신의 시선을 거두지 않았기 때문입니다.

트루먼이 공산주의를 어떻게 보느냐도 중요하지만 트루먼도 미국 시대의 상징이었던 것 같아요. 대부분의 미국 사람들이 전쟁이라는 어쩔수 없는 환경 속에서 소련과 손을 잡았지만 공산주의에 대해서 굉장히 조심하고 경계했던 시기였어요. 미국 역사를 보면 1919년에도 적색공포(Red scare) 즉 반공주의가 크게 확산됩니다. 특히 트루먼이 냉전 시기에 대통령직을 수행했다는 점, 잘 다듬어지지 않은 미주리 촌놈 출신의 대통령이 거칠게 정책을 전개했다는 점에서 그런 것이지 미국 문명사 측면에서 미국 국민들의 정서에서 아주 벗어난 독특한 대통령은 아니었다고 봅니다.

봉쇄정책과 한국전쟁

유창수: 루스벨트와 트루먼이 공산주의나 스탈린을 봤던 시각이 좀 달랐던 것 같아요. 어떻게 달랐습니까?

김봉중: 저는 근본적으로 다르지는 않았다고 생각합니다. 그러나 성격상 차이는 있습니다. 루스벨트는 스탈린을 설득해서 함께 독일을 패망시키는 것이 1차 목적이기 때문에 소련의 공산주의, 공산주의를 주도하는 소련에 대해 경계의 시선을 늦추지 않았지만 우선순위가 뚜렷한 사람이었습니다. 전쟁을 빨리 끝내고 승리하는 게 주 목적이기 때문에 설득과 권고를 통해 스탈린과 타협해 가는 스타일이었죠. 반면 트루먼은 기술적, 기법적인 부분에서 스탈린에 대한 반감을 드러내 스탈린으로부터 부정적인 반응을 불러일으킵니다. 성격적인 면에서 차이가 있

다고 생각합니다.

유창수: 어쨌든 45여 년의 냉전이 레이건 대통령 이후 종식돼서 소련이 해체되었습니다. 해리 트루먼이 냉전의 기조와 근간을 쌓고 'Containment policy', 한국말로 번역하면 봉쇄정책을 추진했습니다. 봉쇄정책에 대해 설명해 주시겠습니까?

김봉중: 트루먼 독트린을 봉쇄정책, Containment라는 용어로 해석을 하는데 국무부의 러시아 담당 외교관인 조지 캐넌이 세운 이론입니다. Contain은 여러 가지로 해석이 되겠지만 '나쁜 질병이 발생하면 여러 사람이 다치게 되니까 확산되기 전에 막아야 된다'가 주 설명이에요. 건전한 세계 자본주의와 민주주의의 확산이라는 측면에서 볼 때 공산주의라는 암적인 질병임이 이미 드러났고 거기에 소련이 주도적인 역할을 하기 때문에 다소의 부작용과 갈등에 발생한다고 해도 초기에 봉쇄해야 한다는 정책입니다.

그래서 트루먼 독트린이 1947년 발표되었던 것이죠. 미국 역사에서 외교적으로 볼 때는 두 개의 기둥이 되는 독트린이 있습니다. 첫 번째는 지난 시간에 얘기했던 1824년의 먼로 독트린이죠. 이런저런 변화 속에서도 미국의 고립과 중립의 기조가 된 먼로주의는 훼손이 되지 않고 지켜집니다. 공식적으로 먼로주의를 파기한 게 트루먼 독트린이죠. 그래서 전체주의(Totalitarianism)라는 단어를 썼어요. 전체주의 정권이 세계 어느 곳이든지 민주주의와 자본주의를 위협한다며 미국이 개입해서 막겠다(Contain)는 게 트루먼 독트린입니다. 먼로주의의 고립 · 중립 원칙이 공식적으로 개입주의로 바뀌는 정책이 바로 트루먼 독트린입니다.

유창수: 스탈린이 트루먼 대통령 취임 이후 일본의 항복 직전 선전포고를 하고 한반도에 들어옵니다. 그 후 미국이 상륙을 해서 한반도가 분할됐는데 참 의아한 것 중 하나가 트루먼 대통령 때 남한에서 미군을 철수했단 말입니다. 그리고 6 · 25가 발발을 하니까 다시 파병을 하지요. 트루먼 대통령 재임 시 어떤 정책 변화가 있었습니까?

김봉중: 굉장히 민감하면서도 어려운 주제입니다. 그래서 이 부분에 대해 연구하시는 분들이 특히 우리 한국에 굉장히 많죠. 그리고 이것은 미국사일 뿐만 아니라 사실 한국사이기도 하고 아시는 바와 같이 한국의 군정 문제는 대한민국의 기초로서, 한 · 미 관계에도 대단히 중요한 주제입니다. 그런데 미국의 입장에서 이 문제를 어떻게 보는가에 대해 큰 그림을 그려 보면 우리에게는 불행한 일이에요. 트루먼을 포함해서 사실 프랭클린 루스벨트도 마찬가지입니다. 미국의 대통령들, 미국의 리더들, 국무부든 국방부 장관이든 전반적으로 한국에 관심이 없었습니다. 더 크게 얘기하면 아시아 전체에 관심이 없었습니다. 1949년 10월 마오쩌둥의 공산당이 중국을 공산화하니까 미국은 발칵 뒤집혔죠. 그래서 공화당은 민주당 정권을 비판하기 위해서 We lost China, 우리가 중국을 잃어버렸다고 주장했어요.

그러니까 민주당은 언제 우리가 중국을 가졌느냐, 갖지도 않은 중국은 잃은 게 말이 되느냐며 반발하기도 했습니다. 미국이 진주만 공격으로 태평양전쟁을 치르면서 아시아에 개입했지만 사실 미국의 최우선순위는 유럽에 있었습니다. 그래서 냉전 초기에 가장 미국이 신경

썼던 부분은 독일, 베를린이었고 사실 한국이나 베트남, 심지어 중국까지도 미국 정책 지도자들에게 큰 이슈가 안 됐죠. 왜 미군을 철수했다가 다시 개입하면서 정책상 변화가 있었느냐는 질문에 대해서는 미국이 거의 준비가 안 된 상태에서 세계 질서를 책임지게 되었는데 미국 국무부나 백악관의 전문가들은 그런 준비가 돼 있지 않은 굉장히 어수선할 때라는 점을 지적하고 싶습니다. 더 중요한 것은 그들의 우선순위는 유럽입니다. 우리 입장에서는 한국의 군정 문제, 군정의 여러 가지 모순 등 미국의 대아시아 정책에 있어 불만이 많겠지만 애석하게도 미국 사람들, 미국 정치인들에게는 우리나라가 우선순위에 빠져 있었다는 것이 냉정한 역사의 현실입니다.

유창수: 냉전이 본격적으로 시작되고 진정한 전쟁 영웅인 고령의 아이젠하워가 8년 동안 꽤 인기가 있는 대통령으로 재임하게 됩니다. 아이젠하워 대통령의 1950년대에 미국과 세계사에 어떤 일들이 일어나게 됩니까?

김봉중: 아이젠하워는 "대통령에 당선되면 한국에 가겠다"고 말했는데 그게 정확히 무슨 말인지 모르겠어요. 미국 사람들은 대통령 선거 때만 되면 슬로건을 좋아하는 것 같아요. 그래서 제2차 세계대전의 영웅이지만 인자하게 생긴 아이젠하워 아저씨 같은 분이 한국전쟁을 끝내고 미국에 평화를 가져오겠다고 생각했던 것이고, 휴전협정이 아이젠하워 대통령 때인 1953년 이루어지죠. 어쨌든 한국전쟁은 냉전을 확실히 자리매김하고 냉전을 심화시켰던 세계사적으로 결정적 의미가 있기 때문에 아이젠하워가 어떤 정책을 폈고 어떤 성품의 리더였는가와는

상관없이 소련과의 군비경쟁, 냉전은 이미 궤도에 들어갔었죠. 사실 아이젠하워는 군산복합에 대한 우려, 냉전의 심화보다는 미국 국민들의 정서를 추스르고 경제를 재정비하는 데 신경을 많이 썼습니다. 장군의 이미지보다도 그야말로 온화한 동네 아저씨 같은 이미지로써….

케네디, 인기 있는 대통령 1위

유창수: 그런데 사실 미국 역사학자로서나 미국인들이 봤을 때 1950년대에 대한 향수가 참 많더라고요. 문화적으로도 그렇고 경제도 정말 괜찮았죠. 워낙 1960, 1970년대가 암울한 시대였기 때문에 미국인들은 1950년대를 호황기였다고 판단을 많이 하더라고요. 아이젠하워 퇴임 이후 존 F. 케네디와 후임자인 린든 존슨을 같이 묶어서 설명을 해야 될 텐데 그 두 분이 재임하던 1960년대에 미국 그리고 세계 질서에 어떤 일들이 있었습니까?

김봉중: 상대적으로 1950년대가 크게 인기를 끄는 시기는 아니었지만 한국전쟁 이외에는 전쟁에 개입되지 않았고, 경제적으로도 호황이었으며 대통령도 어느 정도 인기가 높았던 시기였습니다. 오랜 전쟁을 털어버리고 정말 미국의 자본주의와 문화를 만끽하게 됩니다. 그래서 대도시를 벗어나서 교외에 주택 붐이 일어나고 여러 분야에서 지금 미국 문화의 토대를 쌓았던 대단히 중요한 시기인 것은 사실입니다. 그러면서 1960년 선거에서 존 F. 케네디가 12만 표 정도의 근소한 차이로 승리를 거둡니다.

유창수: 미국 역사상 가장 근소한 차이였죠.

김봉중: 1960년 대통령 선거는 텔레비전이 영향을 끼쳤던 최초의 대선으로서 미국 문명사에서 대단히 중요한 의미를 지니고 있습니다. 당시 대통령 토론을 라디오로 들었던 사람들은 닉슨이 토론에서 이겼고 선거에서도 승리할 것이라고 생각했던 반면 텔레비전을 봤던 미국 국민들은 케네디가 토론에서 이겼다고 보죠. 그 이전에는 전쟁이다 뭐다 굉장히 어수선한 시기여서 여성들의 투표에 강력한 임팩트가 없었어요. 그러나 1960년 선거에는 여성들이 투표에 대거 참여하게 되는데 TV 토론을 봤던 사람들은 잘생긴 케네디에게 호감을 갖게 되었고 이런 영향으로 근소한 차이로 케네디가 대통령이 되었죠.

유창수: 미국 여성이 투표권을 갖게 된 게 언제였죠?

김봉중: 1919년 수정헌법이 통과되고 실제적으로는 1920년인가요? 그 이후에 투표를 하게 되죠. 영국과 함께 세계 최초로 여성 투표권, 참정권이 보장되었죠.

유창수: 케네디 임기는 3년, 참 짧았습니다. 그런데 여러 가지 굵직굵직한 사건들이 있었죠. 가장 대표적인 게 무엇인가요?

김봉중: 쿠바 미사일 사태, 잘 아시는 new frontier 정책, 달 개척을 비롯한 우주개발 정책이 있죠. 역사학자들마다 이견은 있지만 5대 대통령에 포함되는 경우가 굉장히 많습니다. 유명한 대통령이라기보다 인기

있는 대통령, 시각에 따라 분명한 차이가 있겠지만 적어도 1945년 이후, 루스벨트 이후 가장 인기 있는 대통령의 순위에서는 케네디가 거의 1등을 합니다. 그리고 좋은 대통령이라는 질문에는 대해서는 보수주의에서는 레이건을, 진보적인 시각에서는 빌 클린턴을 뽑을 수 있습니다. 어떻든 간에 인기 있는 대통령이 누구냐 했을 경우 케네디를 빼놓고 얘기할 수가 없죠.

유창수: 케네디는 진보적인 민주당의 대통령이었으나 경제 정책, 대표적으로 감세 정책이라든지 또한 외교안보에서도 굉장히 매파에 가까웠단 말이에요. 보수적이었죠. 지금의 민주당과는 확연히 다른 대통령이었는데….

김봉중: 쿠바 피그스만의 비극, 쿠바 미사일 사태로 인해 세계는 제3차 세계대전으로 갈 수도 있었고 이로 인해 케네디의 무모한 외교 정책이 비판받기도 합니다. 케네디가 많이 배우고 똑똑하고 판단 능력이 탁월한 대통령임에는 틀림없지만 국민들이 젊은 대통령을 어떻게 볼 것인가에 대해 약간의 콤플렉스가 있지 않았나 싶어요. 그래서 경험이 없고 젊지만 어떤 문제가 닥쳤을 때 단호하게 결정을 내릴 수 있는 능력 있는, 책임 있는 대통령이라는 것을 보여주는 데에 약간의 강박관념이 있었던 것 같습니다. 그래서 쿠바 미사일 사태, 피그스만 사태 등으로 인해 미국 정책 전문가들에게 우려를 낳게 했던 대통령이지 않았나 싶어요.

유창수: 케네디가 서거하고 린든 존슨, 리처드 닉슨, 제럴드 포드, 지미

카터가 등장합니다. 이 네 분은 미국 근대사의 인기 없는 대통령들이죠. 베트남 전쟁, 워터게이트로 인해 암울했던 시대였고요. 네 분의 대통령과 1660년대 중후반부터 1970년대 말까지 미국과 세계사를 어떻게 평가하십니까?

김봉중: 현대사에 포함된 대통령이라 미국 시민들은 물론 우리에게도 익숙하기 때문에 실패한 대통령으로 낙인찍기에는…. 재미있는 것은 린든 존슨은 베트남의 비극 때문에 재선에 나서지 않겠다고 선언했지만 위대한 사회(The Great America)라는 국내 정책은 루스벨트 이후로 최고의 정책이었다고 호평받는 등 국내 정책 측면에서 대단한 대통령임에도 틀림없어요.

유창수: 인권 문제도 그렇죠?

김봉중: 그렇습니다. 베트남전쟁이 발목을 잡아서 재선에 도전하지 않은 실패한 대통령으로 구분되는데 냉정한 평가는 꼭 그렇지만은 않은 것 같아요. 외교적으로는 그렇다 하더라도 국내 정책에서는 루스벨트의 정책을 가장 추진력 있고 신념 있게 펼쳤던 대통령이 존슨이라고 평가받고 있어요. 닉슨은 복잡한 인물이죠. 닉슨은 공화당 출신임에도 불구하고 자신의 의중과 달리 국민의 반전 정서를 받아들여서 베트남전쟁을 마무리한 대통령으로서는 존중받지만 워터게이트 스캔들로 중도 하차하죠. 닉슨은 아마도 현대사에서 가장 실패한 대통령으로 낙인이 찍힌 대통령이지만 죽기 전 나쁜 이미지를 상당히 상쇄하고 역사적으로도 재평가되고 있어요. 존슨과 닉슨이 그렇게 실패한 대통령이었

는가라는 부분에 대해서는 역사학자마다 평가가 다를 것 같아요. 제럴드 포드는 닉슨의 낙마로 대통령이 됐기 때문에 역사학적 평가를 한다는 것은 별 의미가 없고 카터도 마찬가지입니다.

카터 이후 단임으로 끝난 대통령이 아버지 부시인 조지 H. W. 부시뿐이에요. 카터와 조지 H. W. 부시가 연임하지 못했기 때문에 실패한 대통령인가라는 것도 이견이 있는 것 같아요. 카터는 이란 미국 대사관 인질과 국내 경제 때문에 재선에 실패했지만 미국 외교사 전체 틀을 놓고 볼 때는 지미 카터의 인권 정책이 있고 없고는 하늘과 땅 차이입니다. 지미 카터가 없는 미국의 현대사를 미국의 제국주의를 부정적인 시각으로 보는 사람 입장으로 볼 때는 미국은 자기들의 힘에 의해서 자기의 국력과 이해관계를 추구하는 유럽의 제국주의와 하등의 차이가 없을 수 있어요. 카터가 인권 외교를 통해 미국의 도덕주의를 설파했던 점에서는 과연 카터가 실패한 대통령의 카테고리로 분류되어야 되는가에 대해서는 약간 의문이 생길 수 있습니다.

레이건, 보수주의 절정기

유창수: 그리고 카터의 도덕주의 때문에 한반도나 다른 제3세계의 민주화 운동들에도 영향을 끼쳤죠. 카터 때는 경제가 최악이었습니다. 인플레이션에다 경기후퇴(recession)까지 있으니 최악의 경제였고 도저히 선거에서 이길 수 없었죠. 그런데 레이건이라는 출중한, 시대가 낳은 사람이 등장합니다. 레이건부터 아버지 부시까지 12년을 미국정치로 봤을 때는 보수주의의 절정기였고 냉전 종식으로 현재 유일 초강대

국인 미국이 탄생하게 됩니다. 1980~1990년대 초 레이건과 부시, 그리고 세계 정세를 어떻게 평가하십니까?

김봉중: 소장님께서 카터의 재선 실패 얘기를 하면서 경제를 얘기했는데, 저는 그 부분에 먼저 접근할 필요가 있다 싶어요. 레이건의 당선은 미국 경제 문제가 컸어요. 미국에서 1945년 이후 12년간 특정 정당이 정권을 잡은 게 레이건, 부시가 유일합니다. 이번에 만약 힐러리 클린턴이 대통령이 되면 적어도 12년, 만약 재선이 되면 16년, 미국 역사의 기록을 깨는 민주당의 장기 집권이 되지요. 걸프전의 영웅이었고 소련을 패망시켰던 현직 대통령으로서 한때 미국 역사상 가장 지지도가 높았던 조지 H.W. 부시가 경제 때문에 재선에 실패합니다. 제가 볼 때는 제국, 초강대국이라는 이미지 때문에 미국을 외교적인 부분에 초점을 맞춰서 대통령 선거와 대통령을 연계시키는데, 미국 사람들도 먹고사는 게 가장 중요합니다. 카터의 낙마를 불렀던 건 경제였고, 부시의 재선 실패도 경제였습니다. 클린턴 이후 조지 부시가 대통령이 된 것도 사실 여러 부분에 대해서는 경제적인 여건이 중요한 이슈로 작용했고, 2008년 오바마의 당선도 경제와 무관하지 않습니다. 대통령 선거만 놓고 미국 역사를 아주 단순하게 정리하자면, 냉전 끝 무렵에서 미국 사람들의 가장 중요한 이슈는 먹고사는 경제적인 문제이지 않았나라는 생각이 됩니다.

유창수: 역시 경제다, 그런 말씀이시죠? 그래서 독일 베를린 장벽이 무너지고 소련이 해체되고 아버지 부시가 세계 신질서(New World Order)라는 단어를 처음으로 썼음에도 안타깝게도 단임 대통령으로 마치게 됐

는데 빌 클린턴 대통령이 등장합니다. 40대에 젊고 잘생기고 정말 똑똑한 클린턴이 대통령이던 1990년대가 미국 역사의 전성기였습니다. 클린턴 때는 소규모 전쟁도 있었지만 경제가 최장기간 호황기였는데, 1990년대와 클린턴 대통령은 어떻게 평가하십니까?

김봉중: 재미있는 질문입니다. 저는 조지 H.W. 부시에서 클린턴으로 연결되는 이 시점이 미국 현대사뿐만 아니라 미국 역사 전체에서 대단히 중요한 의미를 갖고 있다고 봅니다. 조지 H.W. 부시는 공화당 12년의 마지막 주자였고 레이건의 기본 정서를 원칙과 정책으로 받아들였죠. 클린턴은 대표적인 진보 민주당 대통령이죠. 그분들이 누가 더 잘생겼냐는 두 번째 문제인데 방금 소장님이 얘기하신 부시의 슬로건이 새로운 세계 질서입니다. 그런데 아이러니하게도 새로운 세계 질서라는 슬로건을 외친 사람은 조지 H.W. 부시이지만 그것을 받아들여서 구체화시킨 대통령은 클린턴입니다.

어떻게 생각하면 미국 정권 교체에 아름다움이 있는 것 같아요. 북미자유무역협정(NAFTA)도 조지 H.W. 부시 작품입니다. 대통령 선거 때 클린턴은 날 선 공격을 많이 했어요. 민주당은 미국 노동자, 블루칼라 편에 서야 되고 또 기본임금을 비롯한 여러 가지 문제 때문에 NAFTA에 반대했어요. 클린턴은 NAFTA가 성사되었을 때의 정확한 손익 계산서를 뽑지 못했죠. 그래서 부시가 NAFTA를 지지하고 아이디어를 냈기 때문에 야당 대통령 후보로서 반대했지만 대통령 취임 첫해에 클린턴이 가장 열정적으로 통과시켰던 게 NAFTA입니다. 대통령이 되어 정권을 잡고 보니 자기의 정적이었고 선임 대통령이었던 조지 H.W. 부시의 정책이 맞다는 생각이 드는 거예요. 그래서 임기 첫해

12월에 하원에서 통과되도록 진력을 다했죠. 그리고 클린턴은 NAFTA 못지않게 중요한 게 아시아태평양경제협의체(APEC)라고 생각했습니다. 클린턴이 개입하기 전까지는 APEC은 별로 탄력을 받지 못했습니다. 한국, 일본, 중국은 서로 자존심 싸움을 하고 있고 다른 나라들은 이 3국과의 경제 격차 등으로 인해 APEC은 이렇다 할 탄력을 찾지 못했는데 NAFTA가 하원에서 통과된 바로 다음 날 클린턴이 시애틀에서 APEC 정상회의를 개최합니다. 이게 클린턴의 노림수였습니다.

무슨 얘기냐 하면 하원에서 NAFTA가 통과되지 않으면 APEC도 죽는다. 그러면 캐나다와 멕시코, 라틴 아메리카를 뺏길 뿐만 아니라 아시아도 뺏긴다는 노림수였던 거죠. 다행히 하원에서 NAFTA가 통과가 되고 그 다음 날 클린턴은 최초로 미국에서 열린 APEC 정상회담을 주도를 했던 것이죠. 선임 대통령이 세웠던 이론적인 체계, 그것을 다른 당의 후임 대통령이 구체화했던 재미있는 현상이에요. 제가 군이 한 가지를 더 말씀드리면 조지 H.W. 부시의 새로운 세계 질서는 외교적인 부분을 빼 놓고 이야기할 수 없죠. 그렇지만 본인은 구체화를 못했습니다. 그런데 클린턴 때 북대서양조약기구(NATO)를 확대시킵니다. 그래서 과거 소련이 주도한 바르샤바조약 가입국이었던 폴란드, 헝가리, 체코, 슬로바키아가 NATO에 편입됩니다. 그래서 클린턴은 부시가 내세웠던 새로운 세계 질서를 미국 자유에 근거한 자유의 확대(Enlargement)라는 구호를 통해 NAFTA를 성사시키고 NATO를 확장시켰죠. 탈냉전 이후 대단히 중요한 변환기 때 대통령들이 당을 초월해서 어떠한 기조를 가지고 미국의 이해관계를 다져왔는가 하는 것들은 우리에게 시사하는 바가 많다고 봅니다.

9 · 11 테러 후 보수와 진보 16년 정권은 합치가 사라진 시대

유창수: 이제 21세기가 열리는데 첫 번째 선거에서 조지 W. 부시, 아들 부시가 대통령에 취임하고 8년간 이라크전쟁을 비롯한 테러와의 전쟁이 시작됩니다. 지금도 미국은 전쟁 중이지요. 오바마 대통령도 8년간 재임하면서 보수의 부시, 진보의 오바마 시대가 이어졌는데 미국 내부 정치를 들여다보면 부시와 오바마의 16년간 합치가 사라진 시대라고 평가합니다. 민주당은 더 좌클릭이 됐고 공화당은 더 우클릭이 돼서 이제는 중도가 없는 미국 국내 정치가 나타나게 됩니다. 부시 대통령은 인기가 없이 레임덕으로 끝났지만 공화당에서는 꽤 인기가 있는 대통령이고, 오바마도 진보주의에서는 굉장히 열광하는 대통령이지만 보수에서는 정말 극도로 혐오하는 대통령인데, 21세기에 들어선 지난 16년을 어떻게 보세요?

김봉중: 아버지 부시부터 클린턴으로 이어지는 시기는 미국 현대 역사에 대단히 중요한 의미가 담고 있습니다. 그 이후 아들 부시와 오바마의 16년은 이전의 아버지 부시와 클린턴의 관계와 달라지면서 미국이 극단주의로 가게 되는 아쉬움이 있습니다. 그 이유를 설명하자면 역사학자들의 변명이 될 수 있는 것 같아요. 좀 더 지켜봐야 되겠는데 우선 2001년 미국 본토에서 벌어진 최악의 테러인 9 · 11을 빼놓고 얘기할 수 없죠. 미국 외교 정책에서는 아들 부시가 집권했지만 외교의 기조는 클린턴과 별반 차이가 없었습니다. 공화당 내에서도 이제는 우리가 내치를 해야 될 때지 냉전이 끝났는데 왜 미국의 돈, 힘을 해외에 쏟는가에 대해 부정적인 시각이 굉장히 많았습니다. 그래서 보스니아 전쟁

당시에도 아들 부시는 클린턴의 외교 기조와 별반 변화가 없었습니다. 그 변화의 시점이 9 · 11 테러였죠.

9 · 11 테러는 역사적으로 미국 국민들이 받은 트라우마를 설명할 수 없을 정도로 대단히 중요한 계기가 됐습니다. 미국 사람들은 테러와의 전쟁을 시작했고 대량 무기라는 근거 없는 이유를 들어 이라크전쟁을 벌이죠. 미국은 기존의 전쟁과는 다른 테러와의 전쟁에 모든 것을 투입하면서 보수주의가 다시 한 번 결집이 되는 시기가 됐죠. 그런데 2008년 오바마가 대통령이 됐습니다. 이게 또 참 재미있는 게 오바마의 대통령 당선에 가장 중요한 이유가 이라크전쟁입니다. 9 · 11 테러 이후에 처음에는 테러와의 전쟁을 미국 사람들이 수용을 했지만 시간이 흐르면서 '이건 좀 아니다'라는 정서가 굉장히 팽배했죠. 그래서 오바마가 부시를 가장 강력하게 공격했던 게 이라크전쟁입니다. 그래서 이것이 미국의 아이러니입니다. 이라크전쟁 때문에 부시의 8년, 미국의 보수화가 진행됐다면 또 이라크전쟁 때문에 미국의 진보 8년이 지속되었죠. 그런데 사실 보수와 진보의 문화 대결은 1980년대, 특히 1984년 레이건 선거 때 대단히 중요한 이슈였습니다. 소수, 인종, 그리고 낙태 문제가 서서히 드러나면서 사회 · 문화적으로 중대한 변수로 부각되는데 대통령 선거에서 큰 변수는 아니었습니다. 미국 사람들의 정서에 잠재적으로 숨겨진 폭탄이 되는 것이죠. 9 · 11 때문에 수면 아래로 더 깊게 가라앉게 되지만 오바마 때 처음으로 미국에서 동성애가 합법화됩니다. 이전에는 미국 사람들이 거의 공적으로 대화도 하지 않았던 트랜스젠더의 권리가 지금 공공연히 이슈로 대두되고 있어요. 트럼프가 반무슬림 정서나 반무슬림 이민정책을 노골적으로 언급하는 것은 부시의 8년과 오바마의 8년 동안 미국 대통령 선거에서 냉전과 경제에 묻혀

있던 문화적 이슈들, 세계적 이슈들이 트럼프라는 매개를 통해서 폭발된 것 같아요. 그동안에 잠복되어 있던 문화적인 이슈들이 트럼프를 통해서 발현됐다는 얘기는 미국 문명의 흐름을 조용히 보고 있던 보수세력의 목소리가 만만치 않다는 방증으로 생각할 수 있습니다.

유창수: 트럼프와 힐러리 클린턴에 대한 이야기를 하고 마치도록 하겠습니다. 미국인들의 민심을 봤을 때, 역사적 흐름을 봤을 때 이번 대통령 선거에서 누가 당선될 것으로 보시는지요. 두 번째 질문은 클린턴이든 트럼프든 차기 대통령이 맞부딪쳐야 될 미국과 세계질서, 앞으로 4년 후에 펼쳐질 세계 정세와 미국의 이슈들에 대해 설명해 주시기 바랍니다.

16년 정권을 허용치 않는 미국 유권자들

김봉중: 우리나라와 달리 미국은 중도적인 보수, 중도적인 진보가 탄탄한 세력을 갖고 있기 때문에 독특한 캐릭터, 위험한 캐릭터가 대통령이 될 확률은 그렇게 높지 않다고 봅니다. 역사학적으로 보면 미국 민주주의, 미국 헌법의 기본 정신은 견제와 균형(Check and balance)입니다. 입법, 행정, 사법부가 서로서로 견제와 균형을 통해서 미국 민주주의를 단단하게 한다는 것이 미국 헌법의 기조이죠. 특정 정당이 장기 집권하면서 어느 한 방향으로 몰고 가지 못하도록 국민들이 알아서 견제와 균형을 잡도록하는 게 미국 대통령 선거의 견제와 균형의 원칙입니다. 물론 미국 국민들이 그런 면을 저울질해서 투표하지는 않지만 결

과적으로 묘하게도 특정 정당이 12년 이상 정권을 잡기가 어려운 시스템으로 자리 잡았습니다.

이번 선거에서 특정 정당이 장기 집권하는 것을 견제하는 방향으로 결과가 나올지, 아니면 위험한 인물인 트럼프가 대통령이 되는 것을 견제해서 미국의 민주주의를 지키게 될지 선택의 기로에 서 있다고 봅니다. 사람에 따라서는 여성 대통령을 좋아하지 않을 수도 있습니다만 이미 최초의 흑인 대통령이 나왔기 때문에 최초의 여성 대통령이 나오는 것에 대한 우려는 사실 기우일 것 같습니다. 그리고 최초의 여성 대통령 후보 힐러리 클린턴, 막말하는 트럼프가 맞선 이번 대선은 최근의 올랜도 테러, 총기 문제 등으로 굉장히 어수선합니다. 그래서 이번 선거가 대단히 재미있는 선거가 될 것이라며 초미의 관심사가 되고 있는데 사실 미국 대통령 선거 중 재미 없는 선거는 한 번도 없었습니다. 선거 때가 되면 항상 누가 대통령이 될지, 대통령이 되면 어떤 일이 일어날지, 어떤 미국의 문제를 해결해야 될지 등으로 논란이 일어났어요. 지금 우리가 근시안적으로 볼 때는 이번 선거가 굉장히 재미있는 대선, 미국사의 이정표가 되는 선거로 생각하지만 훗날 역사의 넓은 시각으로 볼 때는 재미있는 선거 중 하나로 기록될 확률이 높습니다.

또 다른 차원에서 말씀드리면 만약 트럼프가 대통령이 되면 미국 민주주의가 위험에 처하게 된다거나 히틀러 같은 대통령이 등장할 것이라고 우려하지만 저는 그렇게 보지 않습니다. 미국의 제도와 국민들이 트럼프가 히틀러나 히틀러 같은 정책을 펴는 데 결코 협조하지 않을 것입니다. 그래서 아무리 공화당, 극보수 공화당이라 할지라도 미국의 건전한 보수로서의 길을 가지 않을 때는 과감하게 대통령에게 직언을 한다든지 대통령의 정책에 협조를 않고 미국 국민들도 나설 것입니다. 히틀러의 등장은 1919년 제1차 세계대전 패전과 공황으로 인해 국민들의 정서가 패배감 등으로 갈기갈기 찢겨졌기에 가능했습니다. 미국 사람들이 생각할 때는 지금 미국의 문명이나 문화가 어마어마한 혼란과 위험에 처해 있다고 생각하지 않습니다. 그래서 트럼프가 대통령이 됐다 하더라도 우리가 우려했던 히틀러 같은 인물이나 정책이 나올 수도 없고, 지금 상황에서 트럼프가 선거에서 이기기는 대단히 어렵다고 봅니다. 그러나 순간적으로 국민의 정서를 바꿀 수 있는 어떤 계기가 생길 수 있기 때문에 선거는 모르는 일이에요.

대담

유종하

(전 외무부장관)

미국 대통령 선거 속 한 · 미 관계

유종하 전 외무부장관은 1958년 외교관으로 투신한 이래 1998년 외무부장관을 역임하면서, 한미 외교 일선에서 활약했다. 그는 1970년대 닉슨 대통령 이후 클린턴 대통령까지 역대 한미관계의 다양한 사건들을 직접 경험하고, 대안을 제시한 외교 수장이었다.

역대 미국 대통령이 한국에 어떤 영향을 미쳤으며, 양국간 대통령의 관계는 어떻했는지, 현안을 어떻게 풀어나갔는지 생생하게 증언했다.

유종하

제26대 외무부 장관 및 제26대 대한적십자사 총재를 역임했다. 서울대 정치학과, 본(Bonn) 대학 법학과를 졸업했다. 1958년 외무부에 들어가, 미주국장, EC대사, 외무부차관을 거쳐 외무부장관(1996~1998)을 역임했다. 이후 사이버엠비에이 회장, 대구세계육상선수권대회 유치위원장, 제26대 대한적십자사 총재(2008~2011)를 지냈다. 현재 제주특별자치도 국제고문단으로 활동하고 있다. 그는 8명의 한국 대통령 정권 교체 시기에 외교 현장을 지킨 유일무이한 외교관이었다. 같은 시기 미국 대통령 9명을 겪으면서 긴박했던 한미관계의 주요 현안을 직접 다룬 흔치않은 경험을 쌓았다. 성실함과 식견, 풍부한 경륜으로 한국 외교사에 큰 족적을 남겼다.

유창수: 유종하 장관님은 1958년에 외무부에 들어가셔서 1998년 장관으로 임기를 마치실 때까지 외무부에서 40년을 계셨습니다. 1948년 외무부가 설치된 지 10년째 되는 해부터 외교관으로 계셨으니까 우리나라의 외교사의 산증인이시죠. 특별히 대미 관계에서 많은 일을 하셨고 차관이나 장관 때도 여러 가지 역할을 맡으셨습니다.

서울대 정치학과를 졸업하시고 1958년 외무부에 들어가셨는데 어떤 연유로 외교관이 되기로 결심하셨는지요?

닉슨 대통령 시절 주미대사관 참사관으로 근무

유종하: 1950년대에는 시골 출신이 대학을 나오면 시험을 쳐서 갈 수 있는 데가 세 군데 있어요. 정부, 언론사와 은행이었죠. 민간 기업들은 거의 뽑지 않았어요. 민간 기업들이 공개시험으로 뽑지 않고 은행들은 공개시험으로 뽑았으니까 은행에 갈 수 있는데, 저는 동아통신사에서 기자 생활을 시작했습니다.

유창수: 그게 언제였습니까?

유종하: 1957년이었습니다. 당시 통신사로는 합동통신, 동아통신, 동양통신이 있었어요. 합동통신은 AP, 동양통신은 UPI, 동아통신은 AFP를 중심으로 기사를 제작했습니다. 그때는 기자의 수가 많지 않았기 때문에 외국 통신사들의 기사들이 주로 신문에 실렸습니다. 밤에 외신이 들어오면 우리가 번역해 기사를 만들어 신문사에 보내면 신문사가 그

걸 썼어요. 나는 1957년부터 1858년 4월까지 6개월간 견습기자를 거쳐 본 기자가 된 뒤 정당과 국회를 출입처로 배정받았어요. 정당 국회는 가장 좋은 출입처였어요. 당시는 기사가 많은 곳, 월급이 적기 때문에 수입이 좀 들어오는 곳을 출입처로 선호했죠. 외무부는 기사가 많이 나오는 반면 추가적인 수입이 없어서 기자로서는 먹고살기가 어려워요. 서울시 같은 데는 도시 계획이 있고, 보건복지부나 검찰청 같은 곳은 사건이 많기 때문에 기자실에 돈이 돌아요. 그런데 기사 거리도 많고 기자로서 지내기도 좋은 데가 정당 국회예요. 그 당시에는 신문사에서 정당국회에 시니어(Senior) 한 사람, 주니어(Junior) 한 사람 해서 두 명을 보냈어요. 그때 동아통신사에 시니어는 국회의장을 역임했던 이만섭씨가, 나는 보조하는 주니어로 임명이 된 거예요. 정식기자니까 대우도 그런 대로 괜찮았어요. 그런데 기자 생활이 워낙 불규칙하고 술도 많이 먹어야 해 건강에 좋지 생활이 지속되는 거예요. 그래서 아, 이거 안 되겠다 싶어 사표를 내고 외무행정 고등고시에 합격해 외무부에 들어가게 됐습니다.

유창수: 인생의 가장 중요한 결정 중 하나를 하셨네요.

유종하: 그렇죠. 고등고시 1부는 일반행정, 2부는 재정행정, 3부가 외무행정이었어요. 외무행정은 지금으로 말하자면 외무고시인데 사람을 많이 안 뽑았어요. 우리 때 2년에 세 사람밖에 안 들어갔거든요. 지금 같으면 2년이면 100명 훨씬 넘게 뽑을 거예요. 숫자가 적다 보니까 진급이 잘됐어요. 그래서 장관까지 한 거죠.

유창수: 입부한 지 15년 지난 1973년 주미 대사관에 참사관으로 파견되어 1977년까지 근무하셨는데 그때 미국은 리처드 닉슨 대통령, 그리고 스피로 애그뉴 부통령 재임 시절이었지 않습니까? 나중에 부통령은 제럴드 포드로 바뀌고 리처드 닉슨 대통령이 하야한 뒤 포드 대통령에 이어 지미 카터가 당선되고 출범하는 것까지 보고 주미대사관 참사관을 그만 두셨는데, 그때 미국 정치 상황을 한번 말씀해주시면 고맙겠습니다.

유종하: 나는 워싱턴에 3년 반 있었는데 그동안에 대통령 세 사람, 부통령 네 사람이 바뀌었어요. 닉슨 대통령이 내가 갔을 때 대통령이었는데, 곧 워터게이트가 생기고 또 닉슨 대통령의 러닝 메이트였던 스피로 애그뉴는 개인 부정사건으로 사임했어요.

유창수: 돈 문제 때문에 사퇴했죠.

유종하: 네. 그래서 우리 국회의 원내대표 격인 제럴드 포드가 부통령이 되었죠. 닉슨은 재선에 성공했지만 워터게이트 사건으로 사임하고 포드가 대통령에 취임합니다. 포드가 닉슨 대통령의 잔여 임기를 끝내고 다시 대선이 출마했는데 지미 카터한테 졌어요. 포드가 대통령이 되었을 때는 넬슨 록펠러가 부통령이었고, 카터 대통령 때는 먼데일이 부통령이었죠. 그러니까 부통령은 애그뉴, 포드, 록펠러, 먼데일 넷이고요. 대통령은 닉슨, 포드, 카터 대통령을 지켜보았죠.

유창수: 미국이 격동의 시기였습니다.

미국 정치 지형 바꾼 워터게이트 사건

유종하: 내가 부임해서 1년 이상 워터게이트의 각종 조사가 진행이 됐어요. 그 워터게이트가 미국의 정치 풍토를 바꿨습니다. 제럴드 포드가 키신저 국무장관을 통해 외교도 잘하고 대통령으로서 그렇게 잘못한 거는 없어요. 그러나 워터게이트로 인한 정치는 머리는 좋아도 도덕성이 있어야 되겠다는 인식이 확산됩니다. 닉슨은 머리가 좋고 경험도 있고 외교는 아주 잘하는 사람이거든요. 하지만 '닉슨 같은 사람을 믿을 수가 없어서 곤란하다. 조금 부족하더라도 도덕적으로 인품이 괜찮은 사람을 필요로 한다'는 정치풍토가 조성되었는데 거기에 부합한 사람이 지미 카터예요. 지미 카터는 미국의 남부 조지아 출신이었죠. 땅콩 농장을 운영했기 때문에 피너츠 프레지던트라고 그랬어요. 미국 해군에서 뉴클리어(nuclear) 엔지니어로 복무했던 카터는 아주 근면하고 성실하고 인품이 괜찮은데, 능력은 알 수 없는 거잖아요. 미국에서도 존재감 거의 없는 조지아주 주지사라는 게 대단한 게 아니거든요. 그래서 카터가 대통령에 출사표를 냈을 때는 사람들이 카터가 누구냐, 그런데 이 사람이 지미 카터니까 지미 후(who?) 이랬거든요. 그래서 카터의 별명이 '지미 후'가 되었어요. 닉슨만 하더라도 상원의원과 부통령을 지냈지만 카터는 중앙 정치에서는 완전히 문외한이었죠.

유종하: 전혀 경험이 없는 사람이 들어와서 미국이라는 큰 배를 움직이게 되었으니까 그 자체로 상당한 변혁이에요. 미국 사람들 입장에서는 아주 대단한 모험이라고 봅니다.

유종하 : 워터게이트가 미국 국내 정치에 밑바탕을 그렸는데 미국에서 국내 정치 못지않게 중요한 것이 베트남전이었어요. 당시 베트남에서 미군은 노스 베트남(North Vietnam)의 정규군도 아니고 게릴라인 베트콩과 싸웠는데 결국 졌어요. 패배의 최대 이유는 미국 내에서 베트남전은 옳은 않은 전쟁(Unjust war)이라는 인식으로 인해 반전 여론이 확산되었기 때문이죠. 닉슨이 당선되자 승산이 없다고 보고 키신저를 앞세워 남베트남 정부, 북베트남 정부와 평화협정을 체결하고 미군을 철수시킵니다. 베트남전쟁의 베트남화(Vietnamization of Vietnam War)라는 명분으로 미국이 베트남 군대를 도와주겠다며 1973년 미군이 철수합니다. 미국의 지원에도 불구하고 남베트남 정부는 북베트남의 공세에 밀려 1975년 사이공이 함락되었어요. 세계에서 가장 큰 슈퍼 파워인 미국이 베트남에서 정규군도 아니고 게릴라한테 패배한 수모는 미국 사람들의 자존심을 자극한 거예요.

유창수 : 네, 10여 년을 끌었네요.

유종하 : 베트남전이 장기화되면서 막대한 전비 부담으로 인해 미국 정부는 재정적자에 시달렸죠. 그때는 미국 경제도 좋지 못했죠. 일본이 미국의 자동차 시장을 장악했고 섬유는 다른 개발도상국에서 밀려들어오면서 경제 사정이 대단히 나빠졌어요. 재정적자와 무역역조, 그래서 소위 쌍둥이 적자가 쌓였거든요. 경제는 가라앉았고 베트남에서 패배하고 내부적으로는 대통령이 야당 사무실을 들어가 서류를 훔치는 도덕적인 문제가 발생하고….

유창수: 도청도 했고요.

유종하: 대통령이 이것을 은폐하려다 발각되어서 사임까지 하게 되었거든요. 미국 200년 역사상 경제적으로, 대외적으로, 국내적으로 최악일 때 1970년 초예요. 그리고 그때가 미국 건국 200주년이었어요. 독립 200주년을 축하해야 할 시기에 미국 사람들의 사기는 완전히 땅으로 떨어졌습니다. 상황이 이러니 미국 국민들은 밖에는 희망이 없고 내부적으로도 정치한다는 사람은 전부 사기꾼(Crook)이니, 건실하고 근면한 데다 장교 출신인 카터를 눈여겨보게 되었습니다. 결국 카터가 포드를 누르고 당선되었는데 그 당시 한 · 미 관계가 대단히 어려웠어요.

중 · 소 갈등과 닉슨 독트린

유창수: 한 · 미 관계 말씀 나누기 전에 1973년 주미대사관 참사관으로 냉전의 한복판에 보신 미 · 소 관계는 어땠습니까?

유종하: 미국과 소련은 냉전으로 적대 관계에 놓인 상황에서 중국이 부상하니까 미국이 상당히 우려하고 있었죠. 그러나 다행인 것이 당시 중국과 러시아의 관계가 깨지기 시작했다는 것입니다.

유창수: 어떤 일들이 있었죠?

유종하: 미국과의 전쟁에서 베트남은 중국이 아닌 소련으로부터 지원

을 받았어요. 중국은 소련이 베트남전 지원을 이유로 아시아로 남하하는 것에 대해 우려하기 시작하면서 공산권의 양대 진영에서 균열이 발생하기 시작한 거죠. 미국은 1973년 베트남과의 평화협정을 했지만 1971년부터 중국과 관계를 개선하기 시작했어요. 그런데 당시 UN 상임 이사국인 중국은 베이징의 중화인민공화국(People's Republic of China)이 아닌 대만의 중화민국(Republic of China)이었습니다.

유창수 : 미국, 소련, 영국, 프랑스, 대만이네요.

유종하 : 그렇죠. 키신저가 중국을 방문했을 때 중국은 자기들이 상임 이사국이 되어야 한다고 요구했었죠. 대만도 그 당시에는 주권이 대만에 국한된 것이 아니고 중국 전체를 대변한다며 One China Policy을 내세웠어요. 중국 본토의 중화인민공화국도 One China Policy였으니 키신저도 One China Policy를 지지한 겁니다. 명목상으로는 대만과 중국의 One China Policy를 모두 지지한다고 했지만 실질적으로는 베이징에 있는 정부가 One China Policy를 대변한다고 보는 거예요.

유창수 : 닉슨이 중국에 대한 엄청난 변화를 시도한 거네요.

유종하 : 그렇죠. One China Policy를 선언하면서 1971년 키신저가 중국에 들어가서 외교교섭을 벌였지만 수교는 안 했어요.
대선이 열리는 1972년 초 닉슨이 중국을 방문에 수교에 합의합니다. 미국 사람들은 닉슨이 대단한 인물이라고 판단해 연임을 지지해 준 거예요. 국내 정치도 땅에 떨어지고 경제도 바닥으로 곤두박질한 데다

베트남에서 패배하자 미국 사람이 미국의 미래에 대해 불안해 할 때 닉슨이 대반전에 성공한 것이죠. 중국을 확실히 잡음으로써 베트남에서의 패배를 한순간에 만회한 셈이에요. 그때 내가 워싱턴에 갔었는데 한국과의 관계가 대단히 묘하게 돌아가더라고요. 우리는 존슨 대통령 때부터 미국의 요청으로 베트남에 파병을 했거든요.

유종하: 우리가 많은 때는 5만 명이 주둔했었어요. 연인원으로는 30만 명이 간 거예요. 미국 이외의 국가 중에서 최대 병력으로 전쟁을 치렀죠.

유창수: 정말 대단한 병력이었네요.

유종하: 또 한국인들은 가서 잘 싸웠어요. 잘 싸웠다는 의미는 베트콩과 싸움은 그렇게 격렬하게 안 했지만 학교, 병원 짓고 주민들을 도와주는 소위 민간적인 지원을 워낙 잘해서 한국 군인들은 베트남 사람들에게 상당히 인기가 있었어요. 베트콩들도 한국 군대하고 싸우면 대단히 위험하다고 판단해 한국 군대를 피해 다녔으니 한국 군대는 큰 격전을 겪지를 않았어요. 미국 사람들은 지고 있는, 인기 없는 전쟁에 한국이 참전한 것에 대해 아주 고맙게 생각했거든요.

닉슨은 베트남전을 통해 아시아에서 땅에서 싸우는 싸움은 어디에서든 승산이 없고 생각해 1969년 괌 독트린을 발표합니다. 닉슨이 아시아와 가까운 괌으로 가서 "미국은 아시아에서 공산주의와의 전쟁이나 미국의 이해가 걸린 전쟁에 직접 개입하지 않고 아시아인들이 스스로를 방어하도록 지원하겠다. 미국이 전쟁에 직접 개입해 미국 젊은이들을 투입하지는 않겠다"라는 정책을 발표했거든요. 이게 괌 독트린이에요. 1969년 괌 독트린을 발표하고 1970년에 주한 미군 6만 명 중 2만 명을 빼내 갑니다. 우리와는 전혀 상의하지도 않고 2만 명을 철수시킨 거예요. 한국은 주한 미군이 계속 주둔하면서 우리를 지켜달라는 뜻으로 베트남에 군대를 보냈는데, 미국 대통령이 "아시아에서의 전쟁은 아시아에서 해결하라. 우리는 공군이나 해군은 지원할 수 있지만 육군은 투입하지 않는다"고 미군을 철수시켰으니 박정희 대통령은 상당히 배신감을 느꼈어요. 이를 통해 박정희 대통령은 앞으로 한반도에서 전쟁이 나더라도 미국에 의존하기는 어렵겠다고 보고 자력 방위 능력을 길러야 되겠다고 생각하게 됩니다.

유창수: 자주 국방?

유종하: 자주 국방을 위한 무기 구입을 위해 정부 예산도 필요하지만은 기업체로부터 방위성금을 받기도 했어요. 더욱이 1972년 닉슨이 6·25 때 전쟁을 치렀던 중국에 가서 술잔 기울이고 수교에 합의하니 미국도 믿지 못하겠고 우리 스스로 서야 되겠다는 마음을 굳히게 됩니다. 또 국내적인 여러 여건도 고려해 1972년 유신 체제가 들어섭니다. 유신 체제는 국회를 해산하고 모든 법령은 대통령령으로서 하고 구속하거나 구금하는 것도 대통령령으로 가능하게 하고 대통령도 국민이나 국회가 아닌 통일주체위원회라는 것을 만들어서 뽑게 한 거예요. 1973년 까지 우리가 베트남에 참전하고 있으니까 미의 정치권은 전부 한국에 대해서는 고맙게 생각하고 좋은 얘기들을 해줬어요.

미국 대선과 코리아게이트

유창수: 심지어 유신 때도.

유종하: 유신에 대해서는 안 좋다고 생각하면서도 베트남에 우리 군대가 있기 때문에 한국에 대한 전면적인 비난은 하지 않았습니다. 미국 민주당의 대표적인 정치인들도 "한국은 특수한 사정이다. 한국은 경제 발전을 하고 자기네 집안일은 잘하는 정부가 있다. 박정희 대통령은 좋은 일을 많이 하고 있다"고 설명하곤 했어요. 그런데 1973년 베트남에서 미군이 철수할 때 우리 군도 같이 철수하니 미국도 이제 한국에 신세지는 게 없어졌죠. 우리나라도 유신 정권 아래서 반정부 인사가 늘어나고 미국 내에서도 한국 정치상황이나 인권 문제에 대한 비판 여론이 크게 확산되니 미국 정치권 판도가 한국에 불리하게 돌아가게 된 거에요. 그런데 우리가 자주 국방을 해야 되니까 군원(FMS · Foreign Military Sales) 문제가 생겨요. 군원은 우리가 돈이 없으니까 차관으로 무기를 사는 것을 말하지요. 차관으로 무기를 사려면 미국 국회에서 차관을 승인해줘야 됩니다. 한국군의 현대화를 뒷받침하는 무기 구입을 위해서는 미국 의회의 승인이 필요한데 그때마다 한국의 인권 · 정치 상황에 대한 비판과 함께 주한 미군 철수 여론도 높아지니 우리 쪽에서 일반적인 외교 채널로는 어렵다고 판단합니다. 그래서 당시 김동조 주미 대사가 미국 의원들을 개별적으로 접촉해서 친한 인사를 확보해야 한다는 작업을 중앙정보부가 맡게 됩니다.

유창수: 로비를 한 거죠.

유종하: 네, 로비를 위해 박동선이라는 사람을 잡습니다. 부잣집 아들인 박동선은 조지타운대학의 국제대학원의 학생회장을 하고 사교성이 대단했어요. 이 사람이 조지타운이라는 클럽을 운영했습니다. 조지타운은 미국 사교계의 여성 거물로서 대만 로비를 주도했던 안 셰놀트가 만든 클럽을 박동선이 인수한 것이었어요. 박동선은 조지타운에 정치인들을 초청하고 생일 파티도 열어 주며 접근을 했습니다. 당시 상황을 설명 드리면 그때는 우리가 미국에서 쌀을 많이 샀어요. PL480이라고 미국에 잉여 농산물이 많았거든. 잉여 농산물을 처분해야 미국 농민들이 먹고사는데 잉여 농산물을 살 나라가 돈이 없는 거예요. 그러니까 차관 형식으로 주는 거지요. 우리가 당시에는 양곡이 절대적으로 부족해서 미국 PL480을 들여오는데, 그것을 조달청이 주관했거든요.

조달청이 미국에서 쌀 수입을 하는 권한(Agentship)을 박동선한테 준 거예요. 그 당시 우리 중앙정보부와 정일권 총리, 박동선이 가까웠지요. 미국에서 쌀을 파는 사람들이 한국에 쌀을 팔 때 커미션을 주는데 박동선이 이를 받았습니다. 커미션은 연간 100만~200만 달러였고 누적으로 1500만 달러였어요. 박동선이 미국 의회에서 한국의 군원이나 한국 정치 상황에 대해서 비판적인 인사를 개별적으로 접촉해서 그런 사람들의 성향을 돌려놓겠다고 하니 중앙정보부가 받아들여 로비계획을 세웁니다. 그 계획은 청와대에 보고했겠죠. 정부는 따로 특별히 돈을 주지 않고도 쌀 커미션으로 의원 로비를 할 수 있다면 해봐라 해서 미국 의회 의원들에 대한 박동선의 로비가 시작된 거예요. 의원들에게 파티를 열어준다거나 한국에 초청하거나 캠페인 할 때 정치자금이나 선물을 주는 방식으로 로비를 했어요. 의원들을 한국으로 초청해 대접을 잘해 주고 양복도 맞춰 주면 귀국해서는 '한국에 가보니까 역시 나라가 발전하고 경제적으로 괜찮고 베트남에도 도와주고 있더라. 이 나라가 자주 국방을 하는 데 우리가 도와주어야겠다'고 여론을 조성한 거예요.

거기에 반기를 든 첫 번째 사람이 주한 미국대사예요. 주한 미국대사는 박동선이 데려오는 의원들의 행태가 미국 공직자로서는 적합하지 않다고 본 거죠. 주한대사는 장사꾼 박동선이 비즈니스하면서 의원들을 부패시키는 것이라고 한국과 미국 정부 측에 이야기를 많이 했어요. 그때는 박동선이 세력도 좀 있어 다 무시당했어요. 그런데 워터게이트 사건 이후에 미국 정치권에서 도덕성이 중요하다는 분위기로 확 바뀌니 박동선의 로비 방식이 맞지 않게 된 겁니다. 외국 정부가 돈을 앞세워 미국 의회의원을 매수한다 하는 거는 잘못이라는 인식이 확산되었죠. 박동선은 쌀 수입 권한을 유지하기 위해 자기의 치적을 과도하게 중앙정보부에 보고를 해야 된단 말이에요. 미국 연방의회 의원들의 이름을 써놓고는 자신이 접근할 수 있는 사람들의 리스트라며 들고 다니다가 FBI에 뺏긴 거예요. FBI가 문제가 생겨 수사하는 과정에서 리스트가 들어간 거죠. FBI가 보니 한국 로비 대상이 되는 연방의회 의원이 90명이나 되는 거예요.

유창수: 상하원 의원들이?

유종하: 상하원 의원들이 90명이 되는데 공화당은 거의 없어요. 2명이 공화당이고 88명이 민주당이에요.

유창수: 민주당은 야당이었는데….

유종하: 그럴 수밖에 없는 것이 진보적 성향의 민주당은 한국에서 미군을 철수하자는 데에 앞장서고 군사 원조나 한국의 인권 상황에 대해서 비판적인 반면 공화당은 거의 다 한국 잘한다. 한국 도와줘야 된다고 하니 공화당에는 로비를 할 필요가 없는 거예요. 그래서 90명 중에서 88명이 거의 민주당인 거죠. 로비 리스트가 법무부에서 국무부, 키신저를 거쳐 포드 대통령한테 들어간 거예요. 민주당 연방 의원들이 한국의 매수 대상에 들어가 있다는 것은 대선에서 호재란 말이에요. 공화당 정부는 선거 직전에 이것을 대대적으로 터뜨립니다.

유창수: 1976년 대선 직전에요?

유종하: 그렇죠, 1976년 10월 26일자에 크게 보도합니다.

유창수: 그러면 진짜 직전이네요.

유종하: 11월 대선이 열리기 한 달도 안 남은 시점에서 워싱턴 포스트에 헤드라인으로 기사가 났어요. 박동선이 미국 대선에서 미국 민주당을 매수했는데 한국 중앙정보부뿐이 아니라 대통령 주재 아래 청와대에서 이 로비를 계획했다는 기사였어요.

유창수: 대한민국 정부의 대통령 아래서….

유종하: 미국 CIA가 도청해서 관련 자료를 가지고 있다고 기사를 낸 거예요. 박동선이 쌀 커미션으로 미국 정치권에 매년 50만 달러 내지 100

만 달러를 썼다고 보도했는데 당시로서는 상당히 큰돈이거든. 더욱이 연방의원이 90명이나 연류가 되었다 하면 보통 스캔들이 아니에요. 그게 이제 팡 터진 거지요. 미국 선거에 한국 로비 문제가 도마에 오르고 미국 FBI가, 그러니까 법무부가 연방의원 조사를 시작한 거예요. 워싱턴 포스트에 특종을 빼앗긴 뉴욕 타임스도 파기 시작합니다. 닉슨의 워터게이트 은폐 작업을 터뜨린 게 경쟁지인 워싱턴 포스트의 기자란 말이에요.

유창수: 밥 우드워드 기자였죠.

유종하: 미국 대통령 선거를 한 달 남겨두고 대한민국 정부와 대통령이 미국 연방의원 매수에 연루되었다거나 90명에 이르는 연방 의원을 상대로 연간 50만, 100만 달러를 썼다는 것은 큰 뉴스이죠. 소위 코리아 스캔들, 박동선 사건이 미국 정치에 큰 소용돌이를 일으키면서 확대된 겁니다. 워싱턴 포스트는 그 이후에 6개월 동안에 60회~70회, 뉴욕 타임스는 80회 정도 보도를 했어요. LA 타임스나 볼티모어 선 할 것 없이 미국의 모든 신문들이 연일 코리아게이트를 보도한 거예요. 워터게이트에다 이름을 바꿔 코리아게이트가 된 거지요. 더군다나 박동선도 고급 자동차에다가 영화배우같이 예쁜 여자를 고가 아파트에다가 데려놓고 사치스러운 생활을 했으니 이게 보통 뉴스가 아니지요. 그래서 실제 내용보다는 더 크게 과장돼서 폭발한 거예요.

코리아게이트를 통해 바닥으로 떨어진 공화당의 도덕성을 만회해 보려했지만 포드는 닉슨을 사면한 원죄가 있어 결국 대선에서 카터에게 패배하게 됩니다.

공화당, 대선 투표 한 달 전 코리아게이트 폭로

유창수: 신승이었죠. 3%로 차이로 카터가 겨우 이겼죠.

유종하: 워싱턴 아웃사이더인 카터에게는 인사이더가 아니니까 워싱턴에서 자신의 정책을 지지해 줄 민주당 연방의원이 필요했지요. 그런데 그중 90명이나 되는 의원이 한국 정부의 매수 대상에 올랐다고 하니 한국에 대해 심기가 대단히 불편한(uncomfortable)한 거예요. 그래서 수사를 종결시킨 겁니다. 그런데 법무부에서 조사를 시작하니까 박동선이 재빨리 영국으로 달아나버렸어요. 당시 영국과 미국은 사법 공조 체계를 갖추고 있어서 범죄자를 인도할 수 있었죠. 그러니 박동선도 불안한 영국을 떠나 한국으로 들어오자 미국은 한국 정부에 박동선을 빨리 미국으로 보내라고 요구합니다. 청와대에서는 "우리는 박동선과 아무 관계가 없고 그 사람은 민간인이고 미국에서 장사하는 사람인데 우리가 잡아서 보낼 어떠한 법적 권한이 없다. 한국에서 무슨 법을 어긴 것도 아니고 미국에서 어겼다고 하지만 미국에서 어겼다는 게 확정된 것도 아닌데 우리가 박동선을 어떻게 잡아가지고 미국에 보내느냐"고 하죠. 그러니 카터 대통령이 박정희 대통령한테 "협조하지 않으면 미국이 다른 문제에 있어서 한국을 도와줄 수 없으니까 알아서 해라. 박동선의 모든 죄에서 면책해 주겠다"는 편지를 보냅니다.

그 뒤 한국과 미국은 일단 미국 수사관들이 한국에 와서 한국 수사관의 입회 아래 박동선을 조사할 수 있도록 합의해 미국 법무 차관보가 수사관들을 이끌고 한국에 옵니다. 그래서 우리 법무부 검사 입회 아래 조사를 했지만 박동선이 무리하게 현금 주고 저쪽에서 현금을 받은 게 없어요. 미국 연방의원들이 법망을 피해서 향응 등을 받았어요. 둘째는 미국에서는 선거자금으로 500달러, 1000달러를 줄 수 있는데, 그게 죄가 되려면 거기에 해당되는 행동을 해줘야 되는 거예요. 그런데 그 호의를 받았다는 사람이 국회 법안 활동에서 평상시에 반대하던 것을 찬성하는 것이 없어요. 이 연방의원들이 주로 한 것이 박정희 대통령에게 박동선이 한국으로 봐서는 아주 유능한 민간 외교관이다, 한국을 위해서 굉장히 열심히 하고 그 공적은 이루 말할 수 없다 등 박동선 칭찬만 쓴 편지를 보낸 거예요. 편지를 받은 청와대는 박동선이 쌀 커미션을 받아서 일은 열심히 한다고 생각했겠죠. 그러나 실제로 연방의원을 매수한 게 별로 없어요. 결과적으로 뜯어보니 기소할 만한 사람이 두 명밖에 없어요.

리처드 해너라는 캘리포니아 하원의원은 박동선과 처음부터 모든 것을 논의를 했어요. 이 사람이 징역을 살았는데 돈을 받아서가 아니라 거짓 증언으로 잡혀간 거예요. 또 한 명 루이지애나 하원의원인 오토 패스먼이에요. 노련한 연방의원인데 이 사람은 돈을 꽤 많이 받았어요. 그런데 패스먼은 이 문제는 워싱턴 검사의 소관이 아니라고 주장합니다. 그는 "나는 루이지애나 연방의원으로서 루이지애나 쌀을 팔기 위해서 박동선과 접촉했으니 워싱턴과는 관계없다. 워싱턴은 내가 연방의원으로서 사무실이 있는 정도지 박동선과의 거래는 전부 루이지애나의 일이다"라며 워싱턴 관할권을 거부해 재판이 루이지애나로 넘어갑니다. 루이지애나 법정에 선 패스먼은 배심원들에게 "루이지애나에 남아도는 쌀을 팔려고 박동선과 접촉했는데 그것으로 인해 투옥된다면 루이지애나를 위해 내가 뭘 할 수 있겠느냐"고 항변해서 무죄 평결을 받아냅니다. 결국 형무소 들어간 의원은 90명 중 리차드 해너

한 명밖에 없고 그 외에는 법무부에서 조사하는 동안에 국회 윤리위원회에서 조사했죠. 윤리위원회는 엄정한 조사를 위해 리온 자워스키를 특별검사로 임명합니다. 자워스키는 워터게이트에서 닉슨을 수사해서 닉슨을 쫓아낸 검사예요. 닉슨이 특별검사를 세 번 정도 해고했어요. 자기가 임명함 검사가 자기를 조사하니까 해고했는데, 자워스키가 닉슨 목을 죄어 사임까지 가게 되었지요. 그런 자워스키를 특별검사로 임명해서 수사했는데도 불구하고 나온 게 없는 거예요.

그래서 박동선이 한국에서 수사를 받고 미국 법정에 가서 증언을 한 거죠. 결국 리처드 해너 한 사람만 형무소에 들어갔고 연방하원 세 명이 견책을 당했으니 모든 사람들이 볼 때 코리아게이트는 용두사미 (anti-climax)로 끝난 거지요. 태산이 요동을 치더니 겨우 잡힌 거는 쥐 한 마리라는 태산명동서일필(泰山鳴動鼠一匹)이었어요. 미국에서도 그런 식으로 평했어요. 한편 미국에서는 외국 정부를 위해 의회와 접촉을 하려면 에이전트십(agentship)을 신고해야 되는데 박동선은 이런 절차를 거치지 않았죠. 미국 실정법을 어긴 것이지만 미국 정부에서 사전에 박동선의 죄를 묻지 않기로 했으니 미국에서 증언하고 한국으로 돌아오면서 사건은 종말을 맞았죠.

유창수: 장관님도 당시 참사관으로 중요한 역할을 하셨죠.

유종하: 그 과정에서 내가 대사관에서 주책임을 지고 핵심적인 일을 태반 했어요. 함병춘 대사의 카운터파트너는 차관보인데 그 일의 미국측 실무자가 한국 과장이었고 차관보를 만나 해결할 일이 양적으로 많지 않아 제가 좀 바쁘게 지냈습니다. 이외 법무부의 검사나 변호사를 만

나는 일도 저의 몫이었습니다. 그러나 함병춘 대사는 미국 하버드 법률학박사(JD)였고 미국 법제도나 관행을 잘 알고 있었을 뿐 아니라 미국 조야가 그 분의 지식과 지능에 관하여 높은 평가를 하고 있었기 때문에 국가적으로 정말 큰 도움을 받았다고 생각합니다.

유창수: 이 문제가 터질 때 상황을 좀 실감나게 이야기해 줄 수 있는지요.

유종하: 예. 1996년은 내가 워싱턴에 온지 2년 반이 되던 해라 10월경 임기를 마치기 전에 나이아가라 폭포 관광이나 하려고 차를 몰고 북쪽으로 가다 중간에 오하이오(Ohio)에 왔을 때 비가 오더라고요. 그래서 옆집에 부탁해 집 앞의 신문을 모아 두었다가 내가 돌아가면 달라고 전화를 했는데 옆집 사람이 당신네 나라가 오늘 아침 날짜 신문 1면 헤드라인에 실렸다는 거예요. 1976년 10월 26일자였죠. 그 길로 16시간을 차로 달려 집으로 돌아왔죠. 새벽에 워싱턴 D.C.에 도착하니 기사가 보통이 아니더라고요. 배너 헤드라인으로 완전히 쫙 깔렸더라고요. CIA가 청와대를 도청했다니 보통 일이 아니지요. 미국 사람들이 웬만해서는 자기들이 도청했다는 것을 흘리지는 않는데 워낙 급하니까 뉴스를 키우기 위해서 도청을 했다고 터뜨린 거예요.

유창수: 대선에서 지게 생겼으니 급해졌겠죠.

유종하: 급하니까 워싱턴 포스트에 있는 대로 주위 담을 만한 걸 몽땅 터뜨린 거지요. 그날부터 매일 아침 7시에 출근해 밤 10시에 퇴근을 했어요. 《뉴욕 타임스》, 《워싱턴 포스트》, 《볼티모어 선》, 《크리스천 사이

언스 모니터》를 거의 다 보고 오전 9시 대책 회의 때 내가 보고를 했어요. 그리고 10시부터 미국 국무부를 찾아다니면서 얘기를 하는데 한국이 미국사람한테 수백만 달러를 뿌리고 다녔다니 미국 관리들이 우리를 이상하게 보는 거예요. 모르는 사람에게 가면 앉지도 않고 악수하고는 'what can I do for you?'라며 용건 마치고 나가라는 자세예요. 그런데 내가 1년 반을 국무부에 매일 갔어요. 아무 약속 없이 가면 안 되니까 UN과, 정보과, 정책과 등 여기저기 부서와 약속을 잡고 돌아가는 길에 한국과에 한 번 들렀다는 핑계를 댔지요. 한국과 과장은 나를 만나는 걸 반겼어요. 그들도 우리와 얘기하는 게 도움이 되니까요. 그들의 견해를 듣다보면 상황 파악에 도움이 많이 됐죠. 또 내가 상황 돌아가는 것을 감을 잘 잡아요. 당시는 우리 정무과 네 사람이 전보를 보낸게 아마 1년에 3,000건 정도, 하루로 치면 10건이지요. 내가 보내는 전보의 반은 대통령이 읽는 거예요.

유창수: 박정희 대통령요? 그때가 장관께서는 30대 후반이셨죠?

유종하: 서른여덟이었지요. 박 대통령이 매일 전문이 올라가니 저에 대해 관심을 가지셨죠. 우리 집안에 대해서도 소상하게 알아요. 내가 1978년 미주국장으로 돌아왔을 때 최규하 총리 공관에서 열린 대책회의에 참석했었죠. 총리가 좌장이고 외무부 장관, 중앙정보부장, 공보부 장관, 청와대 비서실장과 정무수석 등 20명 정도가 참석합니다. 그때 김정렴 비서실장이 내 어깨를 두드리면서 "유종하 참사관은 우리를 잘 모르겠지만 우리는 유종하 참사관을 속속들이 잘 압니다. 정말 고생했어요. 그리고 일 잘했어요. 큰 도움이 됐어요"라고 하더라고요. 미

국 참사관으로 근무할 때 법률, 수사 문제가 나오고 언론에 대서특필
되는 가운데 핵심에 내가 앉은 거예요. 거기에서 언론은 물론 국무부,
법무부도 상대해야지 서울에 보고서 보내야지…. 그때는 하루에 18시
간 정도 노동했어요.

카터와 박정희의 언쟁

유종하: 중요한 것은 1976년 카터가 대선 공약으로서 한국에 있는 미
지상군을 전부 철수하겠다는 공약을 내놨어요.

유창수: 카터가 공약으로 1976년에 주한미군 철수만 언급했는데 다른
동맹국들은 놔두고 왜 주한미군만 타깃을 삼았나요?

유종하: 카터는 한반도에서 전쟁이 일어나면 주한 미군이 전쟁에 끌려
들어가기 때문에 사전에 그것을 방지하기 위해서 미군을 빼 버리겠다
는 거였어요. 일본이나 다른 나라에는 전쟁 위험성이 없잖아요. 베트
남전 이후 공격적이고 대단히 위험한 북한 정권이 언제든지 남한으로
쳐들어올 가능성이 있는데 미군이 주둔하고 있으면….

유창수: 그렇죠, 자동 개입이 되니까.

유종하: 자동 개입 되지 않도록 미군을 사전에 철수시키겠다는 것이 카
터의 복안이었어요. 당시 박정희 대통령은 미군을 꼭 빼야 한다면 반

대하지 않겠다는 입장이었어요. 물론 공식적으로는 철수에 반대하지만 미군을 꼭 빼야겠다면 우리가 다리를 붙잡고 사정하지 않겠다는 것이 기본 기조였어요. 반면에 미국 국방부, 국무부 등에서는 미군 철수는 정책적인 오류라고 봤습니다. 사이러스 밴스 국무장관, 국방부 장관 등이 잘못된 정책(wrong policy)이라고 했죠.

유창수: 잘못된 정책이다?

유종하: 베트남에서 쫓겨 났기 때문에 동남아 국가들이 미국이 아시아에서 발을 빼려는 것(disengage) 아니냐고 주시하고 있는데 한반도에서 전쟁도 일어나지 않은데 달아나기 시작한다면 아시아 전체는 물론 중국에 대해서도 잘못된 신호(wrong sign)를 주게 된다는 것이죠. 둘째는 베트남전은 옳지 못한 전쟁(unjust war)이어서 미국 내에서 반전 여론이 강력했지만 한국은 다르다는 거예요. 한국은 월남정부와 달리 민주주의를 향해 나아가는 성공한 정부와 사회 체제인데, 이걸 내던지면 안 된다는 것입니다.

셋째는 일본을 보호하기 위해 한국이 필요하다는 거예요. 한반도 전체가 공산으로 들어가면 세계 경제 2위인 일본이 대단히 위험해진다는 논리였죠. 또한 주한 미군의 철수는 주한 미군의 미국 본토 배치가 아니라 해체(Disband)하는 겁니다. 국방부로 봐서는 국방력을 크게 감축시키는 거예요. 그래서 워싱턴의 거의 대부분의 조야가 주한 미군 철수에 반대하는 겁니다. 미국의 전체 보수세력이 한국에서 미군 철수는 현명한 정책이 아니라고 생각하는 거예요. 그러니 카터 대통령은 미국 워싱턴의 주류세력과 싸우는 겁니다.

유창수: 민주당 내에서도 반대했나요?

유종하: 민주당 의원들도 상당 부분이 반대했어요. 조지아 출신의 아웃사이더가 주한 미군 철수를 주장하니 민주당도 받아들이기 어려웠죠. 더욱이 보수는 전부 단합을 해서 반대하니 한국이 짐을 많이 덜어낸 거예요. 미국 보수 세력인 국방부·CIA·국무부가 카터를 설득하기 위해서 북한의 군사력을 재평가합니다. 북한의 군사력을 전부 사진으로 찍어서 병력 숫자를 다시 평가하는 겁니다.

유창수: 인공위성으로 찍어서?

유종하: 네. 북한 군사력 중 인력상황을 보니 베트남전 이후 병력을 10~20% 늘려 110만 명이나 된다는 결론을 도출해요. 카터에게 자료를 보여주고 군사력을 확대한 북한이 한국을 치려는 의도가 분명한데 미군을 빼면 평지풍파를 만드는 것이라고 설득하는 거예요. 카터도 어쩔 수 없이 1979년 한국을 방문해 박정희 대통령과 만난 직후 결정을 내립니다. 'Put in abeyance'. 즉 '지하 밑으로 내려 놨다'. 주한 미군 철수 포기가 아니라 보류라는 표현을 씁니다. 카터 대통령이 한국에 와서 정상회담을 했는데 박정희 대통령이 자기 입장을 말하지 않을 수 없었어요. 그런데 박정희 대통령이 좀 길게 설명했어요. 주한 미군 철수는 미국 정책이나 한국 정책에 옳은 정책이 아니라는 것을 40분 동안이나 얘기한 거예요. 카터 대통령이 여기에 분노했다고 해요. 나는 정상회담에는 못 들어가고 회담장 밖에 있었는데 나와 친한 백악관 아시아국장이 회담이 끝나자마자 전화를 했어요. 서로 퍼스트 네임으로

부를 정도로 친분이 있는데 "Oh, Jong-ha, this was a major catastrophe. Your president has lectured our president for 40 minutes"이라고 하더라고요

유창수: 박정희 대통령이 카터 대통령을 40분 동안 강의한 거네요, 그렇죠?

유종하: 카터 대통령은 이미 자기 정책을 포기할 입장을 들고 온 거에요. 그럼에도 불구하고 박 대통령이 40분 동안 강의(lecture)를 한 겁니다. 내가 후에 기록을 살펴보니 말씀을 아주 조리 있게 잘했지만 통역을 쓰다 보니까 시간이 길어진 거요. 사이런스 밴스의 회고록에는 카터 대통령의 얼굴이 대단히 분노에 차 있었다(furious)고 나오죠. 자동차 타고 오면서 주미대사인 글라이스틴에게 '아주 대단히 불쾌하게 얘기했다'고 글라이스틴의 회고록에도 나와 있어요. 이밖에 카터는 방한 중에 정치범 180명을 석방하라고 압력을 넣었고, 박정희 대통령은 나중에 석방하겠다고 언질을 줬어요. 그러나 그때 김영삼 대통령이 YH사건으로 인해 단식 투쟁하고 있었고 국내 정치 불안이 더욱 확산되면서 부마 사태가 터지고 김재규가 박 대통령을 시해합니다. 그때 내가 미주국장이었으니까….

레이건의 영화배우 정치

유창수: 로널드 레이건이 1980년 압승을 거두고 대통령에 당선됐는데,

1980년대 상황을 한번 말씀해 주십시오.

유종하: 레이건 대통령이 당선될 때는 나는 미국에 있지 않았어요. 이분이 대통령직에 도전할 때 미국에 있었죠. 그때 젊은 사람들이 레이건을 지지하는 모임인 Young American Conservative Union이란 게 있었어요. 그런 단체에서 대사에게 초청장을 보내면 대사가 참사관이 대신 가는 게 좋겠다고 해서 가면 레이건 대통령이 나타나곤 했었어요.

유창수: 그렇습니까? 1970년대 중반에?

유종하: 그때만 하더라도 우리는 캘리포니아 주지사를 지냈다고 해도 영화배우 출신이 어떻게 대통령을 하겠느냐는 생각을 했었습니다.

유창수: 그런데 8년간 대통령을 했습니다.

유종하: 나이 많은 영화배우 출신이 냉전이 정점에 이른 상태에서 첨예한 미·소 관계를 제대로 다룰 수 있겠느냐는 회의가 있었어요. 그런데 레이건은 연설할 때 항상 미소를 짓고 모든 걸 아주 낙관적으로 보는 거예요.

카터 대통령 재임 시절 국무부는 물론 백악관에도 자주 가곤 했습니다. 백악관 아주국장하고 깊이 조율을 하곤 했는데 백악관에 가면 창문을 열어 놨어요. 왜 이 창문 열어놨느냐고 물었더니 조지아에서 땅콩 농사 짓던 카터 대통령이 연료를 절약하기 위해 백악관의 모든 에어컨을 꺼버렸다는 거예요. 1930년대는 국무부를 foggy bottom이라고 불렀다고 합니다. 포트맥 강가에서 fog가 있고 그 밑에 가라앉은 게 국무부라는 거죠. 워싱턴의 여름이 더우니 그때는 오후 2시면 모두 집에 갔다고 합니다. 국무부 바로 옆에 백악관이 있는데 그 더운 여름 대통령이 에어컨을 끈다니 직원들이 불만에 가득 찬 거예요. 1분에 한 번씩 땀을 닦아야 될 정도로 더운 백악관에서 일이 제대로 되겠느냐는 말들을 쏟아냈죠. 그런데 카터 대통령은 하루에 16시간 일을 했다고 해요.

유창수: 진짜 열심히 하셨네요.

유종하: 모든 일을 자기가 처리하지 않으면 직성이 풀리지 않는 거예요. 자기가 관여하고 정하고 알려주어야 돼요. 핵 엔지니어이자, 과학자 출신으로서 내가 잡고 내가 해야 된다고 생각했던 거예요. 레이건은 전혀 달랐죠. 레이건은 밤낮 미소가 가득하고 모든 걸 낙관적으로 보니 많은 사람들이 비웃기도 했지만 한편으로 우려도 했습니다. 당시 소련은 KGB 책임자였던 안드로포프가 서기장이 됐어요. 소련은 비밀경찰 두목이, 미국은 영화배우가 움직이니 이 세계를 어떻게 끌고 갈 거느냐 불안도 있었습니다. 그러나 레이건이 미국의 가장 위대한 대통령 순위에서 1위에서 4, 5위를 오갑니다. 조사기관에 따라 링컨, 워싱턴, 케네디, 루스벨트를 제치고 레이건이 1위가 될 때도 많아요. 취임할 때 그렇게 우려를 불러일으켰던 대통령이 퇴임 이후 미국 사람들로부터 존경받는 이유는 두 가지예요. 하나는 레이건은 영화인이다 보니 영화 세계와 정치 세계를 비교하면서 영화가 성공을 하려면 배역이 잘되어야 된다는 것이지요. 악한은 악역을 잘하는 사람을 뽑아야 되고 히어로는 또 히어로대로 그 역할을 잘 할 사람을 뽑아야 되고…

유창수: 배역을 잘 맡겨야 된다!

유종하: 네, 그러니까 미국이라는 큰 나라가 움직이는 데 영화로 치면 각 배역에 가장 알맞은 사람을 앉혀야 영화가 성공한다는 철학을 가지고 있는 거예요. 그러니까 국무장관, 재무장관 등 모든 장관직에 배역에 맞는 인물로 선정하고 최대 권한을 이임한 거예요.

유창수: 완전히 위임했네요.

유종하: 예. 그리곤 레이건은 국민들과 대화하는 거예요. 대통령은 주변에 영감(Inspiration)을 주면서 나무를 보지 않고 숲을 보고 정치를 하는 거죠. 항상 여유 있게 낙관주의(Optimism)로 풀어가니 미국이 잘 돌아가더라는 거예요. 냉전도 승리로 이끌었고요.

북 · 미 제네바 핵 협정과 김영삼의 분노

유창수: 로널드 레이건 대통령의 리더십 스타일과 1980년대의 국제 정세, 미 · 소 관계에 대해 좋은 말씀해 주셨습니다. 이어서 1990년대의 한 · 미 관계, 빌 클린턴 대통령 재임 당시의 미국 외교와 국제 정세 등에 대 해 들어보면서 국제정치를 공부하는 시간을 갖도록 하겠습니다.

빌 클린턴이 1993년 1월 취임 해서 1990년대 미국의 호황기를 이끌었습니다. 한국에서는 YS 정부와 5년, DJ와 정부 3년 정도 겹치는데 1994년 한 · 미 관계, 국제정세 등에 대해 들었으면 좋겠습니다.

유종하: 가장 중요한 사항은 김영삼 대통령이 취임하고 불과 한두 달 만에 북한이 핵비확산금지조약(NPT)의 탈퇴를 선언하면서 북학 핵 위기가 처음으로 발생한 거예요. 당시 중간선거를 앞두고 있던 클린턴 정부는 앞으로 NPT를 어떻게 처리할 거냐가 큰 외교적인 과제였습니다. 쉽게 말해서 탈냉전 시대에서 세계적인 핵무기 확산 방지가 미국 최우선 정책 하나였어요. 미국과 러시아는 더 이상 핵무기를 만들지 않지만 다른 나라들이 핵무기를 만들기 시작하면 세계 정세가 대단히 불안해지니 제3국의 핵무기 개발 방지가 필요했죠. 두 번째로는 NPT 준수였어요. 1970년에 UN 지원으로 출범한 NPT는 새로운 나라의 핵무기 개발을 방지하면서 기존의 핵 국가들이 핵 재료와 핵 기술을 핵을 평화적으로 이용하겠다는 국가에 제공함으로써 핵을 평화적으로 사용하자는 협정입니다. 1970년 출범하면서 25년간 NPT를 운영해 보고 수정할지, 폐기할지 아니면 영구 효력을 갖도록 할 건지 리뷰 컨퍼런스(Review Conference : 재검토회의)를 하도록 되어 있어요. 미국은 1995년 열리는 리뷰 컨퍼런스에서 NPT를 영구적인 법 제도로서 국제 사회에 정착시키는 것을 외교안보 정책의 최상위에 두고 있었죠. 그런데 1993년 3월 북한이 NPT에서 탈퇴하겠다고 하니 NPT 체제가 굉장한 위기를 맞은 것이죠.

유창수: 그렇죠. 좋지 않은 선례가 되는 거니까.

유종하: 미국으로서는 어떻게 하든지 북한을 설득해 NPT로 복귀시키고 리뷰 컨퍼런스에서 'NPT가 인류사회를 위해서 좋은 제도니까 계속 보존하자'는 결론을 유도해야 하는 상황이었습니다. 김영삼 대통령

이 2월에 취임했는데 3월에 북한이 NPT 탈퇴를 선언해서 UN 안전보장이사회가 이를 논의했어요. 그때 내가 UN 대사였는데 북한은 '미국이 원하면 협상하겠다. 남한이 껴서는 안 된다. 미국과 협상해서 원하는 것을 주면 NPT로 복귀하겠다'는 자세였죠. 이에 미국이 합의에 나서 타결된 것이 미ㆍ북한 제네바 핵 협정이에요.

유창수: 그렇죠. 1993년.

유종하: 영어로는 Agreed Framework입니다. 북한은 모든 합의를 일방적으로 그대로 수행하지 않고 미국이 한 스텝 가면 자기들도 한 스텝, 미국이 투 스텝 가면 투 스텝 가겠다고 주장합니다. 그래서 Agreement라 안 하고 Agreed framework가 된 것이죠. 또한 북한이 핵을 평화적으로 이용하기 위해 발전소를 만들어 달라고 요구해 경수로 2기를 지어주기로 한 거예요. 미국과 북한의 제네바 협정이 체결이 되면서 북한의 위상이 크게 올라갑니다. 남한은 협상에 참여하지도 못한 반면 북한은 미국과 단독 회담으로 50억 달러에 이르는 경수로와 경수로가 완공될 때까지 매년 10만 톤의 중유를 확보한 것이지요. 경수로 건설까지 매년 10만 톤의 중유도 확보했으니 북한은 외교적으로 성공적인 협정을 체결을 한 거예요. 북한은 미국과 협정을 했으니까 대한민국은 꺼져라는 식이었습니다. 그런 후 북한은 미국과 관계를 증진시키면서 휴전협정 무효화를 주장했어요. 휴전협정을 없애고 미국과의 평화협정체결을 요구하게 됩니다.

유창수: 북ㆍ미 간에?

유종하: 예. 북한은 제네바협의로 위상이 높아진 것을 이용해 남쪽은 발로 밟고 미국과 평화협정을 체결하기 위한 부수적인 조치로 휴전협정의 무효화를 노렸죠. 휴전선에 있는 팻말도 빼 버리고 공동경비구역에 박격포를 가져다놓고, 쉽게 말해 휴전협정은 끝났다는 것이었어요. 그러니 한국 정부의 입장이 대단히 곤란해졌지요. 북한과 미국이 합의해서 50억 달러짜리 경수로를 지어주는데 한국에서 35억 달러, 일본이 15억 달러를 내게 되었어요. 회담장에는 들어가지도 못했는데 회담에 따른 비용은 우리가 다 부담하는 상황이었어요. 북한은 미국과의 평화협정 체결을 위해 공세를 취하면서 판문점을 중심으로 휴전선 전체에 전쟁의 기운이 확 감돌기 시작합니다.

유창수: 1차 핵 협정 타결 이후 김일성 사망, 클린턴과 김영삼의 제주 정상회담 등이 이어집니다. 그 기간은 최근의 북핵 문제와 맞물려, 많은 뒷이야기를 남기고 있습니다.

유종하: 1993년에 핵 협정이 타결됐는데 그 직전 카터가 북한에 가서 김일성과 협의하고 돌아오면서 남한에 북한과 정상회담을 권했고 김영삼 대통령이 '좋다'고 했는데 1994년에 죽은 거예요. 김정일이 휴전협정 무효화를 주장하면서 미국과의 평화협정을 체결해야겠다며 치고 나옵니다. 그때 내가 청와대 안보수석이었는데 '아 이거 그냥 놔둬서는 대단히 어렵게 돌아가겠다'는 생각이 들더라고요. 북한이 평화협정을 체결한다고 하니까 대한민국도 협정을 하자고 제의할 수밖에 없었죠. 그리고 휴전협정을 평화협정으로 전환하는 데 대한민국이 주도권을 가져야한다고 생각했어요. 그래서 내가 미국과 접촉을 하는데 클린턴

대통령이 대선이 있는 1996년 일본을 방문을 하면서 한국은 안 온다는 거예요. 그러고는 일본 방문 이후 주요 8개국(G8) 정상회담이 열리는 모스크바로 바로 가겠다고 하더라고요. 미국 측 입장은 그 전에 르윈스키 스캔들이나 국내 문제로 일본에서 열린 APEC에 참석하지 못했으니 이번 기회에 일본을 방문하지만 대통령 선거의 해이니 한국까지 가기는 어렵다는 겁니다. 김영삼 대통령이 대단히 화가 났어요. 이건 잘못되었다는 거예요. 김 대통령은 클린턴이 한국에 오지도 않고 일본에서 한국 문제를 논의한다면 미국과 일본이 무슨 자격으로 거기서 한국 문제를 논의하느냐 공개적으로 공격하겠다는 것이었어요.

유창수: YS 스타일이네요.

유종하: 화가 단단히 났어요. 그래서 내가 백악관 안보보좌관인 앤서니 레이크에게 전화를 해서 "왜 이렇게 됐느냐"고 물었더니 자기는 한국에 가야 된다고 주장을 했는데 국내 팀(Domestic Team)이 선거 때문에 한국에는 갈 수 없다고 주장해 밀렸다고 그러더라고요. 국내 팀은 벌써 4월이라 빨리 국내로 복귀해 선거전에 나서야 하는데 한국에 가면 하루 이틀 더 걸릴 것이 아니냐, 그러니 이번에는 갈 수 없다고 결정했답니다. 안보팀은 노력을 다했지만 대선을 준비하는 국내 팀에 중과부적이라고 그러기에 내가 "그러면 안보수석인 당신이 와서 사정을 설명해라"고 말했죠.

유창수: 앤서니 레이크에게요?

유종하: 레이크는 "대통령이 유세 중에 한국에 가서 설명을 할 순 있겠지만 도움이 되겠느냐"고 하기에 "안 오는 거보단 낫다. 오라"고 그랬어요. 클린턴이 캘리포니아로 일주일간 선거 유세 나간 사이에 레이크가 한국에 왔어요. 내가 공항에서 레이크를 만나서 바로 제주도로 데려갔어요. 경호원 2명과 함께 온 레이크를 제주도로 데려가서 이틀 밤을 함께 지냈어요. 내가 제주도로 데려간 이유는 '클린턴이 서울에 못오면 제주도라도 오라'는 거였어요. 김영삼 대통령이 제주도로 가서 의전 행사를 약식으로 진행하고 두 정상이 오찬 정도 하고 떠나면 되지 않느냐고 생각했지요. 제주도에는 정상들도 많이 가니 김 대통령과 클린턴이 둘이 얘기하면 우리 국민이 보기에 좋고 해서 레이크에게 의논도 안 하고 그냥 신라호텔로 데려간 거예요.

유창수: 제주 신라호텔로요.

제주 정상회담과 4자 회담 제안

유종하: 예. 이틀 동안 여러 얘기를 하고는 서울 돌아와서 오후 4시에 대통령을 만나기로 했는데 1시에 레이크가 내게 전화를 걸어 대통령과의 면담이 취소되었다고 연락이 왔다는 거예요. 내게는 알리지 않고 청와대 경호원을 통해 면담 취소를 전했더라고요. 내가 대통령한테 올라가서 이야기를 했죠.

"각하, 면담이 취소됐다고 그러는데 각하께서 뭐 알고 계십니까?"

"내가 취소하라고 했어."

"왜 취소하셨습니까?"

"아니 말이야 그 친구가 와서 설명은 하겠지만 내가 기분이 안 좋잖아. 그러면 내가 그 친구에게 욕 좀 할 텐데 욕하면 클린턴한테 가서 욕한 거 전할 테고, 뭐 도움 되겠어? 그러니까 여기 안 오고 그냥 가는 게 낫지."

"각하, 클린턴 대통령의 안보보좌관이 클린턴의 메시지를 들고 한국에 왔는데 각하가 만약에 안 본다 하면 내일 아침에 주먹만 한 헤드라인이 나올 거고, 각하와 클린턴이 전쟁상태에 들어갔다고 나올 텐데 그게 도움이 되겠습니까? 그 왜 그렇게 하십니까?"라고 정색을 하고 말했지.

"아니 내가 가만히 생각을 해보니 그 친구 볼 생각이 없어."

"각하, 그건 안 됩니다. 국제관례에도 안 맞고 미국에서 멀리 왔는데 이러시면 각하도 뒷감당하지 못합니다. 그러니까 욕하십시오. 욕하는 거는 두 사람만 알면 되니까 얼마든지 욕하십시오. 그러나 레이크는 내가 오라고 해서 왔으니까 레이크를 데려 오겠습니다."라고 강하게 나갔지.

"오오, 하지 마."

"각하 저는 각하 말씀을 못 듣겠습니다. 이건 저한테 맡기십시오."하고 나왔어요.

레이크를 3시에 먼저 내 사무실에서 만나서 "대통령이 지금 대단히 화가 났으니 당신이 잘 핸들해야 한다. 안 그러면 다혈질인 김영삼 대통령은 목소리 높인다"고 그랬더니 "I'll handle it."이라고 하더라고요. 레이크가 4시에 대통령에게 가서 클린턴 대통령의 정중한 인사를 전하고는 "제가 클린턴 대통령을 4년간 모시고 있습니다. 대통령에게 제일 중요한 것은 시간입니다. 그 시간을 저에게 할애해 주신데 대하여 먼저 감사를 드립니다. 클린턴 대통령이 각하를 어떻게 생각하는지 제가 이야기를 해 드리겠습니다. 제가 클린턴 대통령의 정상회담에 매번 배석하는데 이때 클린턴 대통령은 꼭 두 사람을 이야기합니다. 한 사람은 남아프리카공화국의 넬슨 만델라이고, 또 한 사람은 한국의 김영삼 대통령입니다. 한평생을 민주주의를 위해서 희생한 두 분은 지금 민주주의를 다시 살리기 위해서 일을 잘하고 계시고 있어 정상으로서 참본을 볼 수 있는 사람은 넬슨 만델라하고 한국의 김영삼 대통령입니다"라고 했더니 김영삼 대통령의 입가에 미소가 오더니 대통령의 태도가 확 달라졌어요. 그래가지고 나머지 얘기가 잘 되었어요.

그날 내가 떠나는 레이크에게 노트를 전해 주었어. 노트에는 '클린턴 대통령이 한국에 오면 김영삼 대통령과 만나 제주도에서 4자회담을 제의하면 좋겠다. 클린턴 대통령이 대선을 치러야 되니 한국에 와서 북한에 평화 제안(Peace proposal)을 하면 대선에 도움이 될 수 있다. 북한이 제안에 응하면 더욱 도움이 되고 만약 클린턴 대통령이 한국에 안 오고 일본만 방문했는데 북한에서 이상한 사태가 발생하면 미국 언론과 조야에서 한반도가 이렇게 위태로운 상황에서 일본까지 갔다가 미군이 주둔하고 있는 한국에 가보지도 않고 어디를 갔느냐고 비난받을 수 있다'는 나의 복안을 적어 두었어요. 내가 이런 얘기를 한 거는 레이크가 한국 오기 전에 본 CIA 보고서를 받아보니 북한이 기근으로 어마어마한 사람이 죽고 대난리가 났다는 내용이 있었어요. 1996년 수백만 명이 죽는다는 거죠. 그가 비행기 안에서 본 보고서를 나에게 주기에 읽어 보니 북한이 대단히 위태로운 상황이라는 거예요. 그래서 "이 봐라. 북한에 무슨 사태가 나고 일본에 왔던 클린턴이 왜 한국을 그냥 지나쳤냐고 할 거 아니냐. 그러니 그런 위험성도 방지하고, 와서 평화 제 안도 하라. 북한을 참석하도록 하는 건 내가 할 것이다"고 하니 나보고 "북한을 참석시키는데 무슨 묘안이 있느냐"고 묻기에 "쌀 준다고 하면 되는 거다. 가난해서 죽으려고 하는데 쌀 준다 하면 안 오겠나"고 그랬 죠. 한 열흘쯤 뒤 레이크로 부터 "클린턴이 당신 제안 수락했다"는 전 화가 왔어요. 이런저런 우여곡절 끝에 클린턴과 제주도에서 정상회담 을 하고 4자회담을 제의했습니다. 우리 땅에서 김영삼 대통령 주도로 서 클린턴과 정상회담 할 때 내가 레이크에게 "북한이 한국을 빼고 미 국과 협상하려는데 그것을 막아야 한다"고 했죠. 그래서 '한국의 평화 와 미래는 한국이 주도하고 미국은 지원하는 역할을 한다. 미국은 북 한과 직접 협상하지 않겠다'고 못 박게 됩니다.

유창수: 한국이 주도적 역할을 해야 되고 북·미 간에 직접 협상을 안 하겠다는 거군요.

유종하: 그는 내가 하자는 대로 일단 긍정적으로 생각합니다. 그때 백 악관 비밀경찰 15명이 선발대로 왔는데 계속 골프장에서 세월을 보내 고 있었어요. 2주 전에 와서 노상 골프장에서 골프나 치고 있기에 선발 대가 할 일이 그리 없나 했는데 알고 보니 클린턴이 제주에서 골프를 치려고 했다는 거예요.

　레이니 대사와 레이크가 대선을 앞두고 한국에서 골프 친 게 알려 지면 곤란하다고 말렸어요. 그런데 클린턴은 멀리 왔는데 골프를 쳐 야 될 거 아니냐고…. 그래서 4자회담이 열리게 되죠. 그러면서 우 리가 북한에 대한 주도권을 잡은 거죠. 북한에서는 '4자회담이 뭐 하는 거냐, 말 들어 보니 식량도 준다고 하는데' 이런 식으로 나오기에 예비 회담에 오면 우리가 잘 설명해 주겠다고 했죠. 그 당시 자기들이 대단히 어려운 때니까 4자회담이 잘됐어요. 김대중 대통령까지도 이 회담이 계속 진행이 됐는데, 김대중 대통령이 4자회담보다는 내가 김정일과 직접 만나서 해야 되겠다 해서 4자회담을 중단시킨 거예요. 따라서 4자회담은 이론적으로는 아직도 살아 있는 거예요.

유창수: 후에 클린턴은 국무장관 울브라이트를 북한에 보냈었죠. 그 이유가 무엇인가요?

유종하: 클린턴이 한국에 대해서 관심을 갖고 마지막에는 국무장관 올브라이트를 북한에 보냈어요. 김정일을 만나고 자기도 한 번 오겠다고 한 거죠. 그런데 2000년 조지 부시가 당선되고 나서 이를 막았어요.

암튼 당시 클린턴은 김영삼 대통령을 간단히 볼 인물이 아니구나라고 인식을 고쳤어요. 김영삼 대통령과는 어려운 경우가 많았음에도 불구하고 잘 지냈습니다. 한번은 김영삼 대통령이 뉴욕에 연설하러 갔는데 마침 클린턴 대통령도 뉴욕에 와서 연설을 하기로 예정되었는데 이때 한국 대통령을 못 만나겠다고 하더라고요. 한국 대통령만 못 만나는 게 아니고 어떤 대통령도 만나지 못하겠다는 거예요. 일정이 3일이나 겹치는데 못 만나면 한국 국민은 이것이 어떻게 된 거냐 의아해 할 거 아니겠어요.

유창수: 그렇죠. 신문에도 나오고.

유종하: 우리가 비선을 통해 이유를 알아 봤더니 르윈스키 스캔들 때문이었어요. 정상들이 만나서 기자회견을 하면 르윈스키에 대한 질문이 나올 텐데 답변하기가 대단히 곤란하기 때문에 어떤 정상하고도 못 만난다는 것이었어요.

유창수: 그렇죠, 그게 1997년이죠.

유종하: 그래서 내가 제의를 했어요. 비공식 회담형식으로 기자회견 하지 않고 사진 찍어 기자들에게 주기만 하자. 클린턴 쪽에서 동의해서 기자회견 안 하고 정상회담을 했지요. 클린턴과 김영삼 대통령은 아주 잘 지냈어요.

한 · 미 대통령의 스타일

유창수: 마지막 질문 드리겠습니다, 장관님. 청와대 외교안보 수석으로서, 외무부 장관으로서 빌 클린턴은 어떤 외교 스타일의 대통령이라고 보셨습니까?

유종하: 클린턴 대통령은 일단 머리가 좋아요. 그리고 외교에 적극적이고, 협상(Negotiation)을 원하는 스타일이에요. 둘째는 대통령으로서 굉장히 소탈해요. 카터 대통령이 박정희 대통령과 만났을 때에는 카터의 얼굴이 붉으락푸르락했어요. 대한민국 대통령이 나한테 설교할 수 있느냐는 거였죠. 클린턴 대통령과 김영삼 대통령도 상당히 좀 격한 반

응을 보인 경우가 몇 번 있었어요.

유창수: 면전에서요?

유종하: 예. 미국이 북한과 합의를 하고는 우리한테는 이야기를 안 해 주는 거예요. 우리와 협의하지 않고 북한에 양보를 하고는 나중에 할 수 없이 털어 놓으니 김영삼 대통령이 화가 났죠. 김영삼 대통령이 만나자마자 조금도 자제함이 없이 면전에 대고 그냥….

유창수: 하고 싶은 말씀을 다….

유종하: 클린턴 대통령은 김영삼 대통령이 큰 소리 치는데도 가만히 듣고 있어요. 우리가 볼 때는 딱 일어설 것 같았는데 정말 대단한 인내력이 있다라는 생각이 들더라고요. 클린턴이 다음 일정 때문이라며 그냥 일어서 버리면 끝인데, 그렇게 안 하더라고요.

유창수: 젊은 클린턴 대통령이….

유종하: 나도 그런 부분에 대해 대통령에게 우려를 표명했었어요. 그 후 내가 레이니 주한 미국대사에게 클린턴이 김영삼 대통령에 대해 뭐라고 했는지 물어봤어요. 레이니는 "클린턴이 김영삼 대통령은 한평생 야당으로서 투쟁해 왔기 때문에 싸우는 게 몸에 배어 있다. 그래서 우리가 이해할 수밖에 없다"고 했다는 거예요. 당시 클린턴을 가까이서 보면 젊고 잘생기고….

유창수: 그렇죠. 40대 중후반이었으니.

유종하: 아주 매력 있는 사람이에요. 인내력이 대단해요. 그래서 대통령감이라는 생각이 들더라고요.

2016년 미국 대선의 관점

유창수: 2016년 미국 대선에 대해 말씀을 나눠 보도록 하겠습니다. 장관님, 미국 대통령 선거가 얼마 남지 않았는데 누가 당선이 될 것으로 보십니까? 그리고 트럼프가 됐을 때, 클린턴이 됐을 때 한·미 관계와 국제 정세에 어떤 영향을 미칠지 말씀해주시면 도움이 될 것 같습니다.

유종하: 트럼프가 무슬림, 멕시코와의 관계에 대해 막말을 하고, 한국이 주한 미군 방위비를 충분히 부담하지 않으면 미군을 철수시키겠다고 이야기하는 것은 참 이례적인 건데요. 그러나 정치학적으로 분석을 한다면 밖에서 보는 인상과는 조금 다르다고 봅니다. 표현은 정제되지 않았지만 트럼프가 하는 이야기를 많은 미국 국민들이 따르는 것은 이들이 트럼프와 같은 생각을 하고 있다는 것을 우리가 인정해야 된다는 거예요. 트럼프가 한국이 핵 무장을 하는 거는 상관없다, 김정은은 매니악이지만 협상할 것이라는 등의 이야기를 했다고 해요. 그런 이야기들을 정치학적으로 정제해서 보면, 미국에서 많은 사람들이 과거부터 그와 유사한 생각을 하고 있다는….

유창수: 긴 이야기죠.

유종하: 긴 얘기지만 아이젠하워 대통령이 한국에서 전쟁을 끝내겠다고 하고, 닉슨과 카터 대통령이 미군을 철수시킨다고 하는 등 많은 사람이 유사한 말들을 했어요. 이는 미국 사람들이 한국을 부담으로 생각하고 한국의 방위에 대해서 자기네들이 무슨 큰 책임이 있느냐고 생각하고 있다는 겁니다. 트럼프가 대통령으로 당선되더라도 전문가들과 의논을 거치면서 자기 생각대로 안 되겠지만 그러한 생각이 어떤 방식으로든 정책에 표출되고 반영될 것입니다. 지금 나오는 이야기들은 외교적인 딜을 하기 위해 사전의 선수를 쓰는 것처럼 보여요. 이를 통해 앞으로 100%를 못 받더라도 지금 우리가 50% 정도 내니까 75%라도 받으려고 하는 거 같고 핵 무장 허용 발언은 미국 내 전문가들의 견해로 볼 때 허용이 안 될 거예요.

유창수: 네, 있을 수가 없는….

유종하: 한국과 여러 나라들이 핵 무장 하는 게 미국 안보의 근본을 흔드는 건데…. 말은 그렇게 해도 나중에는 실현이 안 될 걸로 봅니다. 김정은과 협상하겠다는 거는 뭐 협상할 수도 있는 거죠. 한국의 많은 사람들이 이렇게 정제되지 않은 엉터리 같은 말을 하는 사람이 어떻게 대통령이 되겠느냐, 대통령이 되기 힘들 것이라고 생각하고 있어요. 또 공화당 내부에서도 반발하는 사람이 많지만 이 부분은 좀 현실적으로 봐야 돼요. 앞서 우리가 말했지만 레이건 대통령이 재선했고 그 다음에 아버지 부시 대통령까지 세 번 공화당 정부가 됐는데….

유창수: 그렇죠, 세 번 연임을 했죠.

유종하: 부시가 클린턴에게 졌어요. 미국의 대선을 보면 대개 두 번 하면 바뀌고 세 번 하는 것은 거의 유례가 없어요. 이런 흐름으로 볼 때는 오바마 대통령이 지금 두 번 했는데 힐러리가 승리해 네 번 할 수 있겠느냐 하는 것은 미국 국민의 입장에서 볼 때 매력이 떨어지는 선택이에요.

유창수: 네, 가능성이….

유종하: 지금 미국이 대외적으로 처해 있는 입장을 보면 상당히 문제가 적어요. 방위력도 세계 최고고 자기한테 맞서는 적수도 나와 있지 않고.

유종하: 이젠 미국이 중동 오일 때문에 밖으로 나갈 이유도 별로 없는 거예요. 경제도 뭐 좋다 나쁘다 하지만 그래도 경제가 어느 정도 잘되니까 오바마 대통령이 두 번 하는 거 아니에요. 지금 미국의 일반적인 정서를 볼 때 미국이 아주 위기에 처해 있다, 대단히 경험이 있는 대통령을 뽑아야 되겠다는 인식이 상당히 결여되어 있다고 봐요. 큰 흐름이 대통령을 두 번 하면 다른 당으로 바뀌는데 트럼프처럼 워싱턴 밖에 있는 사람이 워싱턴으로 가면 내부 메커니즘에 의거해서 마음대로 움직이지 못합니다. 아래 관료들도 있고 상하 양원도 있잖아요.

유창수: 국무부, 국방부….

유종하: 네. 선거는 인기투표니까 알 수 없는 거예요. 힐러리 클린턴의 인기가 뛰어난 건 아니고, 그것도 남편 보고 하는 거 아니겠어요. 남편 이 그동안 잘했으니까.

유창수: 그렇죠. 인기가 좋았으니까.

유종하: 그래서 미국 정치가 상당히 이변적이라는 것을 우리가 항상 인 지하고 있어야 한다고 봅니다. 오바마 내외가 모두 흑인인데 오바마가 미국 대통령이 된다고 누가 생각했겠어요?

유창수: 그렇죠, 2008년에.

유종하: 그런데 매케인보다는 훨씬 낫겠다 해서 뽑은 거거든요. 앞으로 11월까지 매일 쇼를 연거푸 할 텐데.

유창수: TV 토론회도 하고.

유종하: 쇼에서 어떤 변화가 일어날지 우리가 희망하는 대로(wishful thinking)으로 바라볼 거는 아니라고 봐요. 트럼프가 될 가능성도 상당 히 존재하니 트럼프의 당선에 대한 대비를 해 놓아야겠죠. 과거에는 정치 세력이 유력 주자를 내세워서 킹 메이킹(King making) 하는 구조였 지만 지금은 얼굴의 주름살까지 그대로 드러내고 안방에 들어가는 텔 레비전 시대, 인터넷 시대가 되었으니 유권자들이 '저 사람 싫다' 하 면 킹메이커가 중간서 아무리 분칠하고 해도 안 된다고요. 그래서 미

국 대선이나 한국 대선도 생각 밖의 요소가 짧은 시간 내에 들어와서 작용할 가능성이 상당히 높다고 봐요. 한국과 관련돼 트럼프의 정책은 지금 말 그대로는 안 될 것이고 네고를 시작할 거 아니겠느냐고 봅니다. 미국 사람들이 트럼프를 좋아하는 걸 진짜로 이해하지 못하겠다는 사람들이 많아요. 밖의 사람도 이해하지 못하는 게 많지만 미국 사람 자신도 이해 못할 거란 말이에요. 얼마 전만 하더라도 흑인 대통령을 상상조차 못했는데 대통령 되고 나니 잘하잖아요. 그래서 이변이 일어날 수 있는 상황이라고 봐야 될 것 같아요. 트럼프의 문제는 상대방 힐러리가 아니라 자기 자신의 발언으로 인한 자살꼴형의 발언이 더 큰 역할을 하고 있어요.

미 · 중 관계와 한국의 균형정책

유창수: 마지막으로 질문 한 가지 더 하겠습니다. 지금 우리 한국은 21세기 초강대국인 미국과 중국에서 끼어 있다고 이야기합니다. 또한 미국은 우리의 전통적인 우방이니까 미국과 더 가깝게 지내야 된다, 우리나라는 수출을 비롯해 경제 분야에서 중국에 의지하고 있고 앞으로 이런 추세가 지속될 테니 중국과 더 잘 지내야 된다, 우리는 양쪽과 5대 5 정도의 밸런스 외교를 해야 된다 등 국내에서 여러 이견이 나오고 있습니다. 그리고 국제정치학에서 중국과 미국의 파워 경쟁입니다. 파워란 게 경제력, 군사력, 소프트파워 모든 것을 종합하는 국력을 말하는데 앞으로 30~50년 내에 중국 국력이 미국을 능가하게 될 것이냐 말 것이냐에 대해 여러 가지 논란이 있습니다. 미 · 중 관계가 앞으로

펼쳐질지, 한국에서 취해야 될 스탠스에 대해 말씀해주시면 도움이 많이 될 것 같습니다.

유종하: 중국이 성장하고 큰다고 하더라도 지금 40~50대가 살아 있는 동안에는 저울이 안 바뀔 거라고 봐요.

유창수: 지금과 큰 변화는 없을 거다.

유종하: 양이 아무리 늘어난다고 하더라도 질을 못 당해요. 지금 중국은 빌 게이츠 같은 사람이 나타나서 전 세계를 잡고 할 수도 없고, 또 세계를 장악하는 거는 군사력이거든요. 군사력 플러스 과학력이에요. 내가 보기에 중국이 군사력 플러스 과학력으로 미국을 능가하는 거는 앞으로 20년 안에는 안 될 거예요. 그리고 인간 사회는 전부 피라미드식으로 되어 있어요. 교회도, 군대도, 정부도 다 한 사람에 의해 움직이거든요. 인간 사회의 리더는 한 사람이에요. 둘이 되는 경우가 참 드물어요. 키신저는 세력균형(Balance of Power)으로 인해 유럽에서 평화가 오래 유지됐다고 하지만 긴 인류 역사를 보면 다 힘센 사람이 제일 꼭대기에 있고 그 밑에는 수가 아무리 많아도 소용없어요. 중국이 미국 수준의 과학력과 국사력을 가지려면 20년 내에는 힘들다고 봅니다. 그러나 우리는 미국에 너무 의존해 있어요.

　미국 역사를 쭉 보면 미국은 한국이 필요할 때는 필요하지만 필요 없을 때는 전혀 필요 없죠. 그런데 우리는 완전히 미국에 매달려 있거든요. 미국의 그늘에서 나와야 돼요. 생각 자체가 미국 그늘에서 나와야지 자기의 할 일을 한다고요. 둘째는 미국과 중국 사이에서 한쪽을 선택해야 한다는 것은 아닌 거 같아요. 특히 북한으로 인해 미국도 중요하지만 중국도 압도적으로 중요해요. 중국이 훼방 놓으면 남북관계도 그렇고 북한 핵도 해결할 수 없고, 통일도 안 된다고요. 이것들을 우리가 미국 사람들한테 설명해야 돼요. 한국은 이제 충분히 컸다고 봐야 돼요. 그러니 미국에 너무 의존해서 할 것은 없죠. 그러나 한국이 이렇게 크고 잘된 거는 미국 때문이에요. 주한 미군이 북한의 전쟁을 방지했다는 것에 그치지 않고 한국 사람들이 미국에 가서 공부하고 미국 시스템을 배우고 미국과 함께하면서 소위 오리엔탈 퀄리티(Oriental quality)와 웨스턴 퀄리티(Western quality)에 일종의 좋은 조합(Combination)을 가져온 거예요. 그렇기 때문에 우리가 앞으로 일본, 중국보다도 성공할 가능성이 있어요. K팝을 보면 할리우드의 영향이 컸어요. 한국 사람이 끼가 있거든, 노래 부르고 춤추고 하는 데 끼가 있으니까 중국도 좋아하고 태국도 좋아하는 거예요. 일본 사람들도 한국 싫다고 하면서도 우리나라 걸그룹이 가면 7시간 만에 4만 장의 표가 팔린다고요.

유창수: 네, 맞습니다.

유종하: 영화나 이런 거 보면 우리가 일본보다 훨씬 앞서요. 많은 부분 할리우드 덕분이죠. 한 50년 동안 미국과 한솥밥 먹는 동안 우리가 웨스턴 퀄리티를 많이 접해서 동양 사람보다는 조금 나은 수준의 발전력을 가진 거예요. 그렇지만 중국과는 아주 각별히 잘 지내야 돼요. 내가 앞서 레이크 이야기 했었죠. 나와 이틀 동안 아무것도 안 하고 둘이 지냈어요. 아침 먹고 이 얘기 하고 저녁 먹고 저 얘기 하고 다 얘기 했어요. 이 사람이 계속 묻는 게 뭐냐 하면 중국을 어떻게 하면 되느냐, 한

국과는 어떤 관계냐, 우리가 볼 때는 일본과 한국이 미국 편이 되고 중국을 좀 견제해야 안 되겠냐는 거예요. 그래서 내가 "당신 정신 바짝 차려라. 한국 사람이 100명에게 묻더라도 중국을 택하지 일본은 안 택한다. 그러니까 당신들이 한국과 일본을 붙이려고 애를 쓰면 쓸수록 실패한다. 둘째는 중국은 힘은 없고 미국이 힘 있다는 걸 알지만 북한 때문에 우리는 중국을 절대로 적대시할 수 없다. 그러니까 우리의 역할은 미국과 중국 중 어느 한쪽에 끼는가 하는 게 아니고 되도록이면 둘의 대화를 도와주는 것이고, 그것이 우리 한국의 임무"라고 말해 주었죠. 그러니까 레이크가 알아듣겠다고 하더라고요. 그런데 미국도 갈루치가 북한과 협상했지만 엉터리거든요. 형편없는 협정을 했단 말이에요.

유창수: 로버트 갈루치, 정말 최악의 협상이었습니다.

유종하: 그런데 우리가 그 협상을 멀리서 보고 곁방에서 그냥 얘기만 듣고 했단 말이에요. 그래서 내가 김영삼 대통령에게 "미국까지 북한에서 하자는 대로 다 하면 우리는 뭐 할 거냐. 한반도 비핵화도 옛날에 하기로 했는데, 그거 하나도 안 살리고…"라고 했죠. 그랬더니 김 대통령이 내 말이 옳다며 당시 한승수 외무장관과 내가 사이가 안 좋게 되는 원인이 됩니다. 그래서 내가 장관 된 거예요.

유창수: 장관님, 여러 얘기해 주셨는데 정말 감사드립니다.

대담

이채진

(미국 클레어몬트 맥켄나대학 명예교수)

미국 대선과 동북아 정세

미국에서 50년간 대통령 선거를 지켜본 이채진 교수는 "미국 대선 후보들의 선거 공약을 그냥 분석하고 지나쳐선 안된다. 대통령이 되거나, 후임 대통령들이 그 선거공약을 정책에 올린 사례가 많다"고 강조한다. "카터의 미군 철수 공약을 선거의 한 전략이라고 봤지만 실제 철군 결정을 내렸고, 부시나 클린턴도 한반도 정책이 절차상 차이가 있지만 본질적인 차이는 없다"는 게 이 교수의 진단이다. 부시 정부 출범 이후 북한을 악의 축으로 규정하고 관계 악화가 그 증거라는 것.

이번 대담에서 이채진 교수는 미국 대선 후보들의 한·중·일 관련 언급을 분석하고, 향후 어느 후보가 당선돼도, 변화는 불가피하다고 지적했다.

이채진
서울대 정치학과를 졸업, UCLA에서 정치학 석사와 박사학위를 취득했다. 그는 미국외교정책과 동아시아(한국·중국·일본)의 전문가로 널리 알려져 있다. 지난 50년 동안 워싱턴의 캔자스 대학, 샌디에이고 캘리포니아대학, 클레어몬트 맥겐나대학, 미국 육군참모대학 등에서 교수로 근무했다. 캔자스대에서는 문리과대학 부학장 및 동아시아연구소장, 캘리포니아 롱비치대에서는 사회과학대학장, 클레어몬트대에서는 국제전략문제연구소장을 역임했다. 주요 저서로는 《A Troubled Peoce: U.S. Policy and Two Koreas》《China and Korea: Dynamic Relations, U.S. Policy toward Japan and Korea》《China's Korean Minority》《Zhou Enlai》《Japan Faces China》 《China and Japan》등 있고 동아시아에 관한 13권의 책을 편집, 100여 편의 학술논문을 출판했다. 현재 주요 아시아관련 학술 저널의 편집위원으로 활동하고 있다.

유창수: 미국에 정치학 교수님들이 많지만 한국계 미국인, Korean American 교포 교수님 중에서 가장 유명한 분이 이채진 교수님입니다. 현재 CMC, 클레몬트 맥켄나 칼리지에서 수십 년간 교수로 재직하고 계십니다. 미국에서 몇 년간 계셨죠?

이채진: 55년간 교수로 있었습니다.

8년 집권하면 국민들은 권태감 느껴

유창수: 인생의 많은 부분을 미국에 계셨고 정치학 분야에서 중국과 일본, 미국과의 관계, 특별히 중국 정치에 정통하신 교수님이어서 모시게 됐습니다. 현대 미국 대통령 선거의 분기점이라고 할 수 있는 1960년 선거 이후 14번의 대선이 있었는데 그 역사를 한번 살펴보겠습니다. 14번의 대선에서 공화당이 7번, 민주당이 7번 승리했습니다. 거의 절반인데 미국 국민들이 지혜로운 선택을 했다고 봐야 되나요?

이채진: 양당 제도가 자리 잡은 미국에서 특정 정당이 8년간 집권하게 되면 국민들이 어느 정도 권태를 느끼는 것 같습니다. 집권이 길어지면 다른 당으로 교체해 보자는 정서로 인해 장기 집권하기 힘들죠. 둘째는 패배한 당에서는 다음 선거 승리를 위해 개혁도 하고 세력을 정비하니 이길 가능성이 생기죠. 국민적 입장에서 보면 장기집권은 좀 지루하니까 다른 당에서 대통령이 나오기를 바란다는 것이고, 승리한 정당에서는 안이하게 대처하는 경향이 있는 반면 실패한 정당에서

는 더욱 노력해서 다음 선거에서는 판이 바뀌는 것이요. 그러나 미국의 민주당과 공화당은 차이점보다는 공통점이 더 많지요. 유럽이나 일본 등 다른 민주 국가에 비해서 미국의 정당 제도는 안정화되어 있습니다. 양당 제도이긴 하지만 공유하는 분야가 많아 대통령이 바뀐다고 하더라도 미국 정치의 핵이 혁명적으로 바뀌진 않기 때문에 정책의 안정성, 지속성이 유지되는 것 같습니다.

유창수: 미국은 양당제라서 예측 가능하고, 정치 이념이나 정책이 극단적으로 가기 보다는 중도적으로 많이 집결된다고 말씀하셨는데 2000년 조지 W. 부시 대통령이 당선된 이후 다소 달라지는 듯합니다. 미국 정계에서 점점 정치 이념과 정책적으로 양극화(Polarization) 되고, 중도층 정치인들이 점점 줄어들어 당파적인(Partisan) 정치가 이뤄지는 것 같습니다. 오바마 대통령의 사례에서 보듯 되는 것도 없고 안 되는 것도 없는, 일을 잘할 수 없는 정치의 극단화를 많이 비판하곤 합니다. 특히 근래 들어 정치적인 극단화가 가속화되고 있는 이유는 무엇이라고 보십니까?

이채진: 아들 부시 대통령의 국방부 장관이었던 로버트 게이츠와 이야기도 나누고 그의 강연도 경청했습니다. CIA 국장 등 많은 행정 경험을 쌓은 게이츠도 유 소장님의 말씀과 비슷한 이야기를 하더군요. 게이츠는 오바마 행정부에서도 국방부 장관으로 계속 있다가 2012년에 그만두게 됐습니다. 자의인지, 타의인지는 모르겠습니다만 게이츠가 그만둔 이유 중 하나도 지금 지적하신 그 문제예요. 게이츠는 "특히 공화당의 경우 더 극단적으로 가고 있다. 과거에는 민주당과 공화당 사

이에 타협과 협상을 하면서 온건한 측면이 많이 있었는데, 극단적인 양극화가 되니까 정치를 한다는 것이 너무 부담이 많고 또 어떤 의미에서는 재미가 없어 국방부 장관직 자리에서 물러났다"고 그러더라고요. 이게 미국의 불행한 현실인 것 같습니다. 온건파(moderate) 정치인들이 줄어드는 반면 진보 진영이든 보수 진영이든 극단적인 사람들의 목성이 높아지고 숫자가 늘어나면서 미국 정치에서 타협의 묘미를 찾아보기 어려워졌습니다. 어떤 의미에서는 미국 사회와 경제 자체에 내포되어 있는 모순과 대립이 정치적으로 반영된 것이라고 볼 수 있습니다. 예를 들어 극단적인 우파 공화당 의원들이 당선되는 것을 보면 선거에 참여하는 미국 국민들의 성향이 지난 10년 동안 상당히 양극화된 게 아닌가 생각을 합니다.

유창수: 교수님 말씀에 제 의견을 더해 보겠습니다. 1980년대 이전의 미국은 영어로 이야기하면 호모지니어스(Homogeneous), 백인이 인구의 80%를 차지하고 경제성장률이 꽤 높았던 시대였습니다. 그런데 아시아와 히스패닉계 이민의 급증으로 소수 민족이 늘어나면서 인종적으로 갈등 요인이 많아진 것도 요인 중 하나라고 볼 수 있습니다. 두 번째로는 말씀하셨듯이 저경제 성장이 계층 간의 양극화를 야기했다고 생각합니다. 특히 2008년 금융위기 이후 가속화되었지요. 또한 선거 과정에서 자기의 텃밭을 지키기 위해 극단으로 치우치는 현상도 영향을 미쳤다고 봅니다.

이채진: 말씀 잘하셨습니다. 하나 부가한다면 냉전 시기에는 민주당과 공화당 간에 대외정책에 대한 합의점이 어느 정도 존재했다고 생각

합니다. 소련이라는 거대한 나라와 싸워야 하고 공산주의에 반대하니 민주당과 공화당 사이에 별다른 이견이 없었어요. 외교정책을 추진함에 있어서 공통 분모가 있었다는 것은 중요하지요. 그러나 소련을 비롯한 동유럽 공산권이 붕괴함에 따라 미국 사회에 대한 공산주의의 외교적인 도전이 크게 위축되면서 미국은 국내 정치적으로 훨씬 더 어려운 상황에 직면하게 됩니다. 일반적으로 미국 경제가 연간 2%, 3% 상승하고 실업률이 10여%에서 4~5%로 내려간다고 하더라도 국민들이 체감하는 경제 상황은 과거 10년에 비해서 상대적으로 부진하다고 인식하게 됩니다. 이와 같은 상대적인 경제적 박탈감을 정치적으로 이용하기 때문에 더 극단적인 정책이 나온다는 생각이 듭니다.

유창수: 지난 52년간 미국 대선에서 정확하게 공화당과 민주당이 반반씩 가졌다고 말씀드렸는데 재선에서 승리한 대통령은 5명뿐입니다. 닉슨 대통령이 중도에 하야했기 때문에 사실상 네 분만 연임에 성공해서 인기가 있든 없든 8년을 채운 것에 비춰 볼 때 미국이나 우리나라나 대통령이 되기가 쉽지 않다고 느껴요. 훌륭한 치적을 쌓은 뒤 연임을 끝내고 좋은 평가를 받는 대통령은 얼마 없는데 1960년대 이후로 하야한 닉슨을 제외하고 재선에 성공한 대통령은 로널드 레이건, 빌 클린턴, 조지 W. 부시, 버락 오바마 대통령입니다. 네 분 중 교수님이 보셨을 때 국민들이 존경하고 양당에서도 어느 정도 치적을 인정해주는 대통령을 민주당 1명, 공화당 1명씩 말씀해 주시겠습니까?

이채진: 단적으로 이야기하기는 힘들지만 미국 국민들이 가장 존경한다고 생각하는 전직 대통령은 레이건입니다. 캘리포니아 주지사를 오

래 했고 배우 출신으로 말도 잘하는 레이건이 1980년 대통령에 당선될 때는 극단적인 우익 정치인이었어요. 1981년 취임 당시의 미국은 경제 사정도 나빴고 이란 문제 등 여러 면에서 위기 상황이었죠. 이 같은 상황 속에서 레이건은 국내적으로 미국 국민들을 안정시키고 편안하게 만드는 정책을 썼고, 대외적으로는 소련과의 경쟁을 통해 소련의 붕괴를 유도하는 정책을 전개합니다. 결과적으로 경제도 어느 정도 향상되었고 대외 정책에서도 성공했다는 평가를 받고 있지요. 클린턴 대통령의 경우 경제 회복이 최대의 치적이라고 할 수 있지요.

유창수: 1990년대 8년 동안이 최대 호황이었죠.

이채진: 그렇기 때문에 불미스러운 사건도 일어나고….

유창수: 모니카 르윈스키였죠.

이채진: 르윈스키 스캔들에도 불구하고 현재 여론조사를 해 보면 클린턴이 아주 성공적인 대통령이라는 응답이 나옵니다. 공화당에선 레이건을, 민주당에선 클린턴을 들 수 있습니다.

유창수: 미국 대선을 보면 역시 경제, 특히 일자리 지표를 보면 결과를 예측할 수 있는 것 같아요. 레이건이 1980년 카터 대통령에게 도전할 때 대형 이슈가 두 개 있었죠. 하나는 이란 콘트라 사건, 이란의 인질 사건이었고 두 번째는 인플레이션과 실업률, 경제 문제였는데 레이건 대통령은 이 두 가지 이슈를 전면에 내세워 승리하게 됩니다. 클린턴

도 유명한 "It's economy, stupid"(바보야 문제는 경제야) 구호로 현직 대통령을 끌어내렸고 연임에도 성공했던 대통령으로 볼 수 있겠습니다. 미국 대선에서 보통 랜드슬라이드(Land slide)라고 해서 한쪽이 압승을 거두는 경우도 있고 콘테스티드 일렉션(Contested election), 즉 1%, 3% 차이로 당락이 결정되는 선거로 나눠 볼 수 있는데 일방적으로 압승을 거둔 선거들은 지금 얘기를 나눠도 크게 재미가 없을 것 같습니다. 레이건 대통령이나, 닉슨 대통령 두 번째 선거는 일방적인 압승이라 재미가 없죠. 반면 1960년 케네디와 닉슨의 선거는 불과 12만 표, 간발의 차이로 케네디가 이겼는데 당시 교수님께서도 미국에 계셨습니까?

이채진: 1960년은 미국 유학 시절이었습니다. 정치학을 전공하기 때문에 미국 정치에 커다란 관심을 가졌는데 바로 그때 대선이 열렸죠. 미국 친구와 LA에 있는 선샤인 오디토리엄에서 열린 케네디의 선거 유세에 따라 갔다가 케네디를 직접 보았죠. 그리고 케네디와 닉슨의 TV 토론은 하나도 빠지지 않고 경청을 했습니다.

유창수: 43세의 젊은 대통령 후보를 직접 보고, TV 토론 3회를 모두 경청하셨네요.

이채진: 네. 개발도상국가의 학생으로 유학을 갔으니까 미국 사람들이 여기저기서 초청해서 해외에서 케네디와 닉슨을 어떻게 생각하느냐 물어보기도 해서, 많은 관심을 가졌습니다. 캘리포니아 상원의원 출신인 닉슨은 8년간 아이젠하워 밑에서 부통령을 했기 때문에 명성도 있고 경험도 있는 유능한 정치인이었죠.

유창수: 듀크대 로스쿨을 나왔고, 젊은 나이에 부통령으로 발탁되었죠.

이채진: 학부는 휘티어 칼리지라고 캘리포니아에 있는 퀘이커 교도들이 주로 설립한 대학을 나오고 듀크대학에서 법학을 전공했습니다. 경험 많은 닉슨은 젊고 경험도 일천한 케네디를 적수가 아니라고 오판합니다.

유창수: 케네디는 상원의원도 한 번밖에 못 했으니까요.

이채진: 그렇죠. 케네디 쪽에서 텔레비전 토론을 제안하자 웅변도 잘하고 경험도 많은 닉슨은 승리를 자신하고 응하지만 그것이 결과적으로는 착각이었죠.

유창수: 큰 착각이었죠.

이채진: 네. 텔레비전 토론에서 닉슨이 땀도 많이 흘리고 말하는 게 약간 주저하는 반면 케네디는 아주 강력하면서도 공격적으로 토론하니 국민들은 케네디를 새로운 별(Rising Star)이라고 느꼈어요. 그러나 라디오를 들은 사람들은 닉슨이 더 잘 했다고 평판이 갈라집니다. 하여튼 선거 기간을 통해 보스턴식으로 말을 한 케네디가 사람들에게 크게 어필한 게 아닌가 생각합니다.

유창수: 1960년 대선은 케네디가 미국 대선 역사상 최초의 가톨릭 신자이자 최초의 아일랜드계 대통령이었다는 점에서 새로운 역사적 지평

을 연 획기적인 선거로 평가받고 있습니다.

이채진: 과거에도 가톨릭 신자들이 선거에 출마했지만 가톨릭 신자가 대통령이 되면 미국의 이익보다는 로마 교황의 말에 순종할 것이라는 이유로 인해 모두 실패하고 말았습니다. 케네디는 "내가 선거에서 승리하면 미국의 대통령이며 어느 누구의 말을 듣지 않겠다"고 이야기했습니다. 가톨릭 신자로서의 불리함을 극복한 중요한 말이었습니다.

유창수: 닉슨이 1968년 두 번째 대통령 도전에서 민주당 허버트 험프리를 약 50만 표 간발의 차이로 승리합니다. 미국 같은 인구가 많은 대국에서 아주 적은 차이죠. 민주당의 현직 대통령인 린든 존슨이 재선에 도전하지 않아 험프리가 출마합니다. 그때 베트남 반전 운동이 사회적 문제로 크게 부각되었고 베트남전쟁을 누가 종식시킬 것이냐가 큰 이슈였죠. 닉슨이 자신에게 비밀 계획(Secret plan)이 있다는 유명한 말을 하며 승리하게 됩니다. 1968년 대선은 어떤 구도였으며 승리의 요인을 무엇이라고 보십니까?

이채진: 잘 보셨습니다. 미국 사람들은 전쟁에 대해 처음에는 아주 애국적이고 적극적으로 참여하고 지지합니다. 제1차 세계대전과 제2차 세계대전에도 많은 지원자들이 참전하지요. 미국은 부유한 집안 자제일수록 애국심이 강해서 전쟁에 참가하는데 존 F. 케네디와 아버지 부시도 2차 대전에 참여해요. 그러나 미국 시민의 입장에서 전쟁이 장기화하면 인내심이 없어지게 되지요. 6·25의 경우도 전쟁이 장기화되면서 미군 사상자들이 속출하게 되니 여론이 상당히 비판적으로 돌아서

게 되고 루스벨트의 서거로 대통령직을 이어받은 트루먼은 재선을 포기합니다.

유창수: 한국전쟁 때문에.

이채진: 네 한국전쟁 때문에 그렇게 된 것이죠.

닉슨 두 번째 대선 출마에서 당선

유창수: 아이젠하워는 전쟁 종식을 공약으로 걸고 선거에 출마합니다.

이채진: 그렇습니다. 그와 똑같은 현상이 닉슨 대선 출마 당시 일어났었어요. 1968년 미국 국민들이 월남 전쟁에 상당히 비판적인 상태로 돌아서자 존슨 대통령도 트루먼과 마찬가지로 선거를 포기하죠. 존슨 대통령 당시 부통령이었던 휴버트 험프리는 미네소타 상원의원 출신으로 대단히 명망 높고 능력 있는 인물이었습니다. 닉슨이 장기화되는 전쟁을 종식시킬 수 있는 비밀 계획을 갖고 있다고 말한 것이 선거에서 상당히 주효했습니다. 당시 존슨 대통령으로서는 유권자들에게 인간적으로 크게 어필하지 못했죠. 반대로 험프리는 미소를 통해서 정치를 해야 된다며 늘 웃는 얼굴이었지만 1968년은 웃을 수 있는 상황이 아니었어요. 대단히 심각한 상황이었는데 이를 닉슨이 잘 활용해서 선거에 이겼다고 볼 수 있겠죠.

유창수: 당시는 베트남전뿐만 아니라 마약, 히피, 반전 시위 등으로 인해 사회적으로 굉장히 혼란스러운 과도기였어요. 1960년대가 데모라는 측면에서는 아마 전무후무했던 시기였던 것 같습니다. 이렇듯 혼란스러운 시기에 두 번째 대통령 선거 도전에서 승리한 사례도 거의 유례를 찾기 어려울 정도입니다.

이채진: 저는 1965년부터 1968년 정도까지 대학에 있었는데 베트남전반대 시위가 확산되던 대학가에서는 베트남전쟁에 대해서 연구하는 'Teach-in'이라는 모임이 많았습니다. 제가 다니던 대학에서도 Teach-in이 열려 저도 젊은 사람으로서 한마디를 했습니다. 저는 "베트남전쟁을 미군의 숫자를 늘려서는 해결할 수 없다. 종국적으로는 베트남 정부의 정당성이 국민들에게 인정되어야 할 텐데 그러기 위해서는 사회 경제적인 계획이 선행되어야 하고 민주주의가 확고히 자리 잡아야 된다. 그래야 공산주의와 싸울 수 있다"고 10분 정도 말했더니 1,000명 정도의 학생이 모두 일어나서 기립 박수를 치더라고요. 그 정도로 월남 전쟁에 대해서 반대가 심했던 시기였습니다. 개인적으로서는 기립박수를 받은 처음이자 마지막이었습니다.

유창수: 재미있는 에피소드를 말씀해 주셨네요. 1976년 대선 때 워터게이트로 하야한 닉슨의 뒤를 이어 대통령에 오른 제럴드 포드가 재선에 도전하죠. 그러나 무명의 아웃사이더였던 전 조지아 주지사 지미카터에게 3% 차이로 패배합니다. 카터가 워싱턴 D.C. 정치의 중심에 서게 됐는데 당시의 상황과 포드의 실패 요인에 대해 설명해 주시기바랍니다.

이채진: 첫째는 대통령 취임 이후 닉슨을 면책 조치한 것입니다.

유창수: 사면한 거죠.

이채진: 네. 국민들로서는 반감이 있었죠. 또한 포드는 우연히 대통령이 된 사람인데 미국 사람들이 보기에 명석한 지도자는 아니었습니다.

유창수: 풋볼 선수였죠?

이채진: 학창 시절 풋볼 선수였지만 미시간 대학과 예일대학 로스쿨 나왔으니까 머리는 좋은 사람이에요. 그러나 포드는 두뇌가 좋은 않다는 것이 일반적인 인식이었어요. 심지어 '미식축구를 너무 많이 해 머리를 다친 게 아니냐'라는 조크가 있을 정도입니다. 그리고 카터와의 TV 토론에서 몇 번의 실수를 했죠. 예를 들면 포드는 동구권에 완전한 자유가 있다는 이야기를 했어요. 좋은 교육을 받고 하원의원을 오래한 사람이 동구권 현실을 그렇게 모르느냐라는 생각이 들 정도였습니다. 카터는 그 당시에는 참신한 사람이었고 미소가 소박해 보이는 게 강점이었죠.

유창수: 네, 순수해 보이고.

이채진: 네, 그리고 정책면에서는 인권을 강조했습니다. 이것은 한국 박정희 대통령을 거론하는 의미도 있죠. 카터가 인권과 도덕성을 강조했다는 면에서 포드가 지고 들어간 것이 아닌가 생각됩니다.

비주류 레이건의 공화당 경선 승리

유창수: 저는 1976년 공화당 경선을 굉장히 재미있게 보았습니다. 그때 캘리포니아 전 주지사였던 로널드 레이건은 배리 골드워터의 후예자라는 평가를 받을 정도로 극우적인 주장을 했었고 공화당의 비주류들을 대변하는 위치였습니다. 포드 대통령은 레이건과의 경선에서 신승을 했고 그 과정에서 갈등 관계도 많았어요. 또 비주류 쪽에서 레이건을 러닝 메이트로 지명하라는 압력을 가했지만 젊은 이미지의 밥 돌을 선택합니다. 절치부심한 레이건이 4년 후 대통령 후보 경선에서 비주류의 지지를 바탕으로 주류에서 밀었던 조지 H.W. 부시에게 승리를 거둡니다. 공화당에서 비주류가 경선에서 이기기가 쉽지 않은데 레이건은 비주류라는 약점을 극복하고 부시를 러닝메이트로 선택하지요.

유창수: 그리고 근래에 있었던 신승 이야기를 하자면 2000년 조지 W. 부시가 득표로는 앨 고어에게 50만 표 차이로 졌지만 선거인단 수에서 이겨 대통령에 당선되는데 당시도 미국에 계셨던 교수님께서 그때 선거를 어떻게 보십니까?

이채진: 미국 대통령 선거의 특성 중 하나는 전국적인 지지도가 아니라 각 주에서의 지지도가 관건 아닙니까?

유창수: 네, 간접선거이기 때문에….

이채진: 네. 각 주에서 어느 한 후보자가 과반수 표를 받으면 그 주의

선거인단은 독식하는 거예요. 승자독식이라는 제도지요.

유창수: 네, 위너 테이크 올(Winner take all).

유창수: 2004년 선거도 부시 대통령이 존 케리에게 3% 차이로 이겼는데 저는 두 번의 선거에서 조지 W. 부시가 승리를 거둔 최대 요인은 선거 전략가인 칼 로브라고 보고 있습니다.

이채진: 잘 보셨습니다.

클린턴의 북한 방문 포기 후회

유창수: 2000년에는 플로리다, 2004년에는 오하이오주에서 선거를 잘해서 간접 선거의 맹점을 잘 활용합니다. 2000년 대선은 아이러니컬하게 부시의 동생인 젭 부시가 주지사로 있는 플로리다에서 결정이 났는데 재검표 때문에 소송을 하게 되죠. 한두 달간 법정 공방이 이어지다가 한 달 정도 후 연방 대법원에서 재검표는 헌법에 위배된다고 판결을 내리는 바람에 재검표가 중단됩니다. 주당원들은 도둑 맞은 선거라며 부시에 대한 미움이 대단했죠. 부시를 꺾기 위해 존 케리를 내세우지만 3% 차이로 지게 됩니다. 비하인드 스토리인데 앨 고어가 선거 패배 후 갈등 관계를 빚던 클린턴과 백악관에서 좌담을 하면서 고성으로 언쟁을 벌였다고 합니다. 클린턴은 고어에게 "내가 그래도 인기가 있는 편이고 당신의 당선을 위해 강력하게 호소할 수 있었는데 선거 유

세에서 자신을 소외시켰다"다며 굉장히 분노했고 고어는 "르윈스키 섹스 스캔들 때문에 도덕적 결함을 안고 있는 당신에게 어떻게 도움을 구하느냐"고 반발했다고 해요. 두 사람이 인간적으로 굉장한 갈등관계에 있었고 그 이후로도 거의 안 보는 사이일 정도로 사이가 안 좋았다고 하네요.

이채진: 한 가지 첨부하고 싶은 것은 그때 한반도의 운명과 관계되는 일이 있었습니다. 올브라이트 국무장관을 비롯한 일부 인사가 그해 10월에 북한에 갔다 왔고 클린턴 대통령도 북한에 갈 기회가 있었습니다.

유창수: 지미 카터도 갔다 왔고.

이채진: 지미 카터는 1994년에 갔다 왔죠. 여하튼 2000년 10월 당시로서는 미국 대통령이 북한을 갈 수 있는 기회가 생겼습니다. 그런데 방북이 지연되면서 준비하는 과정 중에 11월 초 선거가 실시되고도 한 달 동안 누가 대통령인가가 결정 나지 않은 거예요. 결국 클린턴이 북한에 가지를 못하죠. 가장 큰 이유는 헌법적인 문제 때문입니다. 차기 대통령이 결정되지 못한 상황에서 대통령이 나라를 비우고 멀리 북한까지 간다 하는 것은 현명하지 못하다고 판단한 것이죠. 제가 연구한 바에 의하면 올브라이트 국무장관은 그래도 가야 한다고 했지만 국가안보보좌관 샌디 버거는 북한 방문이 정치적으로 현명하지 못한 것이라며 반대합니다. 백악관 내에서 북한 방문으로 무엇을 얻을 것인가에 대한 토론이 벌어졌지만 클린턴은 대통령 선거 재검표로 인해 떠날 수 없다고 결정하죠. 만일 고어가 승리했거나 플로리다에서의 재검표가 없었다면 클린턴

이 북한을 갔을지도 모르죠. 클린턴은 훗날 가장 후회하는 것 중 하나가 북한 방문 포기라고 하죠. 현직 미국 대통령으로서 북한에 가서 북한의 핵과 미사일 문제를 근본적으로 해결했다면 역사적으로 아주 위대한 업적으로 남았을 텐데 그것이 무산된 것은 어떤 의미에서는 대통령 선거 결과가 즉시 결정되지 못했기 때문일 수도 있죠.

유창수: 김대중 대통령과 클린턴 대통령은 인간적으로도 그렇고 정치 이념상 굉장히 호흡이 잘 맞고 상호에 대한 존경심이 대단했다고….

이채진: 아주 잘 보셨습니다. 김대중 대통령의 햇볕정책, 클린턴 대통령의 개입정책(Engagement policy)·협력정책 간에 정책적으로도 동일한 점이 있었지만 클린턴이 김대중 대통령을 아주 숭앙한 거예요. 올브라이트 국무장관이 북한을 다녀와서 김대중 대통령에게 "당신의 넓은 그 어깨에 내가 기대니 문제가 안 풀릴 리가 없다"고 말합니다. 미국의 국무장관이 김대중 대통령의 어깨에 기대서 외교를 하니 모든 것이 잘 풀린다고 했으니 얼마나 기분이 좋았겠습니까?

2016년은 누가 더 싫으냐 선택

유창수: 1960년 이후 올해 선거가 15번째 대선인데요. 이번에는 아웃사이더, 비주류가 돌풍입니다. 과거 아웃사이더, 비주류에 대한 미국 국민의 열망, 기득권에 대한 분노 표출, 이런 걸 보셨을 때 과거의 어떤 대선하고 가장 민심이 유사한지 한 번 말씀해 보시겠습니까?

이채진: 당이라는 그런 입장에 봐서도 그렇고 현재 진행되고 있는 미국 선거의 전반적인 분위기로 봤을 때는 아마도 앞서 이야기한 1980년 레이건이 등장했을 때 상황과 닮은 점이 있지 않을까요? 첫째는 경제적으로는 카터 대통령 재임 시 특히 경제 상황이 좋지 않았어요.

유창수: 최악이었죠.

이채진: 네. 실업률이 높고 대출 금리도 십여 퍼센트가 넘었어요. 그러니까 사람들이 집을 사거나 투자하기 힘들었고 대외적으로는, 카터 대통령이 인권 중심의 외교정책을 펼치면서 1970년 박정희 대통령과 격론도 벌였죠.

유창수: 안 좋았죠.

이채진: 카터는 미국의 우방임에도 불구하고 인권사항이 좋지 않으면 공개적으로 비판하는, 배타적인 의식이 있었던 데다 가장 중요한 것은 이러한 문제들을 제대로 해결하지 못했습니다. 레이건은 현 정권에 대한 국민들의 불만을 잘 활용해 선거에서 이겼다고 볼 수 있죠. 현재 미국에서도 불만, 불평이 사실 많습니다. 경제적으로는 카터 때와 달리 오바마 정부에서는 그리 나쁘진 않습니다.

유창수: 네, 지표상으로는.

이채진: 네. 실업률이 12%에서 4~5%로 내려 왔으니까 지표상으로 아

주 괜찮은 거지요. 10년 전보다 봉급이 올랐다고 하더라도 미국 국민들은 상대적으로 핍박하다고 느끼고 있어요. 외교적으로는 오바마 대통령이 중동 문제를 하나도 시원하게 해결하지 못하고 심지어 푸틴 대통령이 크림 반도를 차지하니 미국 사람들이 상당히 답답하게 생각하는 거예요. 마치 카터 대통령 때 국민들이 답답하게 생각한 것과 마찬가지로 그것을 이용해서 트럼프가 승승장구하고 있지 않은가 생각해볼 수 있겠습니다.

유창수: 2008년 글로벌 금융위기가 터졌고 오바마 대통령이 등장을 하게 되죠. 그때 임기 말 조지 W. 부시 대통령의 지지율이 20%대였거든요. 그런데 지금은 경제지표, 체감지수가 좋지 않은 데다 이슬람국가(IS), 푸틴 러시아 대통령, 리비아 벵가지 사건 등에서 보듯 오바마가 외교 정책에서 실착을 많이 했는데도 지지율은 50% 초반대거든요. 현직 대통령이 지지율이 50% 이상이니 올해는 힐러리 클린턴이 대통령이 될 가능성이 높다고 얘기를 하는 정치학자들이 더 많은 걸로 알고 있는데, 이 부분을 어떻게 보십니까?

이채진: 잘 지적하셨습니다. 현재 여론조사를 보면 오바마에 대한 국민들의 지지도가 상당히 높은 편입니다. 51% 정도 되는 것으로 알고 있는데, 레임덕 현상이 있음에도 불구하고 50% 이상 지지율을 받는 대통령은 많지 않습니다. 트럼프 진영에서는 8년간의 오바마 정권에 불만과 권태를 느끼는데 힐러리 클린턴이 되면 4년 연장된다는 논리를 앞세웁니다. 그리고 제가 트럼프 현상에 대해서 조금 생각을 해보니까 몇 개의 이론적인 이야기를 할 수 있겠습니다.

하나는 과거로 회귀하는 소위 복고주의예요. 21세기 들어 국제화·세계화가 되는 상황 속에서 옛날로 돌아간다는 것은 말하기가 힘들지만 제가 지난주 중국에서 강연할 때 중국에서도 복고주의가 강하다는 것을 확인했습니다. 시진핑 중국 국가주석이 이야기하는 중국의 꿈이라고 하는 것은 19세기 초 명실공히 세계 1등 국가였던 과거의 중국을 되찾자는 것입니다. 옛날로 돌아가자 하는 것이 시진핑의 꿈이에요. 푸틴 러시아 대통령도 과거 소련이 최강국가일 때의 영광을 찾자는 것이고 아베 일본 총리는 1868년에 이어 제2의 메이지유신을 해 보겠다는 거예요. 이것이 모두 복고주의의 한 현상이죠. 트럼프는 "메이크 아메리카 그레이트 어게인(Make America great again)"이라고 말해요. 방점이 어게인에 있어요. 과거는 위대했는데 지금은 위대하지 않으니까 과거를 되살려서 이 나라를 다시 위대하게 하자는 결국 복고주의를 의미하는 것이 아닙니까?

둘째로는 민족주의적인 이야기가 많습니다. "아메리카 퍼스트(America first)", 미국 제일주의는 민족주의인데 일반적으로 민족주의는 긍정적인 측면과 부정적인 측면이 있어요. 긍정적인 면은 한국과 마찬가지로 민족주의를 통해서 나라를 독립시키자 하는 것은 좋은 거예요. 부정적인 면은 배타성이에요. 트럼프는 무슬림은 물론 히스패닉, 한국 사람, 일본 사람, 중국 사람 심지어는 독일의 메르켈 총리까지 싫어합니다. 대단히 배타적인 민족주의죠. 셋째는 신고립주의를 이야기할 수 있습니다. 미국이 현재 이런 상태입니다. 왜 해외에 쓸데없이 군대를 주둔시켜 경비를 쓰느냐는 것이죠. 한국 경우에도 실현 여부를 떠나 주둔군 경비를 현재의 50%에서 100%로 올리지 않으면 부대를 철수해 해체하겠다고 하는 고립주의가 있어요.

마지막으로는 감상주의예요. 미국 사람들은 상당히 단순해요. 트럼프는 사람들이 느끼는 단순한 정서에 대해 감상적으로 어필을 잘해요. 정치공학적으로는 아주 기묘하게 잘해요. 결론적으로 이야기하면 현재 미국의 대선은 누가 더 좋으냐가 아니라 누가 더 나쁘냐에 의해 결정되게 되었어요. 현재 여론조사를 보면 57%는 힐러리 클린턴도 트럼프도 싫다고 하고 그들에게 호감을 가진 사람은 40% 전후예요. 미국 국민들의 다수는 두 사람 다 싫어해요. 그렇기 때문에 누가 더 싫으냐가 11월에 열리는 대선 승패의 요인으로 작용하지 않을까라는 생각을 하고 있습니다.

유창수: 이번 대선은 힐러리 클린턴과 트럼프 둘 다 비호감도가 전례없이 역대 최고 수준이니 누가 덜 싫으냐의 선거, 역대 대선 중 네거티브가 가장 극심한 선거가 될 것으로 보입니다. 저희가 한국에서 바라보는 분석 중 하나가 투표율에 대한 문제입니다. 미국은 아시다시피 유권자가 선거를 하려면 최소 한 달 전에 선거 등록이 되어서 우리나라로 치면 주민센터 같은 데서 선거를 하게 되는데, 지지기반층의 선거율을 높이는 게 핵심이잖아요. 정치학계나 미디어에서 두 가지 견해가 있습니다. 하나는 말씀하셨던 것처럼 두 후보의 비호감도가 모두 높기 때문에 유권자들이 투표를 하지 않아 투표율이 굉장히 저조해, 역대 최저가 될 것이라고 예측하는 분들도 있습니다. 다른 견해는 내가 지지하는 자를 위한 투표(Vote for)가 아니라 내가 원하지 않는 사람을 떨어뜨리기 위한 투표(Vote against)가 이뤄질 것이기 과거에 비해 상대적으로 투표율이 높을 것이라고 예측하는 견해가 있습니다. 교수님은 어떻게 보십니까?

이채진: 트럼프의 경선 승리 요소는 투표율을 높인 거였습니다. 공화당 안에서의 투표율은 말할 필요도 없고 중간 지대에 있는 무당파의 시민들이 투표에 많이 참가한 덕이 크죠. 트럼프 현상이 정치공학적으로 국민들을 선동하고 동원해 투표를 하도록 자극했기 때문입니다. 그러나 반대로 트럼프가 공화당 대통령 후보로 지명받게 되니 지난 대선에 나왔던 밋 롬니, 부시 대통령 등 유력한 공화당의 주류들이 트럼프에게 투표하지 않겠다는 흐름이 확대되고 있어 공화당의 투표율이 내려갈 가능성이 있지요. 반대로 버니 샌더스 지지자들이 11월 선거에서 힐러리 클린턴을 지지하겠는가도 변수입니다. 두 가지 요소가 모두 투표율을 저하시킬 가능성이 있는 거죠. 트럼프는 극우에서 빨리 중간 지대로 옮겨가야 합니다. 힐러리도 샌더스 지지자들을 포용해야죠. 이번 투표율은 중간 지대로 얼마나 빨리 가느냐, 과거의 반대 세력들을 어떻게 동원하느냐에 의해 결정될 것 같습니다.

무당파를 끌어들일 스탠스 확장

유창수: 이번 경선 과정에서 흥미로운 점은 공화당의 경우는 자기의 지지층, 베이스를 다지기 위해서 오른쪽으로 치우친 경선을 하다가 경선을 이기면 본선에서 무당파층을 끌어모으기 위해 스탠스(Stance)를 중도쪽으로 많이 옮기죠. 민주당의 경우도 좌에서 중도로 옮기는데 이번 대선이 굉장히 예외적인 선거라고 봅니다. 트럼프를 반대하는 보수주의자들의 명분은 트럼프는 레이건 대통령, 더 올라가면 배리 골드워터 후보가 얘기했던 보수주의와는 전혀 상관이 없는 장사꾼이라는 것이

죠. 공화당이라는 플랫폼을 이용해서 자기의 대통령욕을 충족시키려는 사람이라는 겁니다. 위클리 스탠더드(Weekly Standard)의 빌 크리스톨은 제3지대, 진정한 보수 후보를 내야 된다고 주장하고 있죠. 저는 대선을 앞두고 좌우에 있다가 중도로 오는 게 아니라 오히려 중도에 있다가 자기의 베이스를 다져야 되기 때문에 트럼프의 경우 더 오른쪽으로 가야 지지층의 투표를 독려할 수 있다고 봅니다.

또 중도 좌파, 중도 진보인 힐러리 클린턴도 샌더스에 열광했던 2030세대, 이념적으로 진보적인 사람들의 투표율을 독려해서 위해서는 좌에서 중간지대로 오는 게 아니라 중도에서 오히려 좌로 스탠스를 옮기는 게 유리하다고 봅니다. 이로 인해 저는 이번 대선가 이념적이나 정책적으로 극단화된 유례없는 선거가 될 거라고 분석하고 있습니다. 트럼프는 기존 전통적인 보수층을, 힐러리 클린턴은 버니 샌더스의 좌파 지지층들을 최대한 끌어 모아야 하는 11월 8일 선거에서 누가 자기의 베이스 지지층을 끌어 모으는 데에 성공할 것이라 보십니까?

이채진: 전당대회에서 어떤 정강 정책을 채택하느냐가 중요합니다. 힐러리 클린턴이 샌더스가 주장했던 정책의 상당한 부분을 민주당의 정강 정책에 반영하면 샌더스를 지지하던 세력의 일부가 올 수가 있는 거죠. 그럼에도 불구하고 상당히 극단적인 샌더스의 주장을 정강 정책에 반영하면 중간 지대에 있는 사람들이 반발을 할 것이죠. 거기에 묘미가 있어요. 양쪽의 균형을 잡아야 될 거예요. 반대로 트럼프의 경우에도 현재 그를 반대하는 사람들을 어느 정도 포용할 수 있느냐가 관건입니다. 이런 논란 가운데서도 중요한 것은 미국 정치, 미국의 대선은 돈과 밀접한 함수관계에 있다는 것입니다. 더 많은 선거자금을 모

으면 유리해지는 것이죠. 또한 종국적으로는 전국적인 선거가 아니고 8~10개 정도 주의 결과에 따라 당락이 판가름 나죠.

유창수: 스윙 스테이트(Swing state)에서 승부가 갈린다는 것이죠.

이채진: 네, 스윙 스테이트 즉 오하이오 · 플로리다 · 버지니아 · 노스 캐롤라 등 10개 정도 주에서 어떻게 성공을 하느냐가 중요한데 여기에는 막대한 광고비가 필요한 거예요. 트럼프는 현재까지 거의 자기 돈을 광고비로 썼다고 합니다. 그는 자기 재산이 100억 달러라고 했는데 포브스지는 40억 달러 정도의 재산을 가졌다고 보도했지요.

유창수: 40억 달러?

이채진: 네. 그 정도도 많지요. 그렇지만 거기에서 집 팔고, 대출받아 선거자금으로 쓸 수는 없는 거잖아요.

유창수: 현금을 조달해야 하는 건가요?

이채진: 현재 추산으로는 15억 달러 정도의 현금이 필요합니다. 그런데 15억 달러를 낼 수 있는 잠재적인 공화당의 거액 기부자들이 모두 주저하고 있어요. 다시 말하면 트럼프가 진정한 공화당 사람이냐, 진정한 보수를 대표하는 사람이냐, 우리가 이 사람을 위해서 거금을 줄 수 있느냐는 것이 현재 기부의 전제 요건으로 남아 있는 것 같습니다.

스윙 스테이트에서 판세 결정

유창수: 네. 미국 대선은 간접선거이기 때문에 말씀하셨던 5~10개의 주도층에 있는 주들의 선거 결과가 중요하죠. 스윙 스테이트 중에서도 선거인단이 많은 플로리다·오하이오·펜실베이니아·버지니아·노스캐롤라이나 5개 주 정도가 핵심의 스윙 스테이트인데 여론조사를 보면 두 가지 견해가 있습니다. 등록 유권자들의 숫자로는 아직 백인이 많지만 미국의 인구 구성이 2000년대 이후 소수민족, 특히 히스패닉이 급증했기 때문에 상대적으로 기울어진 운동장이어서 민주당에 유리하다고 이야기를 합니다. 그리고 지난 다섯 번의 대선에서 총 국민투표 수(Popular vote)를 보면 2004년 선거를 빼고 민주당이 다 이겼습니다. 그래서 선거인단이나 유권자의 소수민족 분포도를 봐서도 힐러리 클린턴이 유력할 것이라고 보는 견해가 있습니다. 또 한 가지 스윙 스테이트의 여론조사를 보면 플로리다·오하이오는 박빙이고, 일부에서는 트럼프가 약간 앞서고 있다는 이야기도 있습니다. 본선 결과를 예측하는 것은 불가능하지만 교수님은 스윙 스테이트의 간접선거를 보셨을 때 누구 더 유리하다 보십니까? 플로리다는?

이채진: 플로리다는 지난번 예선에서는 트럼프가 압도적으로 이겼죠. 플로리다 출신의 마크 루비오를 완전히 깨고 압도적으로 이겼거든요. 트럼프는 플로리다를 제2의 고향이라고 합니다. 뉴욕 태생이지만 플로리다에 상당히 투자도 많이 하고 거기서 직접 살고. 이게 어떻게 작용할는지는 모르죠. 영어로 해서는 Tossup, 위에 던져서…. 자세히 모르지만 박빙일 것 같습니다.

유창수: 버지니아는 어떻게 보십니까?

이채진: 버지니아는 아무래도 워싱턴과 가깝고 소수 민족이 많이 살잖아요. 그렇기 때문에 클린턴이 좀 유리하지 않을까라는 생각이 들어요.

유창수: 펜실베이니아도?

이채진: 펜실베이니아는 트럼프가 쓸 수 있는 카드가 많아요. 트럼프가 펜실베이니아 대학의 와튼스쿨을 나왔잖아요.

유창수: 맞습니다. 유펜.

이채진: 자기 딸도 거기를 졸업했으니. 펜실베이니아는 트럼프와 연고가 깊죠. 지난번 경선에서도 압도적으로 이긴 주 아닙니까? 클린턴이 고전할 거예요. 펜실베이니아 · 플로리다에서 고전할 수 있다는 생각이 듭니다. 소수 민족 문제를 잘 지적하셨는데 미국의 전반적인 인구 구조가 10~20년 동안 급격하게 변화하고 있어요. 소수 민족들의 힐러리 클린턴의 지지도가 압도적이죠. 그 사람들을 어느 정도 동원해서 투표할 수 있겠느냐가 큰 관건이죠. 그러기 위해서는 광고 등에 막대한 돈이 많이 필요할 거예요. 클린턴은 15억 달러를 모금하는 데 큰 문제가 없을 텐데 트럼프는 과연 그럴 수 있을지 의문이 듭니다.

언론의 클린턴 편향과 정권교체 표심

유창수: 마지막으로 한 가지 더 짚고 싶은 것은 언론인데요. 일반적으로 미국은 뉴욕 타임스, 월스트리트 저널, 워싱턴 포스트 등 여러 신문들이 있고 인터넷 언론과 ABC, CBS, NBC, FOX 케이블 등 방송도 있죠. 언론인들이 사실은 중립을 지켜야 하지만 미국 같은 경우에는 거의 압도적으로 진보적인 성향을 가지고 있고 그런 사설을 내죠. 언론은 80 대 20으로 완전히 기울어진 운동장에서 힐러리 클린턴을 밀고 있습니다. 언론의 이런 지나친 편향성에 대해 두 가지 분석이 가능한데요. 이런 편향성 때문에 트럼프에 대한 온갖 잘못된 과거의 이력 등 약점들을 캐내서 클린턴에게 유리한 보도를 해서 쉽지 않을 것이라는 견해가 있고, 또 하나는 이번 선거가 기득권에 대한 저항(Anti-establishment)에 표심이 많이 작용하는데 거기에는 언론도 포함이 되어 있다는 것입니다. 그런 언론에 역풍이 불어서 중도층과 보수층을 자극해서 보수가 승리할 것이라는 견해도 있는데 교수님은 어떻게 보십니까?

이채진: 현재까지의 대통령 선거나 상하원 선거의 교과서적인 해석으로는 틀림없이 힐러리 클린턴에게 유리하다고 볼 수 있죠.
그런데 이번 선거는 특이한 것이 교과서적인 해석이 틀렸다는 거예요. 다 틀렸어요. 그리고 지적한 것과 같이 뉴욕 타임스나 워싱턴 포스트, 내가 지금 살고 있는 로스앤젤레스 타임스 같은 데서는 사설이나 기사로 트럼프에 불리한 이야기를 많이 하고 있지요. 전통적인 교과서에 의하면 주요 언론들이 반대하면 선거에서 진다고 보는 게 정답이에요. 트럼프가 아주 기묘하게 잘하는 것은 불리한 것을 역전시키는 거예요.

오히려 자기에게 이롭게 만드는 것이죠. "봐라, 내가 얼마나 혁명적이고 개혁적이냐, 그리고 워싱턴에 가면 모든 것을 부숴버릴 테다"라고 말하는 거예요. 1950년대 한국에서 야당에서 쓴 슬로건이 "못살겠다. 갈아보자"였잖아요. 당시 민주당이 그걸로 상당히 성공했어요. 지금과 똑같은 거예요.

유창수: 지금 한국의 민주당 말씀하신 거죠?

이채진: 1950년대 한국의 민주당이 "못살겠다. 갈아보자"로 성공한 이야기가 있어요. 비슷한 현상이죠. 미국 국민들도 너무 답답하니까 못살겠다, 못 살겠으니까 바꿔 보자는 것이죠. 클린턴은 슬로건이 없어요. 얼마 전 '함께 더 강해지자(Stronger together)'란 슬로건을 내놨는데 미국 사람들도 무슨 뜻인지 몰라요. 그렇지만 '미국을 다시 위대하게(Make America great again)'는 머릿속에 금방 들어온다고요. 트럼프는 "과거에는 위대했는데 이제는 그렇지 않으니까 내가 들어와서 미국을 더 살리겠다, 더 힘을 세게 하겠다, 다른 나라들을 우리에게 복종시킬 수 있다"고 주장하는 건데 힐러리 클린턴은 그런 메시지가 없다고요. 트럼프는 "언론에서 나에게 불리하게 보도하는 것은 결국 내가 현실을 부정하고 현상을 타파하려고 하는 사람이기 때문"이라고 주장하며 자기한테 유리하도록 끌고 가는 거죠.

유창수: 유연성이 있단 말씀이시죠?

이채진: 미국 보수 진영에서 아주 주요한 텔레비전 프로그램이 폭스 뉴

스(FOX News)예요. 압도적으로 공화당을 지지하는 프로그램인데 여기에서….

유창수: 남부에 가니까 그것만 보더라고요.

이채진: 공화당 사람은 그것만 봐요. 거기에서도 앞서 얘기한 공화당 이론가인 빌 크리스톨 같은 사람이 나와서 트럼프는 안 된다고 이야기하는 반면 트럼프를 강력하게 지지하는 앵커도 있죠. 공화당을 지지하는 매스미디어도 현재 통일한 의견이 없는 거예요. 그것을 트럼프가 미묘하게 활용하기 때문에 과거의 전통적 교과서적인 해석은 좀 힘들지 않겠냐라고 봐요. 그러니까 매스 미디어가 이번 선거에 큰 영향을 미치지 못할 것이라고 생각하고 있습니다.

유창수: 알겠습니다. 유대계 미국인들이 인구 수는 많지 않지만 미국의 학계·정계·경제계의 최대 기득권층이잖습니까? 2000년 대선을 보면 앨 고어 부통령이 조 리버먼 상원의원을 첫 유대인 러닝메이트로 세웁니다. 그때부터 유대계 언론인들이 다 고어를 밀었습니다. 결국은 간발의 차로 쳤지만 이길 수 있는 선거였죠. 미국 대통령 선거는 최소 1조 원씩은 들고 있어야지 되는데, 정치자금은 유대계에서 많이 나오잖아요. 언론도 마찬가지지만 유대계 표심, 특히 엘리트 유대인이 중요하죠. 언론과 자금줄을 쥐고 있는 유대인들이 통상적으로는 민주당을 많이 밀어왔는데 오바마 대통령이 이스라엘, 특히 벤자민 네타냐후 총리와 역대 최악의 관계여서 유대인들이 이번 대선을 벼르고 있단 말이에요. 그런데 힐러리 클린턴의 사위가 유대인이더라고요. 언론은 앞서 말씀드렸

으니까 유대인들의 정치자금, 유대인들의 표심은 어떻게 보십니까?

이채진: 전통적으로는 유대계가 민주당 쪽으로 많이 경사된 것은 사실이었습니다. 또 거기에서 정치자금이 많이 나왔는데 지적하신 것 같이 오바마와 네타냐후의 사이가 정말 안 좋아요. 그렇기 때문에 유대계 일부에서는 오바마 내지 오바마 연장선상에서 오바마 정권에 관계했던 힐러리 클린턴에 대해서도 좀 주저하는 면이 있죠. 반면에 트럼프가 이용하는 하나의 카드가 이란입니다. 지난해 이란과 미국을 비롯한 주요 국가들이 이란 핵 문제에 대해아주 중요한 협정을 체결했습니다. 이것은 힐러리 클린턴도도 국무장관 시절부터 지지한다고 이야기를 했어요. 네타냐후는 협정에 100% 반대하고 트럼프도 100% 이상 반대하는 거예요. 트럼프는 "내가 대통령이 되는 첫날 폐기해 버리겠다"고 이야기할 정도예요. 그러니까 유대인 중에서도 아주 철저한 Jewish pro-Israel 세력에는 트럼프 이야기가 상당히 실감 나는 거예요. 네타냐후는 "이란이 과연 핵을 없앨 수 있겠는가. 핵 협상으로 이란 동결 재산을 다 풀고 무역제재도 해제해서 이란이 살아나면 결국 더 많은 핵 무장을 할 수 있다. 결국 이스라엘에 위협이 되는 협상"이라고 말합니다. 트럼프는 이것을 이용하는 것이에요. 이로 인해 유대인 재계가 이번 대선의 선거자금을 어떻게 계산할지 현재로서는 모르겠습니다.

한 · 미 동맹에 크게 기여한 레이건

유창수: 11월 8일 미국 대통령 선거 결과가 동북아 정세, 특히 한반도

와 한·미 동맹, 미국의 대한국 정책에 어떤 영향을 미칠지 관심과 우려가 높습니다. 특히 트럼프 때문에 우리나라에서 미국 대선에서 이번 선거만큼 관심 있었던 해가 없었던 것 같습니다. 1960년 존 F. 케네디 대통령 이후 지금까지 많은 미국 대통령들이 있었습니다. 단임 대통령도 있었고 재임 대통령도 있었는데 동북아시아, 특히 한국과 한반도에 대한 이해가 가장 뛰어났고 동북아의 정세 안정에 가장 크게 기여한 미국 대통령은 누구라고 보십니까? 그 이유도 같이 설명해주시기 바랍니다.

이채진: 여러 대통령을 생각할 수 있고 또 다른 측면에서도 생각할 수 있겠지요. 돌이켜보면 6·25사변이 일어났을 때 즉각적으로 참전을 결정한 트루먼을 생각할 수 있고 또 한국전쟁을 종식시킨 아이젠하워도 생각할 수 있겠지요. 베트남전쟁에 한국 참전을 이끌기 위해 존슨 대통령이 한국에 여러 가지 경제적인 지원도 하고….

유창수: 그렇죠. 박정희 대통령과.

이채진: 반면에 닉슨은 한국에서 1개 사단을 갑자기 철수했고 카터는 철수하려다 못했고 인권문제로 1979년 박정희 대통령과의 정상회담에서 아주 격렬한 논쟁을 하기도 했죠. 그리고 김대중 대통령과 클린턴은 관계가 좋았지요. 돌이켜보면 대한민국의 이익을 위해서 노력한 미국 대통령이라면 아마도 레이건을 생각할 수 있습니다. 레이건 대통령은 보는 사람에 따라서 굉장히 다르지만 훗날 대통령 되는 김대중 씨를 석방하게 만들었죠. 레이건이 당선되자마자 석방을 위해 노력했

고 1980~1981년에 걸쳐 석방에 가장 중요한 역할을 하게 됩니다. 또 1983년 미얀마 아웅산 테러로 10여 명의 한국 주요 인사들이 사망했을 때도 레이건이 앞장서서 위로합니다.

1987년 한국의 민주화 운동 속에서 군정 연장 가능성이 우려될 때 레이건 대통령이 개입해서 정권이 평화적으로 교체될 수 있도록 영향을 미쳤습니다. 레이건이 한국에 크게 관심을 가졌다고 볼 수는 없지만 중요한 역사적인 결정 과정에서 커다란 그림은 그려 주었다고 볼 수 있겠습니다. 클린턴 대통령도 한반도에 많은 관심을 가지고 1994년 제네바 핵 합의를 하는 등 한반도 비핵화를 위해서 어느 정도 노력했지만 결과적으로는 수포로 돌아갔다고 볼 수 있겠죠. 오바마 대통령은 한국을 아주 좋아합니다. 비빔밥도 좋아하고 한국에 자주 오기를 원했지만 7~8간년 그의 정책을 회고하면 한반도에 대한 이니셔티브를 쥐지는 못했어요. 북한에 대해서도 전략적 인내 정책이라고 해서 별로 적극적인 행동을 취하지 못했죠. 이것은 대한민국이 앞서서 북한 문제를 해결하면 미국은 뒤에서 따라가겠다는 것, 이 때문에 현재까지 미국과 북한 사이에 아무런 진전이 없다고 평가할 수 있겠죠.

중국은 힐러리 클린턴을 선호

유창수: 한국, 중국, 일본은 미국과 통상 분야에서 밀접하게 연결되어 있기 때문에 미국 대통령 선거 결과에 관심이 많습니다. 교과서적으로는 블루칼라 노조의 지지를 받고 자유무역에 반대하는 경향이 강한 민주당보다는 공화당 대통령을 선호한다고 되어 있죠. 중국이 빠르게 부

상하면서 이번 대선을 여러 가지 시각으로 바라보고 있는데 먼저 중국부터 한번 얘기해 보겠습니다. 현재 전 세계에서 경제적으로뿐 아니라 군사적으로 중국을 둘러싼 여러 문제들이 부각되고 있는 상황에서 시진핑 정권은 트럼프와 힐러리 클린턴 중 어떤 쪽이 상대하기 쉬운 상대라고 보겠습니까?

이채진: 중국 정부 입장에서 본다면 확실히 힐러리 클린턴을 선호하지 않을까라는 생각이 듭니다. 첫째로는 힐러리 클린턴은 알려져 있는 사람이에요. 시진핑 국가주석을 비롯해 중국의 거의 모든 지도자들과 회담도 하고, 미·중 회담에 직접 참가한 사람이니까요.

유창수: 네, 국무장관으로서.

이채진: 힐러리 클린턴이 어떤 정책을 쓸지, 어떤 인품인지 중국이 잘 알고 있죠.

유창수: 네, 충분히 예측가능하다는 말씀이네요.

이채진: 트럼프는 미지수예요. 이 사람이 앞으로 어떤 돌발 행동을 할지 모르는 거죠. 중국으로서는 미국과의 관계를 안정화하는 것이 중요해요. 이를 위해서는 힐러리 클린턴이 낫지, 트럼프는 좀 문제가 있다고 봅니다. 트럼프가 중국 상품에 대해서 관세를 45% 매기겠다, 미국의 대중국 무역적자가 막대하니까 중국이 미국을 강간(Rape)하고 있다고 막말을 하고 있으니 중국 정부로서는 불편하죠. 그러나 트럼프는

아주 현실적인 사람이기 때문에 대통령이 되면 선거 과정에서 이야기한 것들을 모두 실행에 옮기지는 않을 것이라는 판단은 중국에서 하지 않을까 생각됩니다.

유창수: 중국은 남중국해 등 풀어야 할 여러 과제를 안고 있는 데다 앞으로 10년 동안 군사력을 대폭 신장하는 게 핵심 목표 중 하나이기 때문에 신고립주의, 불개입정책을 부르짖는 트럼프를 선호할 것이라는 견해도 있습니다. 트럼프가 해외 미군 철수, 방위비 분담금 증액 등을 이야기하고 있어 중국이 아시아 팽창정책을 전개하는 데 유리할 수도 있다고 봅니다. 또한 트럼프가 보호무역을 내세우고 있어 그의 당선 시 전 세계적으로 반미주의가 급속히 확대되면서 중국이 아프리카나, 중남미, 중동에서 우군들을 확보할 때 유리하기 때문에 트럼프가 훨씬 더 쉬운 상대일거라고 예측하는 견해도 있는데 어떻게 보십니까?

이채진: 그럴 가능성도 있습니다. 트럼프가 대통령이 된 이후 현재까지 약속한 정책을 이행한다면 중국에 100% 불리하다고 볼 수 없는 거죠. 중국이 현명하게 그 상황을 잘 활용하면 역전시킬 수 있는 가능성은 언제든지 있는 것이죠. 트럼프는 전반적으로 중국 정부에 상당히 불리한 주장을 전개하고 있어요. 중국 국민이나 미국에 있는 중국계 사람들은 트럼프가 솔직하게 이야기를 잘한다고 보고 호감을 가지는 경향도 있어요. 제가 지난주 중국에 갔을 때 중국 안에서 트럼프에 찬성하는 듯한 여론이 형성되는 것은 별로 바람직하지 않으니 중국 정부나 지도자들이 트럼프가 어떤 사람이라는 것을 잘 각인시킬 필요가 있다고 이야기하기도 했습니다.

유창수: 네. 잘 알겠습니다. 일본은 아베 정권이 당분간 집권할 것으로 보고 있는데요. 아베는 아베노믹스를 통해 경제를 살리는 한편 미국과 힘을 합쳐 중국의 팽창주의를 견제하는 것이 향후 10여 년간 핵심 외교 정책인데 일본 입장에서는 누가 대통령이 되는 것이 유리하다고 보십니까?

이채진: 오바마 대통령 재임 7～8년 동안 전반적으로 일본과의 관계가 많이 개선되었습니다. 오바마 대통령이 동맹 관계가 과거 어느 때보다도 상당히 공고하게 됐다고 여러 번 강조를 했고 미국 대통령 중 최초로 원폭지인 히로시마도 방문하지 않았습니까. 중국을 견제하기 위한 목적도 있지만요. 이런 것들이 일본 국민들의 정서에 어필하는 거예요. 일본에 케네디 대통령의 딸을 대사로 보내는 등 오바마로서는 자기가 할 수 있는 것을 최대한으로 활용해서 일본과의 관계를 확실하게 하려고 했습니다. 이런 것들은 한반도에 대한 오바마 대통령의 정책과는 대조적인 면이 있습니다. 힐러리 클린턴도 아마 오바마의 대일정책을 답습할 것으로 보입니다. 그리고 트럼프의 주장을 보면 일본 사람들을 인간적으로 상당히 경시합니다. 일본 사람들에 대해 이야기할 때는 일본 사람들의 독특한 영어 악센트를 흉내 내요. 일본 사람을 우습게 보고 미국의 대일적자가 너무 막대하다며 불만을 나타내고 주일 미군에 대한 분담금을 100%로 올리지 않으면 철군한다고 한다든지, 한반도와 일본에서 핵 무장을 해도 좋다는 등등의 발언 일본 정부로서도 바람직하지 않죠. 그러나 만일 트럼프가 대통령이 되면 일본은 이를 이용할 수 있는 가능성이 생겨요. 아베는 헌법을 개정하려고 하지 않습니까? 또 핵무기 개발도 생각할 수 있는 거구요.

유창수: 교수님 귀한 말씀에 한 가지 첨가하자면 트럼프가 중국인, 중국계 미국인, 일본을 싫어하는 이유가 자신의 부동산 사업 때문일 수도 있다고 봅니다. 트럼프는 부동산 사업으로 재벌이 됐는데, 1980년대에는 일본인들이 맨해튼의 빌딩이나 하와이의 골프장 등 미국의 부동산을 대거 사들였지 않습니까? 또 근래는 중국인들이 미국의 부동산을 아예 다 쓸어 담고 있죠. 이런 것들 때문에 부동산 사업을 하는 트럼프가 중국계, 일본계에 굉장히 적대심을 쌓아온 것이 아니냐, 그래서 동북아 아시아 정세에 심각한 불화를 야기할 수 있는 대통령일 수도 있다는 분석들도 나오고 있는데요.

이채진: 상당히 일리가 있는 이야기입니다. 트럼프가 그간의 경험을 통해 동북아시아 지도자들과 경제인들이 자기 이익만 챙기고 미국은 끌려다니면서 손해를 보았지만 자기는 그렇게 안 하겠다고 판단할 수도 있죠.

선거 공약, 사전 대응 필요

유창수: 마지막으로 한반도 정세에 대해서 다뤄 보도록 하겠습니다. 한반도에 미군이 주둔하고 있지만 북한 김정은 정권 때문에 사실 상당히 불안한데요. 한국의 입장에서 힐러리 클린턴이 대통령이 되는 게 한반도 정세와 한·미 관계에 이롭다고 보시는지요?

이채진: 그렇게 보고 있습니다만 트럼프의 한반도 정책은 아직 구체적

가대로 받아주고 거기에 대한 대응을 취하되 트럼프의 이야기가 실행하지 않도록 정지작업을 하게 되면 양쪽 다 해결할 수 있다는 거죠. 무시하면 절대 안 됩니다.

유창수: 이채진 교수님과 2016년 대선, 앞으로 펼쳐진 동북아, 한반도 정세에 대해 많은 얘기를 나눴는데요. 3일에 걸쳐 귀한 시간 내주셔서 감사드립니다. 미국에 돌아가셔서도 저희에게 많은 조언을 주시면 도움이 많이 될 것 같습니다. 감사합니다.

이채진: 네. 좋은 시간이었습니다.

대담
존 피트니
(클레어몬트 맥켄나대학 교수)

미국 선거제도와 민주주의 작동 원리

미국 대선 때마다 주요 신문에 자주 오르내리는 존 피트니 교수는 클레어몬트 멕켄나 대학 교수이자, 정치 평론가로 명성이 높다. 그는 미국의 선거제도가 건국의 아버지들에 의해, 고안된 역사적 배경을 설명했다. 그리고 건국 당시 시민들을 통제하면서 한편으로 지도자의 부정선출을 막기 위해 선거제도가 탄생됐다고 소개하고 있다. 각 정당들이 최선을 다할 수밖에 없는 이유와 함께 때론 불합리하게 보이는 선거인단 제도와 승자독식을 통해 미국식 민주주의의 작동 원리를 설명했다. 한편 선거과정에서 검증받은 인재가 정책을 추진하며 야당과의 합치로 업적을 쌓아가는 모습을 소개하며, 선거와 민주주의의 순기능을 강조했다.

존 피트니
예일대에서 정치학 박사학위를 취득하고, 현재 캘리포니아에 위치한 클레어몬트 맥켄나대학에서 강의하고 있다. 그는 연방 상하 양원에서 다양한 정치 경험을 쌓았다. 부시정부의 부통령을 지낸 딕 체니 상원의원의 보좌관, 공화당 전국위원회 연구원 등을 거쳤다.

미국 정치의 인재 풀, 상·하원의원

유창수: 존 피트니 교수님은 예일대학에서 박사학위를 받으시고 1986년부터 미국 서부 해안에 위치한 클레어몬트 맥켄나대학에 재직하고 계십니다. 미국의 주 상원에서뿐만 아니라 연방 상하 양원에서 다양한 정치적 경험도 쌓으셨습니다.

제가 교수님과 말씀을 나누고자 하는 첫 번째 분야는 미국의 정치 시스템입니다. 미국의 정치 시스템은 아주 독특합니다. 아시다시피 미국 정치 시스템이 이처럼 독특한 이유는 미국이란 나라가 아주 커다란 대륙 국가인 데다 50개의 주로 구성되어 있어서 한국·일본은 물론 영국·프랑스 등 유럽 민주주의 국가들과는 매우 다르기 때문입니다. 미국에는 각 주(州)와 연방 정부 정치 시스템도 있습니다. 교수님께서는 1970년대 말 뉴욕 주 상원에서 근무하셨더군요. 교수님, 주 정부의 구조와 그것이 미국 정치에서 중요한 이유에 대해 말씀해 주시겠습니까?

존 피트니: 말씀하셨던 바와 같이 미국은 50개 주로 구성되어 있습니다. 모든 주는 각각 주의 입법기관 주 의회가 있습니다. 49개 주의 주 의회는 양원제이며 네브래스카주만 단원제를 구성하고 있습니다. 네브래스카주를 제외한 모든 주에는 각각 부르는 이름이 다른 상원과 하원이 존재합니다. 뉴욕주 및 캘리포니아주에서는 상원과 하원을 주 의회(State Assembly)라고 부릅니다. 뉴욕주 상원에서 제가 맡았던 일에 대해 보험 규정을 중심으로 말씀드리겠습니다. 미국에서의 보험은 여러 가지 이유로 국가적 사업임에도 불구하고 해당 주 정부가 보험 규정에 대해 많은 책임을 지고 있습니다. 제가 맡았던 업무의 상당 부분은 보

험산업 관련 규정을 제정하는 일이었습니다. 주 의회는 나중에 국가 공직에 입후보할지도 모르는 사람들에 대한 검증의 장으로서도 중요한 의미를 갖는데 가장 유명한 사례가 일리노이주 상원의원이었던 오바마 대통령입니다. 오바마는 하원에서는 낙선했지만 이것이 훗날 연방 상원의원 경선을 위한 계기가 되어 상원의원이 될 수 있었습니다. 그러므로 미국에서 주 의회는 대단히 중요한 구성 요소입니다.

유창수: 네, 맞습니다. 그 이유는 주 의회는 상·하원으로 구성된 양원제이기 때문이며 이는 역할과 책임을 나뉘어 놓은 것이라고 생각하는데요.

존 피트니: 네. 맞습니다. 상원과 하원에서 무엇을 할 것인가에 대한 규칙은 주마다 상이합니다. 캘리포니아주 주 의회의 선거구 규모는 매우 큽니다. 상원 선거구의 인구 수는 80만 명 정도 됩니다. 소규모 주보다도 수가 많습니다. 캘리포니아주의 주 상원 선거구 인구 수는 사우스다코타주의 인구 수와 거의 일치합니다. 입법기관의 선거구 인구 수가 상대적으로 적은 주들도 있습니다. 그러니까 각 주들의 정치적 시스템이 매우 다양하다는 것입니다. 이와 같이 미국에서는 입법기관 및 정치적 시스템이 주마다 서로 상이합니다.

유창수: 캘리포니아에서 상원과 하원의 주요한 책임은 무엇이며, 상원과 하원의 책임에는 어떠한 차이가 있습니까?

존 피트니: 캘리포니아에서 상원과 하원의 책임은 상당히 유사합니다.

상원과 하원의 주요한 차이는 조직의 규모입니다. 캘리포니아에서 상원은 40명의 의원들이 4년 동안 의원직을 수행하는 반면 하원은 80명의 의원들이 2년 동안 의원직을 수행하고 있습니다. 상원과 하원은 일반적으로 동일한 일을 수행하지만 상원에는 하원에서 발의된 법령에 대한 2차 검토라는 중요한 기능이 있습니다. 이러한 기능은 모든 법적 책임이 한쪽으로만 쏠리지 않도록 하기 위한 것이기도 하지만 하원에서 발의된 법안을 검토하도록 함으로써 상원에 견제와 균형의 기능을 부여한 것입니다.

유창수: 그렇다면 연방 정부처럼 주 정부의 상원에 3자간 견제 및 균형의 기능이 주어진 것입니까? 그렇다면 주 지사, 주 입법기관 및 주 대법원과 같은 요소들을 무엇이라고 부르십니까?

존 피트니: 캘리포니아주에서는 대법원을 the Top Court라 부르지만 뉴욕 주에서는 the Supreme Court라고 부릅니다. 또 최고 수준의 사법부를 캘리포니아 주에서는 Court of Appeals(항소법원)이라 부릅니다. 이렇듯 주마다 약간씩 다른 구조를 보이고 있습니다. 일부 주와 연방 정부의 경우 판사는 임명직 종신제이지만 캘리포니아주를 포함한 여러 주에서 판사는 선거를 통해 뽑는 선출직입니다. 이것이 주 정부와 연방 정부 사이에 존재하는 큰 차이점입니다. 또한 캘리포니아주에서는 선거로 하급법원의 판사를 뽑고 항소법원의 판사도 유권자들의 승인을 받아야 합니다.

민중 통제 및 부정선출 방지를 위한 선거제도

유창수: 한국인으로서, 대한민국 국민으로서 정말이지 이해하기 매우 힘든 부분은 왜 판사를 투표에 의해 선출하는 시스템을 만들었는가 하는 점입니다. 미국에서 그러한 시스템이 생겨날 수 있었던 이유는 무엇입니까?

존 피트니: 민중통제 및 정치인들의 부정 선출에 대한 우려입니다. 모든 시스템에는 장점이 있으면 단점도 있는 법이죠. 선거제도의 단점은 아주 명백합니다. 선거제의 단점은 판사가 인기에 영합하려 할 것이라는 점이며 이는 판사로서의 공정성에 좋지 않은 영향을 미칠 수도 있다는 점입니다. 하지만 선출직 공직자에 의해 임명된 판사들이 부패할 가능성 또한 존재합니다. 그들이 부정한 이유로 판사를 임명하게 되면 해당 판사는 자신을 임명했던, 자신의 임명을 승인했던 정치인들에게 다소나마 신세를 지게 되는 것입니다. 사견이지만 저는 임명제를 선호합니다. 저는 임명제가 보다 효과적이라고 생각합니다만 선거를 통한 판사 선출제가 유지되기를 바라는 사람들도 있습니다.

유창수: 저는 미국 대통령 선거가 있는 2016년 올해가 정말 흥미로운 한 해가 될 것이라고 생각합니다. 그 이유는 전 세계로부터 많은 관심을 끌고 있기 때문입니다. 이는 미국이 세계 패권을 쥐고 있기 때문이기도 하지만 선거 자체가 아주 흥미롭기 때문이기도 합니다. 비교 정치 관점에서, 선진국들의 다양한 정치 시스템을 비교해 어떤 정치 시스템이 좋고 어떤 정치 시스템이 좋지 않은지에 대해 파악하는 것은

으로 성립이 안 됐다고 생각합니다. 한반도에 대한 구체적인 정책이 없으니까 이런 말 저런 말 무책임한 이야기를 많이 하는 거예요. 한 기자가 "김정은과 정상회담을 하겠느냐"고 물으니 트럼프는 "할 수 있다. 하는 데 아무 문제없다. 그러나 북쪽은 아주 악질적인 정권이다. 그리고 중국을 통해서 더 압력을 넣어서 핵 문제를 해결해야 된다"고 답했는데 앞뒤를 따져 보면 말이 안 되잖아요. 김정은이 정말 악질이라면 만나서 무슨 일이 생긴다는 것입니까? 그리고 중국을 통해 압력을 넣으려면 중국과 관계를 개선해야 될 텐데 중국에 대해서는 계속 반대되는 이야기를 하니 앞뒤가 맞지 않아요.

　한국은 모든 가능성을 열어두고 생각해야 될 것 같아요. 그러나 트럼프가 대통령이 된다면 현재까지 이야기한 것을 절대로 무시하면 안 돼요. 과거에 아이젠하워가 대통령이 될 때 '한국에서 휴전을 하겠다'는 말을 이승만 대통령은 심각하게 생각하지 않았어요. 그리고 카터가 대통령 출마해 미군을 철수시키겠다고 했을 당시에도 모든 자료를 보면 이를 선거를 위한 하나의 전략(Gimmick)이지 실제 실행하지는 않을 것이라고 판단했어요. 그리고 아들 부시가 대통령 됐을 때도 북쪽에 대해 이런저런 이야기를 했는데 클린턴 대통령과 부시 대통령 사이에 절차상 차이는 있지만 본질적인 차이가 없다고 봤잖아요? 그것도 완전히 판단을 잘못했어요. 부시 정부 출범 이후 북한과의 관계가 악화되었잖아요.

유창수: 악의 축이라고 그러고….

이채진: 이전 대통령들의 선례가 많이 있어요. 트럼프의 이야기를 액면

매우 중요하다고 생각합니다. 대한민국도 미국 정치 시스템을 면밀히 검토함으로써 대한민국 정치 시스템의 장단점을 파악하고 잘못된 부분을 개정하고 개선시킬 수 있을 것입니다. 교수님께서 말씀하신 것처럼 미국은 대통령을 비롯한 아주 많은 공직자들을 선출합니다. 올해도 많은 사람들이 선거를 통해 공직에 진출하겠지요?

존 피트니: 네, 그렇습니다. 다시 한번 말씀드리지만, 시스템은 주마다 매우 상이합니다. 일부 주에서는 문자 그대로 많은 투표가 시행되고 있는데요, 캘리포니아주를 비롯한 몇몇 주에서는 일부 법안에 대해 직접 투표를 실시하고 있습니다.

주민발안이죠. 그러나 선거 개혁가들이 생각도 못할 정도로 복잡한 투표의 복잡성은 미국의 투표율이 다른 나라에 비해 낮은 이유 중 하나이기도 합니다. 저조한 투표율은 미국인들의 시민의식이 결여되어 있기 때문이 아니라 단지 투표 행위가 다른 민주주의 국가들에 비해 훨씬 더 복잡하고 까다롭기 때문입니다. 유권자들이 공직에 대해 자세히 알아보아야 하는 것도 낮은 투표율의 원인 중 하나입니다. 지난주 저와 제 아내는 캘리포니아주의 공직자 선거에서 우편으로 투표했습니다. 말씀드렸던 바와 같이 캘리포니아주에서는 하급 법원 판사를 투표로 선출하는데 저는 판사 후보자들이 어떤 사람인지에 대해 알기 위해 상당한 시간을 투자했습니다. 그러나 투표를 하지 않거나 저처럼 후보자에 대해 알기 위해 많은 시간을 들이는 유권자는 많지 않았다고 생각합니다.

유창수: 교수님께서는 올 총선에 투표하러 가시겠군요?

존 피트니: 그렇습니다. 미국 정치 시스템의 또 다른 특징은 선거가 빈번하다는 것입니다. 미국에서는 가을에 총선이 있을 뿐 아니라 예비선거도 있습니다. 캘리포니아주에는 예비선거라는 상당히 복잡한 제도가 있는데 이 제도를 통해 가을에 투표용지에 이름을 올리게 될 결선 진출자와 대통령 후보를 선출하기 위한 대리인을 선출하게 됩니다. 공화당 당적을 가진 저는 공화당 대선 예비선거에서 투표하게 되는 반면 민주당 당적을 가진 사람은 힐러리 클린턴과 버니 샌더스 중에서 선택할 수 있습니다.

최선을 다할 수밖에 없는 선거

유창수: 그렇군요. 11월 8일 캘리포니아에서 치러질 투표에 대해서는 어떻게 보고 계십니까?

존 피트니: 이번 대선에는 공화당과 민주당의 후보와 함께 자유당에서는 개리 존슨이 출마하게 되었습니다. 또한 미국 상원의원 경선도 치러지게 되는데 미국 상원의원은 6년 시차 임기제이며 캘리포니아주에서는 은퇴한 바버라 박서 상원의원의 후임자를 선출할 예정입니다. 캘리포니아주는 다른 주에는 없는 독특한 국민공천 예비선거(top-two primary)라는 제도가 있습니다. 다음 주 캘리포니아에서는 모든 정당의 후보자들에 대한 투표가 진행될 예정인데요, 여기서 가장 많은 표를 얻은 상위 두 명의 후보자들이 가을에 치러질 총선에 나가게 됩니다. 이 방식을 이용하면 같은 당에서 두 명의 후보자가 선출될 수도 있

습니다. 이번 가을 총선에서 캘리포니아 사람들은 두 명의 민주당 후보자들 가운데 한 명을 선택하게 될 것입니다. 이렇게 되면 민주당 후보와 공화당 후보에 대한 11월 투표에서는 다른 선택을 할 여지가 사라지게 되어 두 명의 민주당 후보 중 한 명을 선택해야 할 것입니다. 이 부분이 바로 캘리포니아 주의 선거제도가 다른 주들과 구별되는 부분입니다. 우리는 또한 미국 하원 투표도 진행할 것입니다. 각 주들은 인구 비례에 따라 대표자들을 뽑기 때문에 가장 큰 주인 캘리포니아는 가장 많은 주 대표자들을 선출하게 됩니다. 또한 주 의회 의원 및 판사에 대한 투표와 오락용 마리화나 합법화 법안을 포함한 여러 주민발안에 대한 투표도 진행될 것입니다.

유창수: 미국에는 기본적으로 공화당과 민주당이라는 두 개의 다수당이 존재합니다. 백악관은 민주당의 오바마 대통령이 차지하고 있습니다만 연방 상·하원은 물론 주 의회에서도 공화당이 다수당입니다. 공화당은 전체 50개 주 중 대다수의 주에서 우위를 보이고 있죠. 주지사도 공화당이 대다수를 차지하고 있고요. 미국을 대통령 선거인단 숫자로 결정하는 미국 대통령 선거에서는 다수의 히스패닉계 및 흑인계 등으로 구성된 미국의 인구구조 특성상 민주당이 우세하다고 말합니다. 그런데 주 의회, 주 지사, 연방 상·하원은 공화당이 우위를 점하고 있는 것 같습니다. 이와 같은 차이가 발생하는 근본적 이유는 무엇입니까?

존 피트니: 저는 특정 정당이 선거인단 제도에서 강점을 지니고 있다고 생각하지 않습니다. 민주당원들은 과거 몇 차례 선거에서 일반 투표에서 과반수를 획득함으로써 과반수의 선거인단을 쟁취하는 경향을 보

였습니다. 그리고 오바마 대통령은 2012년 실제로 그리 크지 않은 표 차로 승리했습니다. 2008년 득표율보다 2012년 득표율이 떨어졌는데 오바마는 첫 선거의 득표율보다도 저조한 득표율로 재선에 성공한 최초의 대통령이었습니다. 2012년 선거는 오바마 대통령이 어렵게 거둔 승리였습니다. 미국은 4년에 한 번 대통령 선거를 실시하고 대선 2년 후 중간선거를 실시합니다. 중간선거에 나오는 사람들은 대통령 선거에 나오는 사람들과는 다소 다른 성향을 보입니다. 중간선거 출마자들의 전체 유권자 수는 더 적지만 공화당 쪽으로 더 기우는 경향을 보입니다. 이는 마치 하나의 시스템처럼 대통령 선거를 제외한 공직 선거에서 공화당이 약간 유리한 위치에 서는 경향이 있습니다. 이러한 특징은 대통령 선거 및 주 전체에 적용되는 공직 선거 이상으로 미국 하원 선거 및 주 의회 선거에서 중요한 부분을 차지하는데 이는 민주당에 대한 지지세력의 상당수가 도시지역에 편중되어 있다는 것을 의미합니다. 예를 들면, 뉴욕 시에는 공화당의 대선 후보인 밋 롬니 후보가 2012년에 글자 그대로 단 한 표도 얻지 못한 선거구가 있었습니다.

유창수: 아! 그렇군요.

존 피트니: 민주당 지지자들이 아주 많지만 민주당 표의 상당 부분이 지역적으로 심하게 편중되어 있었기 때문에 민주당 지지자들의 표는 비효율적으로 분산됩니다. 이는 많은 민주당 의원들이 글자 그대로 총 투표수의 80~90%를 획득해 승리한 반면 공화당 지역에서의 표 차이는 크지 않았습니다. 이로 인해 공화당 지지 유권자들의 비율보다 많은 공화당 의원들을 선출하는 경향을 보이고 있습니다. 이것이 공화당

의 또 다른 강점입니다. 공화당 지지자들의 표는 훨씬 더 고르게 퍼져 있거나 효율적으로 분산되어 있습니다. 바로 이러한 점이 공화당이 하원을 장악하고 많은 주 의회에서 유리한 위치를 차지하고 있는 이유입니다.

소선거구제의 장단점

유창수: 교수님께서는 민주당 지지자들의 표는 도시 지역에 심하게 편중되어 있기 때문에 일정 수준 이상의 투표는 민주당에 유효하지 않다고 말씀하셨습니다. 그러한 현상이 영향을 미친다고 생각하십니까?

존 피트니: 그렇습니다. 그것은 사표(死票)라고 알려진 현상입니다. 한 지역구에서 승리하려면 총 투표 수의 50% +1표의 표가 필요합니다. 그래서 50% +1표 이상의 표를 얻는 것은 낭비라는 말입니다. 다시 말해서 총 투표 수의 50% +1표를 넘어서는 표가 다른 지역구에 사용되었다면 또 다른 민주당 후보를 선출하는데 사용되었을 표라는 말입니다. 그러므로 어떤 정당의 지지자들이 지리적으로 편중된 경우 해당 정당의 후보자가 큰 표차로 승리하는 지역은 얼마 되지 않는 반면, 상대 당의 후보자가 작은 표차로 승리하게 될 지역은 넘쳐나게 되어 더 많은 의석을 차지하게 될 것입니다. 이는 민주당이 해결해야 할 문제입니다. 민주당은 큰 표차로 소수의 의석을 차지하겠지만 그러한 큰 득표 차이가 민주당에 많은 의석을 보장해 주지는 않죠.

유창수: 교수님께서는 이러한 선거 시스템으로 공화당이 주 정부와 연방 정부에서 더 많은 공직자를 배출할 수 있다고 보십니까? 공화당이나 미국의 전반적인 정치 구조에 무슨 일이 일어난 것입니까?

존 피트니: 이러한 상황은 주기적으로 반복됩니다. 민주당은 과거 오랫동안 주 의회를 장악해 왔는데 이는 미국 남부 지역을 기반으로 했기 때문입니다. 남북전쟁과 20세기 후반 사이에 민주당은 미국 남부 지역의 다수당이었습니다. 그 이유는 에이브러햄 링컨이 공화당원이었기 때문이지요. 이를 바꾸는 데는 오랜 시간이 걸렸고 남부 지역의 백인 유권자들이 지지하는 정당도 민주당에서 공화당으로 바뀌었습니다. 아프리카계 미국인 유권자들은 전적으로 민주당을 지지합니다. 이것이 20세기 후반부 미국 정치 시스템에서 발생된 가장 중대한 변화이지요. 남부 지역 유권자들의 지지정당 변화는 공화당이 하원을 장악하게 되는 부분적인 이유가 됩니다. 반면 북부 및 북동부는 거의 완전히 민주당 지지자들이 장악하고 있는 지역이 되었습니다. 지역 유권자들의 지지 정당 패턴은 시간이 지남에 따라 변화하게 됩니다.

유창수: 저는 로널드 레이건이 미국의 전반적인 정치 시스템에 막대한 영향을 미쳤으며 그 덕분에 공화당이 대통령 선거, 주지사 선거, 주 정부 선거, 연방의회 선거에서 승리할 가능성이 더 높아졌다고 생각하는데 그렇지 않습니까?

존 피트니: 이유는 여러 가지가 있습니다. 1980년 선거에서 레이건은 일반 투표의 과반수를 획득해 대통령 선거인단의 절대 다수를 확보하

게 되었고 공화당은 1952년 선거 이래 상원에서 처음으로 승리를 거두 었습니다. 그러나 민주당은 1980년에도 하원을 계속 장악하고 있었으 며 사실 그 이후 선거에서는 하원에 대한 장악력이 더욱 증대되었습니 다. 게다가 민주당은 주 의회도 계속 장악하게 되었습니다. 레이건 대 통령이 1984년 선거에서 50개 주 중 49개 주에서 과반을 득표하며 큰 표차로 재선에 성공했지만 하원 의석 수 증가가 몇 석에 그치고 말았 습니다. 공화당 하원의원들은 크게 낙심했었죠. 하지만 레이건은 미국 남부지역의 백인 유권자들을 중심으로 공화당을 지지해 달라며 변화 를 촉구했습니다. 이로 인해 공화당이 1994년 선거에서 하원의 과반을 획득하게 되지요. 40년 연속으로 하원을 장악한 민주당을 꺾은 1994년 선거는 매우 중요한 중간선거였습니다. 저는 당시 공화당 하원의원들 에 대해 쓴《그들은 의회의 영원한 소수당인가?》라는 책을 공동 저술 하기도 했습니다.

유창수 : 대한민국에도 300명의 의원들로 구성된 의회가 있습니다. 대 한민국에는 의회가 절대적인 권한을 갖고 국가와 중앙 정부에 강력한 영향력을 보유하고 있습니다. 미국은 어떻습니까?

존 피트니 : 그렇지 않습니다. 미국의 정치 시스템은 어떠한 권력 기관 도 절대적인 영향력을 행사할 수 없도록 고안되었습니다. 미국에서는 대통령이 의회에 대해 거부권을 행사할 수 있는 반면 상원과 하원에서 는 발의된 법안에 대해 반대하는 경우가 비일비재합니다. 의안을 상 · 하 양원에서 모두 통과시키는 것이 어려운 경우도 종종 있습니다. 그 리고 위헌 법률 심사권(미국에서 연방 대법원의 위헌 여부 판단권)이라는 강력

한 전통이 있어 논란의 소지가 있는 법률은 반드시 법원에 이의를 제기하게 됩니다. 제기된 이의신청은 법원에서 간간이 번복되기도 합니다. 공공정책에 대한 여러 가지 쟁점 사안들은 주 정부가 담당하게 되는데 주 정부가 추구하는 정책이 연방 정부의 정책과 궤를 같이하지 않는 경우도 많아요. 미국의 정치 시스템은 매우 복잡합니다. 이로 인한 단점은 때때로 비능률의 노출이고 장점은 국가권력에 대한 견제 기능 제공이라고 설명할 수 있습니다.

흑인과 히스패닉, 인구 분포로 정치세력화

유창수: 미국의 인종 정치학에 관해 이야기를 나누겠습니다. 교수님께서는 레이건이 집권하던 1980년대 이래로 열렬한 공화당 지지자로 변했던 미국 남부지역 백인 유권자들에 대해 말씀해 주셨습니다. 2016년 백인이 등록 유권자의 비율이 70%에 이르는 것 같은데요. 이 수치가 맞습니까?

존 피트니: 히스패닉계 유권자 수 증가로 백인 유권자 비율이 급격히 감소하고 있는 추세입니다. 아프리카계 미국인 유권자는 전국적으로 12% 정도 되는데 히스패닉계 유권자의 수가 아프리카계 미국인 유권자 수보다 빠르게 증가하고 있습니다. 아시아계 미국인 유권자들도 마찬가지고요.

유창수: 히스패닉계의 비율은 얼마나 되나요? 13~14%쯤 됩니까?

존 피트니: 아프리카계와 히스패닉 미국인을 합하면 30% 정도 됩니다.

유창수: 히스패닉계와 아프리카계 미국인이 30%, 백인이 70%라면 공화당이 엄청나게 유리한 것은 아니지 않습니까? 심지어 20년 전에도 말입니다.

존 피트니: 아프리카계 미국인 유권자들의 표는 거의 모두가 민주당 지지 표입니다. 백인 유권자들은 공화당을 선호하는 경향을 보이지만 민주당과 공화당의 표 차이가 많이 나지는 않습니다. 아프리카계 미국인 유권자들은 전체 유권자 비율 측면에서 히스패닉계 유권자들보다 적지만 히스패닉계 유권자들보다 훨씬 더 열렬한 민주당 지지자들입니다. 아프리카계 미국인, 히스패닉과 상당수의 백인 유권자들이 민주당 지지자들이 되어 총선을 치르게 되는 것입니다.

유창수: 선거의 결과를 예상한다는 것이 거의 불가능하다는 것은 알지만 공화당에서 도널드 트럼프가 부상하게 됨에 따라 연방 의회 상원 및 하원 선거 결과에 어떠한 영향을 미칠 것이라고 보십니까?

존 피트니: 대단히 흥미로운 질문이군요. 주마다 다를 것입니다. 백인 유권자들에게 투표하도록 동기를 부여함으로써 공화당에 실제로 도움을 주는 지역도 일부 있을 수 있습니다. 그러나 다수의 지역에서는 분명 불리한 상황에 처하게 될 것입니다. 캘리포니아에는 히스패닉계 사람들이 많이 살고 있습니다. 열렬한 민주당 지지자들인 히스패닉계 유권자들의 투표율은 매우 높을 것으로 예상되어 공화당으로서는 연방

하원 및 주 의회 선거에서 힘든 싸움을 벌이게 될 겁니다.

이는 플로리다·네바다·콜로라도·애리조나·뉴멕시코주와 같이 히스패닉계가 많은 다른 주에서도 트럼프 효과가 공화당에 악영향을 미칠 것으로 예상됩니다. 아프리카계 미국인 유권자들의 투표율도 높을 가능성이 있습니다. 2012년 선거에서는 미국 역사상 처음으로 백분율 기준 아프리카계 미국인 유권자들의 투표율이 백인 유권자들의 투표율을 상회했습니다. 오바마 대통령이 더 이상 선거에 출마하지 않는다면 아프리카계 미국인 유권자들의 투표율은 내려갈 것으로 예상할 수 있습니다. 하지만 시민권 및 그와 관련된 트럼프의 발언을 고려하면 그를 반대하는 아프리카계 미국인 유권자들의 올해 투표율은 매우 높을 것으로 보입니다. 이는 펜실베이니아·오하이오주와 같이 매우 중요한 상원 선거가 치러지는 주에 영향을 미칠 수 있어요. 종합적으로 보았을 때 도널드 트럼프는 미국 상·하원 선거에서 공화당에 좋지 않은 영향을 미칠 것으로 보입니다.

왜 트럼프인가?

유창수: 네, 그렇군요. 이제 저는 공화당 예비선거에 대해 회고해보고자 합니다. 왜냐하면 올해 공화당 예비선거는 경쟁이 치열했고 흥미로웠기 때문입니다. 젭 부시에 대한 이야기를 좀 해 보죠. 처음에는 미국 내 많은 언론에서 그를 분석하는 글을 실었고 국제적으로도, 심지어 대한민국의 많은 신문들에서도 젭 부시와 힐러리 클린턴 간 경선이 이뤄질 것이라는 예상을 내놓았었습니다. 젭 부시는 많은 기부자들로부

터 엄청난 지지를 받고 부시 가문의 일원이잖습니까? 플로리다에서 성공적으로 주 지사직을 수행한 유능하고 인기 높았던 젭 부시에게 무슨 일이 일어났던 겁니까?

존 피트니: 몇 가지 이유가 있습니다. 인기 없는 형과 관련이 있습니다. 조지 W. 부시는 주로 이라크 문제로 인해 유권자들에게도 인기가 없을 뿐만 아니라 공화당 의원들의 비위를 거스르는 방식으로 정부 규모를 확대했기 때문에 공화당 내에서도 인기 없는 대통령으로 남아 있습니다. 그래서 부시라는 브랜드는 공화당 입장에서는 자산이 아닙니다. 또한 젭 부시는 대중을 사로잡는 연사가 아닌 데다, 선거 운동 중 다소 소심한 면을 보였고, 공화당을 지지하는 유권자들에게 호소할 만한 감동적인 메시지를 보여주지 못하는 등 후보자로서 불리함을 안고 있었어요. 젭 부시는 기부자들과 정치 전문가들에게는 매우 인기 있었지만 후보 경선에서 승리하는 데 필요한 일반 유권자들에게는 그렇지 못했습니다.

유창수: 그렇군요. 마르코 루비오의 경우는 어떻습니까? 저는 마르코 루비오가 최종 후보가 될 것이라고 예상했었는데요. 루비오는 정치적 재능이 아주 많은 데다 그의 연설은 매우 감동적이었습니다. 히스패닉계로서 공화당의 떠오르는 스타였고 티 파티 운동의 멤버이기도 했습니다. 그는 2010년 상원의원이 되었죠?

존 피트니: 예, 2010년입니다. 마르코 루비오는 대선에 있어서는 엄청난 자산이지만 예비선거에서도 귀중한 자산이라고 볼 수는 없었습니

다. 히스패닉계를 향한 루비오의 호소는 대선에 있어서는 엄청난 자산이 되겠지만 공화당 대통령 후보 경선에 참여한 히스패닉계가 많지 않은 예비 선거에서는 자신의 강점이 큰 도움이 되지 못했습니다. 이민자들에 대한 루비오의 입장은 그를 매우 불리하게 만들었습니다. 그는 본래 관대한 이민 정책을 지지했었습니다. 입장을 번복했지만 이민 정책에 관한 한 강경한 태도를 취하고 있었던 공화당 지지자들을 만족시키지는 못했습니다. 루비오는 대단히 설득력 있는 후보였지만 크리스 크리스티와의 토론에서 가장 극적인 순간에는 말문이 막혀 말을 더듬기도 했습니다. 그것이 루비오에게 매우 불리하게 작용했습니다. 하지만 가장 큰 문제는 그가 상당수 다른 후보자들과 함께 반트럼프 표를 공유해야만 했다는 점입니다. 만약 반트럼프 표가 한 명의 후보에게 몰렸다면 그 후보가 대선 후보가 되었을 것입니다. 트럼프는 많은 후보들이 난립하는 상황을 기회로 활용해 대선 후보의 자리를 차지했습니다.

유창수: 테드 크루즈를 보면, 그는 기본적으로 본인이 할 수 있는 모든 것을 다 한 것처럼 보이지 않습니까?

존 피트니: 크루즈는 본인이 할 수 있는 모든 것을 다 했습니다. 그는 보수 표에 어느 정도 활력을 불어넣을 수 있었습니다. 하지만 그는 보수층의 표를 여러 다른 후보들과 나누어야만 했습니다. 크루즈는 동료 의원들에게는 인기 없는 정치인이어서 워싱턴의 정치적 동료들로부터 어떠한 지원도 받지 못했습니다. 그는 그곳에서 자신을 지지하는 사람들 또는 다른 후보자들처럼 대리인 역할을 하는 사람들을 확보하지 못

했습니다. 이것도 비록 간접적이기는 하지만 그에게 불리하게 작용했습니다.

유창수: 공화당의 이번 예비선거와 같은 상황이 한국에서 일어났다면 저는 정치적 동료들이나 유력인사들은 은밀히 만나고 유권자들은 반 트럼프라는 기치 아래 하나로 통합되었을 것이라고 생각했습니다. 하지만 미국에서 그런 일은 일어나지 않았습니다. 미국에서 그것은 어떤 의미입니까? 기본적으로 정치적인 문제들로 인한 유력인사들의 은밀한 만남이 줄었기 때문입니까?

존 피트니: 그렇습니다. 경쟁을 중단시킬, 후보자들에게 경선을 해선 안 된다고 말할 권한과 영향력을 가진 사람은 아무도 없습니다. 그런 의미에서 미국의 정치 시스템은 분권화되어 있습니다. 그리고 그것이 바로 지금 같이 다수의 후보가 참여하는 경선을 치르게 된 이유입니다. 왜냐하면 후보자들에게 사퇴하라고 말할 수 있는 영향력 및 권한을 가진 사람은 아무도 없었거든요. 그래서 여러 후보자들은 경선을 지속하기 위해서라도 다양한 곳에서 선거자금을 조달해야 합니다.

17명의 경선 후보들로 본 미국정치

유창수: 올해는 17명의 후보자가 나왔는데요, 과거 공화당 예비선거에는 평균적으로 몇 명의 후보가 참여했나요?

존 피트니: 편차가 매우 심합니다. 2004년에는 한 명뿐이었습니다. 조지 W. 부시가 경쟁자 없이 11월 대선에 승리합니다. 다른 선거에서는 3~4명의 주요 후보자가 경선에 참여했었습니다. 경선 참여자가 많은 이유는 공화당원들이 선거를 하나의 기회로 보았기 때문입니다. 공화당은 버락 오바마가 두 번의 임기 동안 정권을 쥐고 있으므로 오바마의 임기가 끝나면 유권자들이 공화당 출신 대통령을 선택할 준비가 되어 있을 것이라고 생각했습니다. 이러한 생각은 다른 후보자라면 맞는 말일 수도 있을 것입니다. 그러나 트럼프는 그러한 이점을 포기할 태세를 취하는 것 같습니다.

유창수: 맞습니다. 그래서 전 세계의 많은 사람들이 "공화당 유권자들에게 무슨 일이 생긴 것인가?"라고 묻고 있습니다. 공화당 유권자들이 트럼프를 선택하려 한다는 것을 그냥 믿기는 힘듭니다. 교수님께서는 공화당의 후보 경선에 많은 후보가 참가하게 된 한 가지 이유에 대해 말씀해주셨는데요, 저는 트럼프가 그와 같은 대규모 경선을 이용했다고 생각합니다. 여러 논란의 여지가 있는 언급들을 해온 트럼프는 미국 주요 정당의 한 후보로서 어떤 상황에 처하게 될까요?

존 피트니: 그것은 많은 미국인들이 궁금해하는 문제입니다. 여기에는 여러 이유가 있다고 생각합니다. 반대 의견의 분열과 더불어 그중 한 가지 이유는 공화당 일반 유권자들의 의견과 공화당 지도부 및 보수층 지식인들의 의견이 매우 달랐기 때문입니다. 자유무역에 대해 이야기해 보죠. 미국의 보수주의자들은 오랫동안 압도적으로 자유무역을 지지해왔습니다. 북미 자유무역협정(NAFTA)은 원래 로널드 레이건의 계

획이었습니다. 하지만 나중에 밝혀진 바와 같이 공화당의 일반 유권자들은 자유무역 옹호자들이 아닙니다. 그들은 특정한 형태의 보호무역주의를 지지합니다. 공화당의 많은 엘리트들은 관대한 이민 정책을 지지하지만 공화당의 많은 일반인 지지자들은 매우 엄격한 이민정책을 지지하고 있습니다.

트럼프는 그러한 점 또한 기회로 활용한 것이지요. 또한 트럼프는 여러 다른 정치인들과는 달리 공개적으로 사람들을 모욕하면서 여러 정치적 전통을 무시하고 있습니다. 저를 포함한 많은 사람들이 처음에는 트럼프의 행동이 유권자들을 이반시킬 것이라고 보았지만 오히려 많은 유권자들이 후련하게 생각한다는 것을 알게 되었습니다. 유권자들은 평범한 정치인들의 단조로운 언사에 피로감을 느끼고 있었는데 트럼프가 의심스러웠던 기존 정치 시스템에 변화의 바람을 몰고 왔다고 생각하고 있어요. 트럼프 현상의 근본적인 이유는 미국인들이 경기 침체로 인해 정부에 대한 기본적인 신뢰와 믿음마저도 잃어버렸기 때문이라고 봅니다. 실질 임금이 수십 년 동안 정체되어 왔기 때문에 많은 사람들이 경제적 기회를 박탈당하자 경기침체에 대한 책임을 정치권으로 돌리고 있습니다. 그들은 정치인들의 말은 신뢰하지 않지만 트럼프는 뭔가 다르며 기존의 정치 시스템을 무너뜨릴 수 있는 사람으로 보고 있습니다. 바로 이 점이 많은 유권자들이 트럼프를 지지하는 이유입니다. 하지만 공화당 예비선거 유권자들이 트럼프에게 흥미를 느꼈던 바로 그 부분에 일반 유권자들은 혐오감을 느끼기도 합니다. 트럼프는 특히 히스패닉계 미국인들, 장애인들, 여자들을 모욕해 왔습니다. 대다수의 유권자들을 모욕하는 것이 대다수의 유권자들을 얻는 좋은 방법은 아니죠.

코커스와 오픈 프라이머리

유창수: 피트니 교수님과 함께 예비선거 시스템에 대해 알아보고자 합니다. 민주당과 공화당의 예비선거는 조금 다르지만 코커스(전당대회), 오픈 프라이머리(공개 예비선거), 제한 예비선거와 같은 세 가지 유형이 있습니다. 이들 예비선거 제도에 대해 설명해 주시겠습니까?

존 피트니: 각 당의 후보를 선정하는 최종적인 인가절차입니다. 코커스는 당원들, 과거 당원이었지만 현재는 코커스에 참여하기 위해 참석한 사람들이 공개된 장소에서 만나는 것입니다. 과정상 공화당과 민주당 간에 약간의 차이는 있지만 요점은 공개회의라는 거죠. 거기서 사람들은 자신이 누구를 후보로 선택할지에 대해 신중히 숙고하고 논의한 다음 후보를 선택합니다. 코커스는 후보 선택 과정의 시작입니다.

코커스에서 선택된 대리인들은 차례차례 대리인을 선정하는 이벤트에 참여하게 됩니다. 코커스의 장점은 일반 유권자들이 자신의 선택을 위해 서로 만나 이야기를 나누는 것입니다. 단점은 시간 소모가 크고 특정한 날 밤에 개최되는 현장에 갈 수 없는 사람들에게는 접근이 쉽지 않다는 점입니다. 그래서 참석률이 예비선거보다도 훨씬 더 저조합니다. 이제 예비선거의 결과를 가지고 투표하러 가서 이번 선거에서 당선되기를 바라는 후보에 투표하면 됩니다. 차이점은 총선에서는 최종 결정을 하는 것이 아니라 투표용지에 나타나 있는 후보를 선택한다는 것입니다. 오픈 프라이머리(여기에도 여러 변형된 형태가 존재합니다)는 투표인단에 등록된 사람이라면 누구든 참여할 수 있는 방식입니다. 심지어 일부 주들에서는 당원증이 없어도 참여할 수 있습니다. 그래서 그러한 주들에서는 평소 공화당을 지지하더라도 민주당에서 투표할 수 있습니다. 제한 예비선거는 반드시 하나의 당에 등록해야 하며 다른 당의 당원에게 어필할 필요가 없어요. 그래서 제한 예비선거에서는 당내에서 어필할 수 있는 후보자가 유리한 경향이 있습니다.

유창수: 제한 예비선거에서는 등록된 당원만 참여할 수 있다고 하셨는데요, 해당 정당을 지지하는 유권자들도 투표할 수 있는 거죠?

존 피트니: 그렇습니다. 선거 유형의 자세한 차이까지 설명하려면 아마도 몇 시간은 걸릴 것입니다. 특정 당에 등록하지 않아도 되는 주의 오픈 프라이머리는 누구라도 공화당이나 민주당 예비선거에서 투표할 수 있고 제한 예비선거에서는 반드시 당원만 참여할 수 있다는 것이 근본적인 차이지요.

유창수: 예비선거는 어떻게 이뤄지나요? 주로 오픈 프라이머리인가요? 아니면….

존 피트니: 예비선거의 방식 방식은 다양합니다. 먼저 개최되는 이벤트는 아이오와 코커스입니다. 그다음 개최되는 예비선거가 뉴햄프셔 예비선거인데 여기서는 공화당 당원들은 공화당 예비선거에서, 민주당 당원들은 민주당 예비선거에서 투표해야 합니다. 당원이 아닌 경우 투표할 수 없습니다. 예비선거 방식은 당마다 다릅니다. 하나의 주에서도 한쪽 당은 코커스를, 다른 당은 프라이머리를 하는 식입니다. 예비선거가 다른 날에 실시되는 경우도 있어요. 공화당 당원들이 어느 한

날에 투표하면 민주당 당원들은 다른 날에 투표하는 방식입니다. 이는 미국의 연방제를 반영하고 있는 것입니다.

유창수: 공화당의 예비선거 결과를 보면 크루즈는 대부분의 코커스와 제한 예비선거에서 승리한 반면 트럼프는 대부분의 오픈 프라이머리에서 승리했습니다.

존 피트니: 맞습니다. 트럼프는 공화당과 느슨한 관계를 맺고 있던 사람들에게 호소했습니다. 그들은 평소에는 자신이 공화주의자라고 생각하지 않을 수도 있고 과거 공화당 정치에 참여했을 수도 있는 사람들입니다. 크루즈는 과거에 공화당 정치에 관여했던 사람들이나 오랫동안 공화당원으로 등록했었던 사람들에게 더 많은 지지를 얻는 경향이 있었습니다. 이는 그들의 지지 기반의 중요한 차이였습니다.

공화당의 고민, 의회를 지킬 수 있을까?

유창수: 당내 1인자인 폴 라이언의 역할은 무엇입니까? 하원의장으로서 향후 5개월간 그의 행동을 어떻게 예상하십니까?

존 피트니: 라이언에게는 두 가지 역할이 있습니다. 그 하나는 하원의장 역할입니다. 그는 상하 양원을 대표하는 사람 중 한 명이며 대통령직을 계승할 수 있는 위치에 있는 사람입니다. 그는 당의 중도파와 강경파인 티 파티 계파 모두부터 인정받았기 때문에 그 자리에 올랐습니

다. 라이언이 몇 달 동안 하원에서 얼마나 성공적으로 역할을 수행할 지는 아직도 두고 볼 일입니다. 그가 겸직하고 있는 전당대회 의장은 상징적인 자리이지만 전당대회가 진행되는 동안에는 일정 정도 대중들에게 노출되어 그를 당내에서 가장 중요한 사람으로 인식하게 만들어주는 효과는 있습니다. 라이언은 2012년 공화당의 부통령 후보로서 이미 대중에게 잘 알려졌죠. 많은 사람들은 그가 앞으로 무엇을 할지에 궁금해하고 있습니다. 라이언은 트럼프의 발언들, 예를 들면 존 매케인 상원의원의 전쟁 영웅 관련 발언, 여성 차별적 발언 등에 대해 상당히 우려해 왔습니다.

유창수: 공화당이 하원 선거 이후에도 과반수를 유지할 것으로 예상하십니까?

존 피트니: 확실치는 않지만 가능성은 있습니다. 많은 것들이 대통령 선거에 따라 결정됩니다. 만약 힐러리 클린턴이 상당한 표차로 승리하고, 히스패닉계와 아프리카계 미국인들의 투표율이 높다면 공화당은 일부 의석을 상실할 수도 있겠죠. 그러나 총 투표수의 분포 상태를 고려해 보면 민주당 표는 공화당에 비해 적은 수의 의석에 훨씬 더 많은 표가 집중되어 있다는 것을 알 수 있습니다. 공화당 표는 더 많은 수의 의석에 훨씬 더 고르게 분포되어 있고요. 절대적으로 확실한 것은 아니지만 이런 구도를 고려해 보면 공화당이 하원에 대한 장악력을 유지할 개연성이 높아 보입니다.

유창수: 상원에서는 과반의석을 획득하지 못할 가능성이 높아 보이지

않습니까?

존 피트니: 상원은 훨씬 더 위험한 상황입니다. 상원은 통계적으로 일반화하기가 훨씬 어렵습니다. 각 의원들의 개별적인 경선 상황을 지켜보아야 알 수 있어요. 2012년 대선에서 버락 오바마가 승리했던 주 중 공화당 상원의원들이 차지하고 있는 의석이 몇 개 있는데 올해도 힐러리 클린턴이 승리할 가능성이 높습니다. 위스콘신과 일리노이에서 공화당 의원들이 차지하고 있는 의석은 거의 확실히 민주당으로 기울어지고 있습니다. 공화당은 네바다 의석을 가져갈 수 있을 것이라고 희망했지만 네바다는 히스패닉계가 많이 거주하는 지역입니다. 이 지역은 아마도 힐러리 클린턴에게 유리할 것으로 보이며 민주당이 네바다주의 의석을 유지하는데 도움이 될 거예요. 민주당이 추가로 3개의 의석을 가져간다면 민주당이 상원을 장악할 가능성이 높다고 봅니다.

중도 성향 백인들의 샌더스 지지

유창수: 그렇군요. 민주당에 대해 살펴보겠습니다. 힐러리가 출마를 선언하기 전 조 바이든 부통령도 경선 참여 가능성을 진지하게 검토했습니다. 가상 대결에서는 바이든이 더 유리했음에도 불구하고 그는 경선에 참여하지 않았어요. 여러 가지 이유가 있었지만 그중 가장 설득력 있는 이유는 민주당 지도부 및 정치인들 대다수가 힐러리 클린턴을 지지했기 때문이라고 생각하는데 어떻게 보고 계십니까?

존 피트니: 여러 가지 이유가 있다고 생각합니다. 당시 바이든은 아들을 잃고 비탄에 빠져 있었습니다. 힐러리 클린턴보다 많은 나이도 고려 대상일 수 있죠. 정치적으로 힐러리 클린턴은 오랫동안 일해 왔고 정치적 지지기반도 바이든보다 훨씬 우세합니다. 거의 사반세기 동안 국가적 인물로 존재해왔던 힐러리는 2008년 대통령 경선에서 오바마와 접전을 벌였던 경쟁력 있는 후보였지요. 더구나 오랫동안 자연스럽게 차기 대통령 후보로 널리 인정받아온 인물로 민주당에서 힐러리를 밀고 있었다는 점도 바이든이 경선에 불참한 이유라고 봅니다.

유창수: 이념이나 정책 선호도, 상원의원으로서의 투표 기록 등으로 볼 때 바이든이 힐러리 클린턴의 왼쪽에 있는 것이 맞습니까?

존 피트니: 오바마 행정부 내에서 바이든은 광범위한 사안을 제외하고는 클린턴보다 진보적인 입장을 취하고 있습니다만 실제적으로는 그렇게 큰 차이가 나지는 않습니다. 바이든의 외교정책은 아마도 클린턴의 외교정책과 매우 유사할 것입니다.

유창수: 빌 클린턴이 1990년대에 8년간 백악관을 지켰습니다. 올해 2016년은 민주당 지지자들도 1990년대의 빌 클린턴 집권 시기와 현재를 비교해 보면 많이 다른 것 같아 보이는데요. 민주당이 과거 10년 혹은 20년 동안 훨씬 더 왼쪽으로 이동한 가장 핵심적인 이유는 무엇인가요?

존 피트니: 여러 가지 일들이 있었습니다. 첫째, 아프리카계 미국인들

과 히스패닉계 미국인들의 총 투표수가 지속적으로 증가(거의 모든 아프리카계 미국인들은 민주당 지지자들입니다)했습니다. 사우스캐롤라이나에서, 민주당에 투표한 주요 계층의 대다수는 아프리카계 미국인들입니다. 히스패닉계 표도 증가했고 보수적인 백인 남부 사람들의 경우 중도성향은 사라졌고, 중도성향의 보수적인 백인 남부 사람들은 모두 공화주의자가 되었습니다. 이런 것들이 민주당의 정책 변화에 영향을 미쳤습니다. 많은 민주당 지지자들은 임금 정체, 기회 상실과 같은 미국의 불평등에 대해 매우 우려하고 있고, 이것이 정치권에 대한 불만으로 이어집니다. 공화당 쪽 입장에서 트럼프에 대한 지지로, 민주당 쪽 입장에서는 버니 샌더스에 대한 지지로 이어졌습니다.

유창수: 그것이 힐러리 클린턴이 이번 예비경선 기간 동안 힘든 시간을 보냈던 이유군요? 왜냐하면 유권자들의 성향이 서로 다르니까요, 그렇죠?

존 피트니: 네, 그렇습니다. 많은 민주당 예비경선 유권자들은 힐러리 클린턴을 한 명의 경제계 대표로 보고 있습니다. 그들이 힐러리 클린턴을 경제 엘리트의 일부로 보고 있기 때문에 버니 샌더스로 지지자들이 몰려들었던 것입니다.

유창수: 버니 샌더스의 부상은 트럼프와 마찬가지로 대단한 뉴스로써 대한민국을 포함해 전 세계에 매우 충격적인 소식이었습니다. 자칭 사회주의자가 민주당 예비선거의 막바지까지 선전했습니다. 샌더스가 깜짝 등장한 이면의 이유에 대해 어떤 말씀을 해주시겠습니까? 1년 전

만 해도 샌더스의 부상은 아무도 예상하지 못했잖아요?.

존 피트니 : 그것은 상당 부분 연령 분포와 관련이 있습니다. 냉전시대에 미국에서 자란 사람들은 사회주의를 공산주의와 연결시키는 경향이 있습니다. 미국에서는 오랫동안 누군가를 사회주의자라고 부르는 것은 그 사람에 대한 비방으로 간주되었습니다. 왜냐하면 사회주의와 공산주의가 서로 관련된 것으로 여겨졌기 때문입니다. 이것은 투표를 통해 확인할 수 있어요. 저처럼 나이든 유권자들은 사회주의에 대해 매우 부정적으로 보는 경향이 있습니다. 냉전에 대한 매우 강력한 기억이 없는 젊은 유권자들은 그와 같은 감정적 반응을 보이지 않습니다. 그들에게 샌더스는 사회주의자라고 외쳐도 별다른 차이를 보이지 않습니다. 그것이 바로 샌더스가 많은 젊은 유권자들로부터 지지를 받는 한 가지 이유입니다. 그가 나이는 많지만 젊은 유권자들은 그를 정치·경제계와 유착하지 않는 아웃사이더로 보고 있으며 신선한 변화라고 여기고 있습니다. 경선에서 나이 든 후보자가 젊은 층 유권자들이 선호하는 후보자라는 것은 하나의 아이러니입니다.

유창수 : 저는 샌더스가 이데올로기적이라고 생각하는데요. 그가 미국에서 이루고자 하는 것은 무엇입니까? 저는 북유럽과 같은 반(半)사회주의 국가를 구축하는 것이라고 생각하는데요.

존 피트니 : 그렇습니다. 샌더스는 사회 민주주의자라는 말을 선호합니다. 그는 국내 문제에 많은 관심을 두고 있습니다. 샌더스는 유럽이나 캐나다의 사민당처럼 국내 문제에 관심을 둘 것입니다. 그는 정부가

경제적 평등을 촉진하고, 보건의료 서비스를 활발하게 제공하고, 국외 문제에 정부가 덜 개입하기를 원하고 있어요. 반면 힐러리 클린턴은 자유민주주의자이지만 샌더스가 추구하는 정책을 추구하지 않으며 외교정책에 관한 한 미국 주류에 속해 있습니다. 이런 면에 있어 힐러리 클린턴은 트럼프나 샌더스보다는 기존 외교정책의 연속성을 유지할 것입니다. 오랫동안 외교정책에 참여해왔던 사람들은 클린턴을 동지적 시각으로 보는 반면 샌더스나 트럼프는 불안한 출발로 보는 시각을 가지고 있습니다.

기독교도들도 인종 성향에 따라 지지

유창수: 종교와 정치의 관계에 대해 논해 보겠습니다. 미국 사람들은 자신의 의견을 강경하게 드러내지 않지만 기독교나 기독교에 관련된 것에 대해서는 여전히 소리 높여 표현하고 있습니다. 공화당 내의 복음주의 보수주의자들은 테드 크루즈와 트럼프 중 누구를 지지했습니까?

존 피트니: 음! 나뉘었습니다. 처음에 상당수가 벤 카슨을 지지했습니다. 그러나 카슨이 대통령 경선에 나설 준비가 되지 않았다는 점을 알게 되자 그에 대한 지지를 철회했죠. 많은 사람들은 테드 크루즈를 지지했습니다. 놀랍게도 복음주의자들 중 상당수는 도널드 트럼프를 지지했어요. 트럼프가 신앙심이 깊은 사람도 진정한 보수적 기독교인의 생활방식과는 차이가 있었는데도 말입니다. "나의 적의 적은 나의 친구다"라는 속담이 있잖아요. 일부 보수적인 기독교도들은 트럼프를 매

력적으로 보고 있었습니다. 한편 미국 정치에서 과소평가된 면은 진보주의적 관점에서의 종교의 역할입니다. 대통령 후보자들 중 힐러리 클린턴은 가장 신앙심이 깊습니다. 힐러리는 사회적 복음 전통이라는 틀을 깨고 나왔는데 이는 진보주의 정치와 관련이 있다고 봅니다.

유창수: 미국의 통계 자료를 보면 미국인의 70%는 스스로를 기독교도라고 간주하고 있으며 60%는 1주일에 한 번이나 한 달에 한 번 정도 정기적으로 교회 예배에 참석한다고 합니다. 그럼 60~70% 혹은 그 이하 또는 50%의 신앙심이 깊은 미국인들은 공화당의 열렬한 지지자들이라고 보십니까?

존 피트니: 백인과 흑인이 다릅니다. 많은 아프리카계 미국인들은 독실한 신앙인들이지만 종교적 독실함의 정도와는 관계없이 열렬한 민주당 지지자들입니다. 많은 히스패닉계 사람들도 종교적 신앙심이 깊지만 종교와 무관하게 열렬한 민주당 지지자들입니다. 비히스패닉계 백인들의 경우 예배 참석자들과 공화당에 투표할 가능성 사이에는 밀접한 관련성이 있습니다. 비히스패닉계 백인들은 예배에 많이 참석할수록 공화당에 투표할 확률도 높아집니다. 그러니까 주말마다 혹은 더 자주 예배에 참석하게 되면 공화당 지지자가 될 가능성이 그만큼 더 높아지는 것입니다. 비정기적으로 교회에 참석하는 사람이거나 전혀 참석하지 않는 사람이라면 민주당에 투표할 것입니다. 그리고 그러한 사람들의 수는 최근 몇 년 동안 증가해왔습니다. 소위 어떠한 종교에도 소속되어 있지 않은 'N-O-N-E-S'가 등장하게 되는데요, 그들은 민주당을 강력히 지지하는 경향이 있습니다. 미국의 백인들만으로 선거

가 치러지면 종교적 이유로 인해 거의 공화당이 승리할 것입니다. 하지만 매우 열성적인 민주당 지지자들인 아프리카계 미국인들과 히스패닉계 미국인들이 우리의 선거를 아주 경쟁적으로 만들어줍니다.

히스패닉계와 아시아계의 정치 성향

유창수: 교수님께서는 히스패닉계 백인에 대해 말씀해 주셨는데요. 히스패닉계 백인이라는 말의 정의는 무엇입니까?

존 피트니: 히스패닉계 백인은 아주 복잡 미묘한 용어입니다. 인구조사 통계에 따르면 히스패닉계는 하나의 중첩된 카테고리거든요. 여러분은 히스패닉계 흑인이 될 수도 있고 히스패닉계 백인이 될 수도 있습니다. 히스패닉계라는 말은 애매모호해서 여러 가지로 해석될 수 있어 쉽게 정의 내릴 수 없어요. 히스패닉계란 기본적으로 조상 중 한 명이 스페인어를 모국어로 사용했던 사람들을 의미합니다. 히스패닉계라는 말이 반드시 어떤 유형의 인종적 정의나 인종적 외양을 나타내는 말은 아닙니다. 제게는 조카 딸이 한 명 있는데 그녀는 빨간 머리에 주근깨가 있으며 아일랜드계 성을 사용하지만 그녀의 외가가 아르헨티나 출신이기 때문에 히스패닉계에 해당됩니다.

유창수: 그렇군요. 교수님의 조상님들 중 한 분이 중남미나 그와 같은 곳 출신의 히스패닉계라면, 교수님은 스스로를 일종의 히스패닉계라고 정의하시겠습니까? 그리고 히스패닉계라면 순수 백인이 아닌 것입

니까?

존 피트니: 아닙니다. 히스패닉계라는 말은 실제로 인종적 카테고리를 의미하는 것이 아닙니다. 히스패닉계의 정체성은 어느 정도 개인적 선택(조상들의 구성인자 중 어떠한 요소를 강조하는가)의 문제입니다. 이는 중요한 요소로써 히스패닉계 사회 내에서는 중요한 차이점을 지니고 있습니다. 쿠바계 미국인들은 멕시코계 미국인들과는 다른 사람들입니다. 따라서 히스패닉계는 어떠한 의미에서든 단일 사회가 아닌 것입니다. 멕시코계 미국인들은 텍사스 및 캘리포니아 문화와는 아주 다른 문화를 보유하고 있습니다. 그러한 차이점으로 인해 다른 유형의 정치색을 나타내는 것입니다.

유창수: 끝으로 아시아계 미국인들에 대해 말씀을 나누고 싶습니다. 미국에는 많은 인도계 미국인들, 중국계 미국인들, 일본계 미국인들, 한국계 미국인들이 있습니다. 저는 아시아계 미국인들의 인구 구성이 전체 인구의 약 5%를 차지한다고 보고 있는데요, 정확한 수치인지요? 그리고 그들도 좌파와 우파로 균등하게 나뉘어져 있습니까?

존 피트니: 출신 국가별로 많은 차이가 있습니다. 중국계 미국인들과 일본계 미국인들은 민주당을 지지하는 경향이 있고 일부 지역에는 중국계 미국인들이 아주 많이 거주하고 있습니다. 이곳에서 그리 멀지 않은 곳에 산 마리노라는 지역사회가 있는데요, 그곳은 중국계 미국인 수가 매우 많이 살고 있습니다. 그리고 제가 살고 있는 라 크레센타라는 도시는 한국계 미국인들이 아주 많습니다. 반면 캘리포니아주의 오

렌지 카운티에 모여 살고 있는 베트남계 미국인들은 과거보다는 덜 하지만 보수적이고 공화주의적인 경향이 있습니다. 따라서 종합적으로 보았을 때 아시아계 미국인 사회에서는 중요한 출신 국가별로 차이점들이 존재하지만 아시아인들의 표는 민주당을 지지하는 경향이 있습니다.

유창수: 그렇군요. 한국계 미국인들의 성향은 어떤가요?

존 피트니: 한국계 미국인들은 민주당을 지지하는 경향이 있습니다. 저도 많은 한국계 미국인 공화주의자들을 알고 있지만 전체적으로 볼 때 투표 성향은 민주당 쪽을 향하고 있습니다.

39세의 닉슨, 부통령으로 지명

유창수: 이어서 피트니 교수님과 과거 미국 대통령 선거에 대해 알아보겠습니다. 우선 존 케네디와 리처드 닉슨이 맞붙은 1960년 선거로 시작해볼까 합니다. 먼저 닉슨에 대해 이야기를 나눠보죠. 닉슨은 아이젠하워 대통령 재임 시절 8년 동안 부통령을 역임했으며 그 전에는 상원의원을 역임했습니다. 닉슨이 캘리포니아주 전 상원의원이었었죠?

존 피트니: 네, 닉슨은 1950년에 캘리포니아 주에서 상원의원으로 선출되었고 1952년에 아이젠하워가 부통령 후보로 지명합니다.

유창수: 아이젠하워가 상대적으로 젊은 초선 상원의원인 리처드 닉슨을 선택한 이유에 대해 설명해 주시겠습니까?

존 피트니: 우선 그가 젊었기 때문입니다. 당시 60대에 접어들어 나이 많은 대통령 중 한 사람이었던 아이젠하워가 30대의 닉슨을 선택한 거죠. 지역·이데올로기 균형도 고려 대상이었어요. 아이젠하워는 1952년에 뉴욕 시에 관저를 만들었는데 닉슨은 캘리포니아를 상징했죠. 아이젠하워는 공화당 진보진영의 중도파와 연대를 맺고 있었고 닉슨은 엄격한 보수주의자는 아니지만 공화당 내 보다 많은 보수파와 연대를 맺었습니다. 그래서 닉슨은 공화당의 모든 파벌로부터 승인받을 수 있었고 그것이 아이젠하워가 닉슨을 선택한 중요한 이유였습니다.

유창수: 닉슨은 스캔들에 휩싸였지만 부통령직을 유지할 수 있었습니다. 논란이 있었던 1956년 선거에 대해 말씀해 주시겠습니까?

존 피트니: 정치자금 관련 논란을 말씀하시는 겁니까?

유창수: 네, 그렇습니다.

존 피트니: 1952년에 뉴욕 포스트에 닉슨이 정치자금을 받았다는 기사가 실려 생각지도 못한 논란이 벌어졌습니다. 그렇습니다. 뉴욕 포스트는 모종의 음모가 있는 것처럼 기사를 작성했습니다. 아이러니 한 것은 닉슨의 정치자금 모금 행위는 당시의 다른 정치인들의 행위에 비해 윤리적이었음에도 불구하고 닉슨이 논란의 중심에 있었다는 것입

니다. 닉슨 은 텔레비전 방송에서 미국 국민들에게 자신의 입장에 대해 해명하고 부통령 후보로서의 위치를 사수해냈습니다. 닉슨은 나중에도 엄청난 윤리적 판단 착오를 저지르곤 합니다. 4년 후인 1956년 일부 공화당 분파에서 닉슨을 마음에 들어 하지 않았습니다. 아이젠하워는 어느 정도 대책을 마련해 두었는데 결국 닉슨은 다시 부통령 후보로 선택합니다.

유창수: 아이젠하워가 대통령을 역임했던 8년 동안 리처드 닉슨이 달성한 성과나 그의 역할에 대해 어떻게 판단하고 계십니까?

존 피트니: 닉슨과 아이젠하워가 개인적으로 가까운 것은 아니었지만 아마도 닉슨은 그때까지 가장 중요한 부통령이었을 것입니다. 닉슨과 아이젠하워 사이에는 상당한 정도의 불화가 있었습니다. 아이젠하워는 닉슨을 부통령으로 지명했지만 그를 국가안전보장회의의 정식 토의에 참여시키는 문제에 대해서는 조심스러운 태도를 취했습니다. 그러나 아이젠하워가 몇 차례 병석에 눕게 되었을 때 닉슨은 백악관 업무를 잘 관리해 나갔습니다. 따라서 닉슨의 지위는 부통령 그 이상이었고, 그렇게 행동하며 스스로를 1960년 공화당 대통령 후보 지명에서 승리가 확실시되는 후보로 만들었습니다.

유창수: 아이젠하워의 공약 중 하나가 1952년까지 한국전쟁을 완전히 종식시키겠다는 것이었는데요, 부통령 닉슨은 한국 전쟁 동안 어떤 역할을 수행했습니까?

존 피트니: 닉슨의 역할은 별로 중요하지 않은 지엽적인 것이었습니다. 아이젠하워가 1953년 초 정권을 잡았을 때 절대로 군사적 승리를 거둘 수 없다는 점을 깨닫고 솔직하게 군사적 평가를 내놓았습니다. 현명한 백전노장의 군 지도자로서, 전쟁을 종식시키기 위한 협상이 필요하다는 결론을 내렸습니다. 닉슨은 그러한 결정을 내리는 주요 인물이 아니었습니다.

유창수: 1960년 선거에 대해 이야기해 보죠. 닉슨은 공화당의 대통령 후보로 임명될 상황이 어땠습니까?

존 피트니: 후보로 임명되기 위한 필수적인 몇 가지 노력이 있었습니다. 거부이자 정계의 거물인 넬슨 록펠러 뉴욕 주지사는 경선 출마를 고려하고 있었기 때문에 닉슨은 그와 협상을 해야만 했습니다. 결국 이것이 공화당 내 보수 진영을 분노하게 만들었습니다. 이러한 상황의 배후에는 배리워터가 있었는데 결국 그는 닉슨을 반대하지 않기로 결정했습니다. 공화당 일부에서 불평을 나타냈지만 닉슨은 1960년 공화당의 대통령 후보가 됩니다.

가톨릭 신자 케네디의 등장

유창수: 1960년 선거 때까지 케네디의 등장에 대해 좀 설명해 주시겠습니까?

존 피트니 : 케네디와 닉슨은 1946년 하원의원으로 선출됩니다. 미국 역사의 아이러니 중 하나는 케네디와 닉슨이 친구였다는 사실입니다. 그들은 함께 연방의원으로 당선되었고 하원의원으로서 함께 유럽을 순방하기도 했습니다. 그들은 실제로 아주 친한 관계였지만 1960년 대통령 선거가 그들을 적으로 만들었습니다. 1952년 현직 상원의원인 헨리 로지를 누르고 미국 상원의원으로 선출된 케네디는 1958년 재선에 성공했습니다. 케네디는 1956년 민주당 부통령 후보 경선에도 출마했습니다. 여기서 승리하진 못했지만 이로 인해 국민적 관심을 받게 되지요. 케네디는 미국 상원의원들에 대한 인물 소개서인 《용기있는 사람들》이라는 책을 써서 퓰리처상을 수상했습니다. 보좌관이 대필을 해준 것이었지만 케네디는 명성을 높이고 이미지도 향상시킬 수 있었습니다.

케네디의 최대 약점은 로마 가톨릭 신자라는 사실이었습니다. 이때까지 가톨릭 신자가 대통령에 당선된 사례가 없었습니다. 1928년 가톨릭 신자인 앨 스미스가 민주당 대통령 후보로 지명되었지만 가톨릭 신자에 대한 편견이 너무 심해 보통의 경우라면 민주당이 승리했을 일부 주에서도 패배하고 말았습니다. 이것이 케네디가 마주해야만 했던 현실이었습니다. 그는 민주당 경선 기간 중 미국에서 가톨릭 신자의 비율이 가장 적었던 웨스트버지니아주에서 결전을 벌이기로 하는 전략적 결정을 내렸습니다. 그리고 마침내 그는 예비선거에서 승리함으로써 당 대표로서의 능력을 입증했습니다. 여기서 그는 개신교도의 표를 획득하면서 1960년 민주당 대선 경선에서 승리하는 데 도움을 받게 되었습니다.

유창수: 이번에는 케네디와 닉슨의 대결에 대해 말씀 나눠 보겠습니다. 선거 기간 동안 주요 이슈에는 어떤 것들이 있었습니까?

존 피트니: 케네디와 닉슨은 실제로 관련 이슈에 관해서는 큰 차이가 없었습니다. 민주당 기준으로 본다면 외교정책에 관한 한 케네디는 상대적으로 중도 성향이거나 심지어 보수적이기까지 합니다. 아이젠하워 행정부가 충분히 단호하게 행동하지 못했다고 주장하는 케네디는 외교정책에 관한 한 분명히 닉슨의 오른쪽에서 달리고 있었습니다. 중국 본토 해안에서 떨어져 있는 진먼다오(金門島)와 마쭈(馬祖)열도를 두고 일부 소규모 전투가 벌어졌습니다. 실제 전투라기보다는 하나의 상징적 사건이었습니다. 결국 이슈 차이는 그리 크지 않았으며 두 후보자는 여러 방면에서 우열을 가릴 수 없는 없는 호각세를 나타냈습니다. 둘은 나이 차도 많지 않은데 케네디에 대해서는 젊은 최연소 대통령으로, 닉슨에 대해서는 나이가 좀 많다고 생각하는 경향이 있습니다. 정치적 성향에서는 두 사람 모두 중도 성향이었고 국가를 변혁하는 경쟁을 하고 있었습니다. 케네디가 총득표수에서 1% 미만의 차로 승리했습니다. 1960년 선거의 가장 큰 특징은 선거에 텔레비전을 활용했다는 것입니다. 케네디와 닉슨은 텔레비전 방송에 나와서 토론을 했습니다. 미국 역사상 최초로 주요 정당의 후보자가 텔레비전 방송에 나와서 토론을 벌인 것이지요. 케네디는 텔레비전 광고를 과거에 비해 훨씬 더 다방면에 걸쳐 능숙하게 이용했고 여론조사에서도 선도적으로 텔레비전 광고를 활용했습니다. 어떤 면에서 1960년의 선거유세는 이후 선거유세의 원형을 수립한 것이나 마찬가지였습니다.

포드 대통령, 인권법 서명

유창수: 케네디가 린든 존슨을 부통령으로 선택한 이유는 무엇이었습니까?

존 피트니: 존슨은 그때까지 역사상 가장 영향력 있는 미국 상원 대표 주자였습니다. 만약 미국 상원의원들이 후보를 선택해야 하는 상황이었다면 존슨을 선택했을 것입니다. 남부에서 입지를 강화해야 했던 케네디에게는 텍사스 출신인 존슨의 선택이 매우 현명한 결정이었죠. 존슨은 케네디가 텍사스에서 과반수의 표를 얻는 데 도움이 되었을 것입니다. 남부의 다른 주들에서도 존슨의 존재는 득표에 상당한 영향을 미쳤고 이는 많은 남부 지역 유권자들이 로마 카톨릭 신자 대통령 후보에 대해 우려하고 있었던 선거에서 매우 중요한 요소였습니다.

유창수: 케네디가 당선된 후 젊은 대통령으로서 미국에서뿐만 아니라 전 세계적으로 엄청난 인기를 얻었습니다. 그러나 1963년 11월 암살당하고 린든 존슨이 다음해까지 대통령직을 수행하게 됩니다. 1964년 선거에서 궁금한 점은 존슨이 어떻게 대통령 후보가 되었는가 하는 점입니다.

존 피트니: 네. 존슨은 대통령 취임 첫 몇 년간은 엄청난 인기를 구가했을 뿐 아니라 매우 유능했습니다. 1964년에는 의회가 지금까지 통과시켰던 법안들 중 가장 중요한 법안 중 하나인 시민적 권리에 관한 법률을 통과시켰습니다. 공화당에서는 대통령 후보로 신보수파 대표인 애

리조나의 배리 골드워터를 지명했습니다. 골드워터는 어떤 면에서 공화당의 선구자와 같은 사람이었습니다. 하지만 1964년의 그는 유력한 후보가 아니었습니다. 그는 외교정책에 대한 여러 가지 경솔한 표현들을 사용했고 존슨은 핵전쟁에 대한 공포를 조장하여 불리한 상황을 아주 효과적으로 활용했습니다. 아마도 미국 역사상 가장 유명한 텔레비전 광고는 어린 소녀가 데이지 꽃잎을 하나씩 따면서 숫자를 세고 있는 화면에서 핵 폭발로 끝나게 되는 '데이지 걸'이라는 광고일 것입니다. 이는 골드워터가 백악관에 입성하게 되면 핵 전쟁의 위험성이 증가할 것이라는 메시지입니다.

그 당시 선거의 또 다른 중요한 측면은 공민권 및 아프리카계 미국인들의 표였습니다. 그 이전 선거에서 공화당은 아프리카계 미국인들의 표를 얻지 못했습니다. 아프리카계 미국인들 총 투표의 약 3분의 1만을 획득할 수 있었습니다. 골드워터가 1964년 공민권법에 반대 표를 던졌기 때문에 아프리카계 미국인들의 총 투표수에서 그가 차지하는 비율은 거의 0%에 가깝습니다. 공화당은 1964년 이래 선거에서 평균 5~6%에 불과한 아프리카계 미국인들의 표를 얻기 위해 고군분투해 왔습니다. 그 당시 선거 이후 지속되고 있는 효과는 아프리카계 미국인들이 공화당에 대한 지지의사를 거의 다 철회하고 있다는 것입니다. 골드워터에 대한 가장 인상적인 연설은 로널드 레이건이라는 잊혀져 가는 한 배우의 연설이었을 것입니다. 레이건은 악화일로에 있었지만 캘리포니아의 공화당 지도부에 2년 후 자신이 주 지사에 출마할 것이라는 인상적인 연설을 남겼고 그는 훗날 미국 대통령이 됩니다. 단기적인 관점에서 1964년 선거는 공화당에 재앙이었지만 장기적 관점에서 보았을 땐 보다 조화로운 결과를 가져왔습니다. 공화당은 아프리카계 미국인들의 표를 잃었지만 공화당 내 보수파는 1980년 백악관을 차지할 수 있는 힘을 얻었습니다.

유창수: 1964년 선거 결과는 린든 존슨의 압승이었죠? 역대 가장 많은 표를 얻은 후보 중 한 명이었죠?

존 피트니: 압도적인 승리였습니다. 민주당은 상·하원 모두에서 많은 표를 얻었으며 공화당은 잠시 동안이지만 존폐의 문제까지 걱정 하는 처지가 되었습니다. 하지만 존슨의 인기는 오래가지 못했습니다. 베트남전쟁으로 인해 도시에서 소요가 발생하고 범죄율이 급격히 증가함에 따라 지지율에서 큰 타격을 받습니다. 1966년 중간선거에서 공화당은 1964년에 잃었던 지역의 상당 부분을 회복하게 됩니다.

3전 4기 닉슨의 정치 역정

유창수: 1968년 선거의 핵심 이슈 중 하나는 베트남전쟁이었습니다. 닉슨이 어떻게 캘리포니아 주지사 선거에서 패했는지, 그럼에도 불구하고 1968년 대통령 선거에서 공화당 후보가 되었는지에 대해 설명해 주시겠습니까?

존 피트니: 1960년 대통령선거에 패배한 이후인 1962년 닉슨은 신중하지 못한 결정을 해요. 매우 강력한 현직 주지사에 맞서 캘리포니아 주지사 선거에 나가기로 결정한 일이었습니다. 닉슨은 주지사 직에는 특

별히 관심이 없었고 캘리포니아주의 관련 이슈에 대해 정확히 파악하지도 못해 선거에서 좋은 활약을 펼치지 못했습니다. 선거 패배 후 그는 유명한 마지막 기자회견을 열었습니다. 그는 언론을 비난하며 "언론이 자신을 더 이상 함부로 대할 수 없을 것입니다"라고 말했습니다. 하지만 닉슨은 그때 사실 술에 취해 있었습니다. 이러한 사실은 닉슨의 부족한 판단력을 설명하는 데 도움을 줍니다.

하지만 닉슨은 다시 회복하여 1964년, 1966년 공화당을 위해 선거운동을 수행한 다음 1968년 공화당 대통령 후보 경선에 참가해 승리를 쟁취하고 다시금 공화당 내 모든 분파의 승인을 얻어 냄으로써 화려하게 복귀했습니다. 중도파는 닉슨을 보수파에 대한 대안으로, 보수파는 닉슨이 수용 가능할 만큼 충분히 보수적인 사람이라고 생각했습니다. 닉슨은 또한 그들에게 호의적으로 보이기 위해 공민권법에 반대의사를 피력하기도 하고 찬성의견을 피력하기도 하는 등 공민권에 대해 아슬아슬한 줄타기를 했습니다. 닉슨은 정치적 위치 선정에 능수능란했어요. 이것이 그가 1968년 공화당 대선 후보에 지명된 이유입니다.

민주당 측의 사정의 더 복잡했습니다. 린든 존슨은 재선에 출마하지 않기로 결정했습니다. 나는 린든 존슨이 1968년 초 방송에서 재선에 출마하지 않을 것이라고 선언함으로써 국가를 발칵 뒤집어 놓았던 장면을 아직도 기억합니다. 2명의 반전 후보들은 존슨의 후임 자리를 놓고 경쟁을 벌이고 있었습니다. 이들은 로버트 케네디와 유진 맥카시였습니다. 로버트 케네디가 1968년 6월 암살당하자 후보 지위는 허버트 험프리에게로 갔습니다. 험프리는 린든 존슨의 부통령으로서 실제 예비선거에 나가 본 적은 없었지만 그 당시 후보들은 예비선거나 코커스 경선 없이 공천을 받아 임명될 수 있었습니다. 범죄가 증가하고 도시에서 소요가 발생하고 공민권에 대한 논란이 지속됨에 따라 베트남전은 선거와는 뗄 수 없는 불가분의 관계가 되었습니다. 이에 따라 전 앨라배마 주지사이자 분리주의자인 조지 월리스라는 제3의 후보가 나타나게 됩니다. 그는 남부 여러 주에서 승리함으로써 선거인단을 교착상태에 빠지게 할 방법을 모색하고 있었습니다. 그렇게 되지는 않았지만 그는 일반 투표에서 표를 잠식하면서 닉슨과 험프리 간에 박빙의 선거전이 벌어지게 되었습니다. 1968년 선거 결과는 다음날까지 확실히 알 수 없었을 정도였지요. 결국 닉슨이 총 득표 수의 50% 미만의 표로 험프리에게 아주 근소한 차로 승리하게 되었습니다.

유창수: 허버트 험프리의 주요 공약은 무엇이었습니까? 베트남전 반대였습니까? 아니면….

존 피트니: 험프리는 아슬아슬한 줄타기를 해야만 했습니다. 존슨의 부통령이었던 험프리는 존슨에게 충성을 다했고 그와 당장 절연하고 싶지는 않았습니다. 하지만 선거운동 마지막에는 존슨의 정책보다는 협상을 통해 해결책을 찾는 방식을 지향하고 있다는 점을 내비쳤습니다. 존슨과의 관계를 당장 끊지 않은 채 내비친 수정된 반전 입장은 지지율 상승에 기여합니다. 닉슨과의 격차를 좁혀 선거를 박빙의 승부로 몰아갔어요.

유창수: 미국에서 대통령 후보가 선거에서 패배하게 되면 다시 출마하는 일은 좀처럼 보기 힘든데요. 그런데 닉슨의 경우는 좀 특이했죠? 그는 다시 선거에 출마했고 승리까지 했으니까요.

존 피트니: 닉슨은 공화당이 약한 부분을 활용해 선에서 이득을 얻었습니다. 1964년 선거에서 공화당은 연방의회와 주 지사직에서 약점을 노출했습니다. 앞서 말씀드렸던 바와 같이 1966년 선거에서 공화당은 몇몇 주에서 다시 승리했지만 가능성 있는 강력한 공화당 후보는 찾지 못했습니다. 넬슨 록펠러가 있었지만 너무 진보적이어서 공화당의 주류를 대표한다고 볼 수 없었습니다. 로널드 레이건이 1968년 후보 경선에 출마했지만 당내 인식은 아직 경험이 부족하다는 것이었죠. 그리하여 닉슨은 록펠러와 레이건 사이에서 중도적 입장을 차지할 수 있었습니다. 그것이 바로 1960년 대통령선거는 물론 1962년 주지사 선거에서도 패했던 사람이 보기 드물게 승자로 돌아오게 됐던 이유였습니다.

대승 앞에 두고 미스터리한 도청 공작

유창수: 1972년 대통령 선거에 대해 말씀 나눠 보도록 하죠.

존 피트니: 1972년 선거는 아주 다른 선거였습니다. 선거의 주요 이슈가 다시 베트남전이 되었고 계속 이어졌죠. 닉슨은 1972년까지 미군을 철수하기 위한 베트남화(베트남전쟁 시 미국 정책 중 하나. 미군의 철군이 가능하도록 전쟁을 남베트남 정부에 맡기는 방식) 프로세스를 시작했습니다. 미 지상군 중 일부만이 베트남에 남았습니다. 닉슨은 베트콩의 북베트남과의 협상을 제기했습니다. 조지 맥거번은 민주당의 대선 후보였으며 매우 강경한 반전주의자이자 베트남전 이슈에 대해 혁신적이고도 매우 진보적인 시각을 가지고 있던 인물이었습니다. 맥거번은 1972년 가을

무렵 몇 가지 심각하고도 골치 아픈 문제를 안고 있었습니다. 그중 첫째 경제가 아주 튼튼했다는 점이었으며 둘째는 베트남에서 전쟁이 단계적으로 끝나가고 있었다는 점이었습니다. 닉슨 행정부는 평화회담을 진행했고 대부분의 미군을 철수시켰습니다. 따라서 베트남 관련 이슈는 대체적으로 그에게서 멀어졌습니다.

맥거번은 적절한 신원조회 없이 부통령 후보를 선택하는 끔찍한 실수를 저질렀습니다. 더욱이 맥거번이 지명한 후보가 우울증을 치료하기 위해 최근 전기 충격 요법 치료를 받았다는 사실이 밝혀졌습니다. 이 소식이 퍼져 나가자, 지명자는 후보에서 사퇴하지 않을 수 없었으며 이는 맥거번의 분별력에 의문을 갖게 하는 사건이었습니다. 결국 닉슨이 50개 주 중 매사추세츠 주 하나를 제외한 49개 주에서 과반수의 표를 얻으며 큰 표차로 승리하게 되었습니다. 그런데 아이러니한 것은 당선이 유력한 닉슨이 선거 승리를 위해 불법행위에 관여했다는 사실입니다. 이른바 워터게이트 사건이죠. 닉슨의 재선을 위한 위원회의 직원이 민주당 전국위원회 의장에 대한 도청을 시도했던 것입니다. 그 사건이 세상에 알려지게 되었을 때 모든 불법적·비윤리적 행위들이 장차 2년에 걸쳐서 속속 밝혀지게 되었고 결국 이로 인해 닉슨은 사임하게 됩니다. 닉슨은 큰 득표수 차로 승리했기 때문에 이러한 불법행위들이 전혀 필요하지 않았었다는 점입니다.

유창수: 나중에 밝혀진 바에 의하면 닉슨 본인도 워터게이트 사건에 연루되어 있었다고 하는데, 사실인가요?

존 피트니: 닉슨이 민주당 전국위원회 본부 침입에 대해 사전에 알고

있었다는 증거는 어디에도 없습니다. 그럼에도 불구하고 그가 사임할 수밖에 없었던 이유는 워터게이트 사건 수사를 중단시키기 위해 CIA를 이용하려고 했던 직후 닉슨이 대통령 집무실에서 나누었던 대화가 녹음되어 있었기 때문입니다. 이는 명백한 사법 방해에 해당되는 것으로써 미국 법률에 의하면 중죄에 해당됩니다. 이 녹음테이프는 닉슨의 범죄 가담을 증명하는 증거였기 때문에 닉슨으로서는 사임할 수밖에 달리 도리가 없었습니다.

유창수: 1972년 선거에서 닉슨의 부통령 후보는 누구였습니까?

존 피트니: 닉슨의 부통령 후보는 1968년 선거 때부터 부통령 후보였던 스피로 애그뉴였습니다. 1968년 닉슨은 보수파와 진보파, 북부 지역 의원들과 남부 지역 의원들 사이에서 타협책으로 애그뉴를 선택했습니다. 애그뉴는 동쪽 해안선의 정확히 중간 지역, 북부와 남부의 중간 지역에 위치한 메릴랜드 주지사였습니다. 애그뉴는 메릴랜드 주지사 시절 누군가로부터 뇌물을 받은 사실이 1972년 드러나 사임할 수밖에 없었습니다. 그러나 애그뉴의 범죄 행위는 워터게이트 사건과는 관련없는 별개의 범죄행위였습니다. 대통령과 부통령이 모두 범죄를 저질렀으니 미국인들에겐 가슴 아프고 몹시 우울한 시기였습니다.

유창수: 알겠습니다. 포드는 1972년 부통령 후보로 출마했죠?

존 피트니: 애그뉴가 수정 헌법 25조에 따라 사임했을 때 닉슨 대통령은 제럴드 포드를 부통령 후보로 지명했습니다. 포드는 공화당의 하원 원

내대표였어요 윤리적 측면에서 좋은 평판을 얻고 공화당 내 모든 분파에서 광범위하게 인정받는 인물로 대단한 인기를 끌고 있었어요. 닉슨이 사임하자 포드가 1974년 대통령 자리에 오르게 됩니다. 포드는 지금까지 선거를 치르지 않고 대통령과 부통령이 된 유일한 인물이에요.

유창수: 포드가 닉슨을 사면했는데요, 굉장히 논란이 많았죠?

존 피트니: 취임 후 얼마 되지 않아 미국 헌법에 의거하여 닉슨을 사면했습니다. 대통령은 연방 범죄 행위에 대해 사면할 수 있는 매우 포괄적인 권한을 보유하고 있습니다. 당시에는 엄청난 논란거리였고 비난도 거셌죠. 오랜 세월이 흐른 뒤 대부분의 역사학자들은 어쩌면 사면이야말로 워터게이트 사건에 종지부를 찍고 모든 논쟁거리를 미국의 과거지사로 돌려버릴 수 있는 최적의 방법이었을지도 모른다는 주장에 동의할 것입니다. 하지만 사면 명령에 대한 평가는 대단히 좋지 못했으며 어쩌면 그것이 1976년 포드가 재선에 패배한 이유에 대해 그 무엇보다도 잘 설명해줄 수 있는 이유가 될지도 모릅니다.

오픈 프라이머리 경선 룰 개혁

유창수: 1976년에 치러진 공화당 예비선거는 로널드 레이건의 등장으로 아주 흥미로웠습니다. 예비선거 과정에 대해 설명해 주시겠습니까? 포드와 레이건 사이에 지독한 경쟁과 각축이 벌어지지 않았습니까?

존 피트니: 이 무렵 양당에선 후보 경선 과정을 변경했습니다. 1968년 이전에는 누구나 예비선거 없이 공천을 받을 수 있었습니다. 그 이유는 전당대회를 통해 뽑는 대부분의 대리인들은 당의 지도자들이 선택했기 때문입니다. 1972년부터 계속 양당의 대리인들은 주로 예비선거나 코커스를 통해 선정되었습니다. 이는 민주당 진보파의 리더인 조지 맥거번이 진두지휘했던 개혁이었지만 많은 주들로 하여금 주법을 바꾸도록 하는 개혁이었고 그로 인해 공화당도 경선 과정을 변경하게 되었습니다. 그리고 1976년 소련과 회담하는 동안 레이건은 포드의 정책에 문제를 제기합니다. 특히 외교 정책이 지나치게 진보적인 데다 소련의 요구에 너무 따라가고 파나마 운하의 통제권을 파나마로 이전받으려는 파나마와의 협상이 도를 넘어섰다고 결론지었습니다. 이러한 문제들이 레이건이 들고나온 주요 이슈들이었습니다.

레이건은 공화당 예비선거에서 포드에 강력히 도전했고 후보 경선에서 포드를 거의 이길 뻔했습니다. 전당대회가 엄청난 의구심을 갖고 시작되었던 것은 아마 1976년이 마지막일 겁니다. 하지만 결국 포드가 레이건을 상대로 경선에서 승리해 가을 선거에서 지미 카터와 맞붙게 되지요.

유창수: 공화당 전당대회에서 이슈 중 하나가 포드가 레이건이 아닌 캔자스주 출신의 매우 젊은 상원의원인 밥 돌을 선택했다는 것이었습니다. 이에 대해 설명해 주시지요.

존 피트니: 돌은 이미 전국적 지명도가 있었던 인물이었습니다. 그는 공화당 전국위원회 의장이었기 때문에 공화당원들에게는 잘 알려져

있었습니다. 그는 포드보다 더 보수적이고 공격적인 인물로 알려졌어요. 농업 문제에 관한 눈부신 전과도 있었고 포드에게 도움이 필요할지도 모른다고 간주되었던 미국 중서부 지역의 농업 문제에 대해 매우 강경한 태도를 취하고 있었습니다. 그는 전투견으로 생각될 정도로 공격적이었지만 그의 공격성이 공화당 측에 항상 유리하게 작용한 것은 아니었습니다.

유창수: 레이건이 포드의 부통령 후보가 되고 싶어 했음에도 불구하고 포드가 밥 돌을 지명했죠?

존 피트니: 그렇습니다. 레이건이 부통령 후보가 될 것이라는 견해도 일부 존재했습니다. 그러나 포드는 결국 견해와는 다른 결정을 했습니다. 돌은 공화당내 상당수 존재하는 중도파를 붙잡으면서도 보수파에서 승인을 받을 수 있는 인물이었습니다.

유창수: 카터는 어떤가요? 그는 당시 잘 알려지지 않았던 인물이었는데 어떻게 1976년 민주당 부통령 후보가 되었던 거죠?

존 피트니: 1976년 민주당 대선 후보를 찾는 큰 경쟁의 장이 열렸습니다. 경선에 카터보다 훨씬 저명한 후보들도 참여했지만 그들의 지지표가 분산되었기 때문에 카터가 새로운 추천 과정에서 혜택을 받을 수 있었습니다. 당시 아프리카계 미국인 민주당원들 사이에서 아주 강력한 지지기반이 구축되고 있었어요. 역사적 아이러니는 카터가 최남부 지역에 위치한 조지아 주지사를 역임했었다는 점입니다. 최남부 지역

은 분리 정책과 관련된 지역이었지만 카터는 통합 찬성론자이자 공민권 찬성을 외치는 신종 남부 주지사 중 한 명이었으며 아프리카계 미국인 커뮤니티와 좋은 관계를 유지해 왔어요. 이러한 지지 기반이 카터가 민주당 대선 후보로 올라서는 데 결정적인 역할을 했습니다.

유창수: 교수님께서 말씀하신 바와 같이 1972년 선거 이래로 현재의 경선 과정이 시작되었습니다.

존 피트니: 그렇습니다. 현재와 같은 대통령 경선은 1972년으로 거슬러 올라갑니다. 대부분의 기준은 조지 맥거번이 개발한 것이었으며 그 자신이 1972년 민주당 경선에서 첫 번째 수혜자가 되었습니다.

유창수: 1976년 선거 결과도 매우 박빙이지 않았습니까?

존 피트니: 1976년 선거는 박빙이었을 뿐만 아니라 전국적인 득표에서도 막상막하였습니다. 카터는 선거 초반 크게 앞서 있었지만 가을 이후 격차가 줄어들기 시작했습니다. 포드에게는 매우 희망적이었고 카터를 앞지를 수도 있었지만 상당히 근소한 표차로 패배합니다. 의원들은 카터를 정치적 위협 대상으로 간주하지 않았고 민주당이 양원의 다수를 차지했다고 하더라도 그가 어려움을 겪었을 것이라고 결론 내렸습니다.

36년만의 대선 꿈 이룬 레이건

유창수: 1980년 선거 이야기를 해 보죠. 그 선거는 기념비적 선거 중 하나인데요. 공화당 예비선거에서 조지 H.W. 부시가 공화당의 주류를 대변하는 인물로 부상하지 않았습니까?

존 피트니: 그렇습니다. 부시는 공화당 주류파의 후보자가 되었습니다. 상원의 공화당 원내대표인 하워드 베이커가 후보가 될 것이라는 견해도 일부 있었지만 출마하지 못했습니다. 부시는 예상외로 아이오와 코커스에서 승리하면서 잠깐 동안이나마 로널드 레이건을 앞서는 등 실제로 가장 유력한 우승 후보였습니다. 하지만 레이건이 뉴햄프셔 예비선거에서 큰 표 차로 승리하며 다시 우위를 점했습니다.

레이건은 공화당 보수파의 리더였습니다. 레이건은 나이가 너무 많아 대통령 경선에 참여할 수 없을 것이라는 우려도 있었고 대통령에 당선되면 가장 나이 많은 대통령이 될 것이라는 우려도 있었지만 선거 유세 기간 동안 원기왕성한 모습을 보여 주었고 경선에서 부시를 물리쳤습니다. 레이건은 부통령 후보로 부시를 선택하는데 있어서 재임 기간 동안 우리가 보게 될 정치적 수완을 보여주었습니다. 이러한 모습은 레이건이 보수파이긴 하지만 당내 중도파의 우려에도 부응할 것이라는 명백한 신호였습니다. 결국 레이건-부시 티켓은 아주 강력했습니다. 1964년 베리 골드워터를 위한 연설로 전국적으로 정치적 명성을 떨쳤던 레이건이 대선 티켓을 거머쥐기까지는 이렇듯 오랜 세월이 걸렸습니다.

유창수: 1980년 선거에서는 후보자 중 잭 켐프도 있었죠?

존 피트니: 잭 켐프는 후보 경선을 고려했지만 레이건에게 도전하지 않기로 결정했습니다. 당시 켐프는 하원의원 중에서도 신참에 속했고 레이건의 지지자들도 건재했습니다. 게다가 켐프에게는 레이건이 감세안을 수용하도록 은밀히 설득하는 것이 매우 중요했습니다. 이전에는 레이건에 대한 쟁점 사안이 없었지만 레이건이 켐프의 감세정책을 수용했기 때문에 아주 중요해 졌을 것이며 이는 어쩌면 대통령 취임 첫해에 처리한 주요 국내용 법안이었을 것입니다.

유창수: 알겠습니다. 카터와 레이건이 맞선 1980년 선거는 아주 흥미로웠습니다. 의외로 레이건이 큰 득표 차이로 승리했죠. 그 당시 대선에 대해 이야기해 주시겠습니까?

존 피트니: 1980년 대선은 3자 대결이었습니다. 존 앤더슨이 공화당 공천에 실패하자 무소속 후보로 선거에 참여하기로 합니다. 그러나 결과 크게 달라지지 않았어요. 레이건은 지미 카터에게 큰 표차이로 승리했어요. 공화당을 지지하지 않았던 뉴욕주 같은 일부 주들도 레이건이 승리합니다. 또한 레이건의 대권도전에서 중요했던 점은 1952년 선거 이래 공화당이 미국 상원을 처음으로 장악했다는 점입니다. 민주당이 하원을 계속 장악하게 되었지만 공화당과 보수적 민주당의 연립정권이 등장하게 되어 레이건은 1981년 자신의 경제계획 법안을 통과시킬 수 있었습니다.

상원의원의 보좌진은 100명이 넘기도

유창수: 미국의 정치시스템 가운데 입법부에 대해 살펴보자면, 상원이나 하원에는 얼마나 많은 수의 보좌진이 임명됩니까? 보좌진들의 수는 어느 정도나 됩니까?

존 피트니: 그 점이 미국 의회의 또 하나의 독특한 특징입니다. 전 세계에서 가장 많은 수의 보좌진이자 가장 독립적인 입법 기관일 것입니다. 모든 하원의원은 각각 18명의 상근직 보좌진과 4명의 비상근직 보좌진을 두고 있습니다. 그뿐 아니라 많은 하원의원들이 무급 인턴과 입법부 동료들로부터 무상으로 도움을 받고 있습니다. 저도 한때는 보좌진의 수를 늘려야만 했습니다. 상·하원 의원들은 자신들만의 보좌진도 보유하고 있습니다. 상원에서 의원들의 보좌진 규모는 해당 주에 해당하는 인구 규모와 비례합니다. 각 주의 인구 수는 매우 다양합니다. 저는 가장 많은 캘리포니아주에 살고 있는데 캘리포니아주 상원의원들은 100명 이상의 유급 보좌진을 두고 있을 뿐만 아니라 자유재량으로 전문 위원을 두고 있습니다. 그 결과 수천 명의 보좌진이 미국의 의회에서 일하게 되었습니다. 미 의회는 그 자체로 매우 복잡하고 정교한 입법기관입니다.

유창수: 상원의원이 100명이 넘는 보좌진을 두고 있다는 말씀이 굉장히 흥미로운데요. 이건 대한민국에선 실제로는 상상도 할 수 없는 일이거든요.

존 피트니: 네. 그런가요.

유창수: 대한민국 의회에는 300명의 국회의원이 있고 단원제 인데다가 각 의원들은 대략 5~10명의 보좌진을 두고 있습니다. 보좌진은 국민들의 세금으로 운영되기 때문에 미국 의원들과 같은 정도의 보좌진을 둔다는 것은 정말 흥미롭게 들리는데요. 그렇다면, 그렇게 많은 수의 보좌진들을 두고 있는 이유는 무엇입니까?

존 피트니: 저는 직접 보좌진 생활을 경험해 보았기 때문에 이에 대해 자신 있게 말할 수 있습니다. 보좌진은 다양한 업무를 수행합니다. 그 업무 중 하나는 각 의원들을 대신하여 유권자들의 민원을 해결해 주는 역할을 하는 것입니다. 누군가 연방 정부 기관과 문제가 발생했거나, 은퇴한 이후 사회보장연금을 지급받지 못했을 때 지역구 의원에게 이러한 문제의 해결을 요청하면, 보좌진은 여러분이 지급받지 못한 사회보장연금을 지급받을 수 있도록 도와드릴 것입니다. 또 다른 업무는 입법 활동에 매진하는 것입니다. 미국 각 주의 입법과정은 대단히 정교하고 복잡합니다. 각 법안은 수백 페이지에 달하는 난해한 법률 문장으로 구성된 경우가 허다합니다. 그렇기 때문에 그와 같은 업무를 수행할 보좌진이 필요한 것입니다. 또한 관리 감독 역할을 수행하는 보좌진도 있습니다. 의회가 수행하는 기능의 상당 부분은 행정부의 활동을 조사하는 것이며 그것이 바로 견제와 균형이라는 기능 중 일부입니다. 이처럼 미 의회에는 많은 보좌진이 있으며 이들은 이와 같은 다양한 업무를 수행하며 대단히 분주하게 활동하고 있습니다.

유창수: 그러면 각 주의 하원의원들의 경우는 어떻습니까? 그들 또한 상원의원들처럼 많은 수의 보좌진을 두고 있습니까?

존 피트니: 그렇습니다. 미국의 주 의회는 각 주마다 상당히 편차가 심합니다. 일부 주 의회는 매우 적은 수의 보좌진들을 두고 있습니다. 하지만 한때 제가 일했던 캘리포니아주 및 뉴욕주와 같은 곳에서는 많은 수의 보좌진을 두고 있습니다. 저는 처음에 뉴욕주의 주 상원의원 밑에서 일했습니다. 대부분의 주들은 양원제 의회를 채택하고 있으며 약 20명의 보좌진을 두고 있는데 이는 단지 주 의회를 위해 일하는 보좌진의 숫자입니다. 뉴욕주, 캘리포니아주 및 일리노이주와 같은 주에서는 매우 많은 수의 높은 전문성을 갖춘 국회의 보좌진을 두고 있습니다.

유창수: 이제는 행정부에 대해 알아보도록 하겠습니다. 현재 대통령 밑에는 얼마나 많은 수의 부서와 얼마나 많은 수의 각료들이 소속되어 있습니까?

존 피트니: 그 수치에 대해서는 좀 살펴봐야 할 것 같습니다. 각료의 정의는 궁극적으로 대통령도 포함됩니다. 이는 내각이 투표권을 가지고 있는 의원내각제도와 다릅니다. 미국의 내각은 투표권을 보유하고 있지 않습니다. 내각은 단지 가장 중요한 부서의 우두머리에게 주어지는 전체적인 호칭일 뿐입니다. 실제로 기능적 중요성 구조와는 거의 관련이 없지만 이러한 조직 중 일부는 독립적 기관으로서 내각부라고 명명되기 때문에 그 경계선은 다소 미세합니다. 예를 들면, 비록 그 기능이

대단히 중요함에도 불구하고 미국 환경보호국(EPA)은 하나의 기관으로서의 명칭을 지니고 있습니다. 대통령은 환경보호국의 관리 책임자를 내각에 포함시키곤 했습니다. 미 중앙정보부(CIA)에 대해서도 마찬가지입니다. 대통령은 이따금 CIA 국장을 내각의 일원으로 포함시키곤 했습니다. 하지만 요즘에는 그렇지 않습니다.

입법부가 행정부 및 사법부에 대해 상대적 우위

유창수: 엄밀히 말하면 입법부가 행정부 및 사법부보다 우월적 권한을 보유하고 있다고 생각되는데요, 그렇지 않습니까?

존 피트니: 네. 그렇습니다. 대통령이 우위를 점할 수 있는 방법도 일부 있습니다. 그중 가장 극적인 방법은 전쟁 및 평화와 관련되어 있습니다. 전통적으로 대통령은 외교정책 및 국가안보 관련 이슈에서 선도적인 역할을 수행해 왔습니다. 그리고 미국뿐 아니라 전 세계를 위한 최종 결정은 핵 전쟁이 될 것입니다. 대통령은 그 점에 있어서는 본질적으로 무제한적인 권한을 보유하고 있습니다. 만약 대통령이 핵 공격을 가하기로 결정한다면, 이는 사법부의 심리 대상이 되지 않습니다. 다행스러운 것은 어떤 대통령도 그러한 결정을 내리지 않았다는 것입니다. 다른 맥락에서 보았을 때 처음부터 이라크전쟁 및 아프가니스탄전쟁까지, 군 지휘권의 행사는 미국 내에서 큰 논쟁거리였습니다.

유창수: 미국 건립 이후로 200년 이상 지나면서 행정부, 즉 대통령의

권한은 꾸준히 확대되었다고 생각하는데요. 그렇지 않습니까? 그 이유는 무엇이었습니까?

존 피트니: 분명한 것은 전쟁 및 평화와 관련된 이슈에 관한 한 대통령의 권한은 점증하고 있습니다. 그 이유는 미국의 군사력이 증가해왔기 때문입니다. 19세기 초 프랑스에서 미국으로 온 알렉시스 드 토크빌은 뛰어난 이론적 식견을 가지고 있었습니다. 대통령에게는 엄청난 권한이 주어졌지만 실제로 그러한 권한을 행사하기에는 매우 많은 제약이 있었는데 그 이유는 미국의 군사력이 대단치 않았기 때문입니다. 하지만 20세기, 특히 제2차 세계대전 이후 미국의 군사력은 엄청나게 증가했습니다. 이때부터 사람들이 제왕적 대통령에 대해 언급하기 시작합니다. 아이젠하워 대통령은 고별연설에서 군산복합체에 대해 우려했습니다. 미국의 군사력은 규모 면에서 1980년대 말처럼 엄청난 규모는 아니었지만 여전히 엄청난 규모의 강력한 군을 보유하고 있었습니다. 이처럼 전쟁 및 평화와 관련된 문제에 관한 한 대통령은 여전히 막대한 권한을 보유하고 있습니다.

사법부의 권한

유창수: 사법부에 대한 이야기를 해보도록 하겠습니다. 교수님께서는 어쩌면 우리가 사법부의 본래의 목적을 오해한 것이었을지도 모르며 현재 대법원의 권한은 법을 해석하는 것이라기보다는 "법을 개정하는 것"일지도 모른다고 말씀하셨는데요. 요즘에는 많은 사람들이 대법원

을 비난하고 있습니다. 지난 20년 이상 동안 사법부, 특히 대법원의 권한이 점증해온 문제와 관련하여 말씀해 주시겠습니까?

존 피트니: 제가 언급했던 바와 같이 헌법에서는 위헌법률심사권을 명시적으로 부여하고 있지 않습니다. 위헌법률심사권은 헌법 구조상 묵시적으로 부여된 권한으로써 78번째 연방주의자 논집 및 마버리 대 매디슨의 결정문에 잘 제시되어 있습니다. 20세기가 시작되면서, 법원에서는 사람들이 동의하지 않았음에도 헌법에 존재하지 않는 규정에 의미를 부여한 것으로 생각했을 정도로, 어떤 면에서는 시민의 권리와 자유를 확장시켰던 논란거리가 될 만한 수많은 판결을 내렸습니다. 게다가 법원에서는 행정적 이슈 및 공공정책 관련 이슈에도 광범위하게 개입해 왔으며 이러한 수많은 판결 또한 많은 논란의 여지를 남기고 있습니다. 법원은 모순적인 입장에 처해 있습니다. 법원은 한편으로는 엄청난 영향력을 보유하고 있지만 다른 한편으로 법원의 분석 능력은 대단히 제한적입니다. 법원은 환경규제 같은 이슈의 결과에 영향을 끼치기는 하지만 그러한 판결에 대해 검토 및 조사할 수 있는 과학적, 공학적 이슈에 대한 독자적 분석 능력이 없습니다. 이는 법원이 기술적 이슈에 대해 능력의 한계를 넘어서서 행동하고 있는 것은 아닌지에 대한 상당한 논란을 불러일으켰습니다. 사실 법원은 기술적 이슈를 다룰 만한 어떠한 능력도 보유하고 있지 않습니다. 이러한 모든 논쟁으로 인해 미국에서 변호사들이 계속해서 호황을 누리는 것입니다.

유창수: 그렇다면 전체적으로 보았을 때 교수님께서는 삼권분립의 목적이 현 시점에서 원래 의도했던 대로 실행되고 있다고 생각하십니까?

이에 어떤 견해를 가지고 계십니까?

존 피트니: 저는 삼권분립은 잘 이행되고 있다고 생각합니다. 대법원은 입법부와 행정부를 견제하고 있고 대통령은 임명권을 통해 의회와 대법원에 영향력을 행사하고 있습니다. 단, 유일하게 논란의 여지가 있는 부분은 의회가 대통령을 얼마만큼 견제하느냐 하는 정도의 문제입니다. 비평가들은 의회가 관리감독 책임을 엄격하게 이행하지 못했으며 행정부의 활동에 대해 훨씬 더 신중하게 감독하고 대통령이 무슨 일을 하는지에 대해 보다 강력하게 추적했어야 한다고 말합니다. 특히 이라크전 및 아프가니스탄전에 대한 개전을 결정할 때 의회 의원들은 이 문제를 포함한 관련 정보에 대한 신중한 조사도 진행하지 않았습니다. 의원들이 관련 정보를 보다 성실하게 조사했었더라면, 다른 결론을 내렸을지도 모릅니다. 이것이 바로 삼권분립이 본래 작용해야 하는 것만큼 효과적으로 작용하지 않고 있는 한 부분입니다.

유창수: 교수님의 말씀은 삼권분립은 미합중국 헌법 제정자들이 처음에 의도했던 대로 상당히 잘 실행되고 있다는 말로 들리는데요.

존 피트니: 그렇습니다. 어떤 면에서 삼권분립은 잘 실행되고 있습니다. 그러나 다른 의미에서 개선할 여지는 남아 있습니다.

유창수: 알겠습니다. 좋은 말씀 감사드립니다.

예측 가능한 정책 정치를 찾아서

  필자는 새누리당 청년최고위원에 당선됐다. 정당사에서 청년최고위원 선출은 새누리당이 최초로 시도했다. 그만큼 새누리당은 파괴와 혁신을 갈구하고 있다. 그것은 정권 교체 위기, 세대 갈등 치유를 해결하지 못한 자승자박적 결과다. 청년들이 주목하지 않는 정당은 미래가 없다.

  미국 민주당은 힐러리 클린턴을 대통령 후보로 선출했지만 청년층의 지지를 받은 버니 샌더스가 있었기에 전당대회 흥행에 성공할 수 있었다. 미국 공화당은 도널드 트럼프를 대통령 후보로 지명했지만 주요 경쟁자들이 불참하고 비난하는 가운데 전당대회는 볼품없는 정치 이벤트로 그치고 말았다.

정책 공약집으로 표를 구하자

　미국의 선거제도는 정당의 정정당당한 경쟁을 유도한다. 정당의 대통령 후보를 선출하는 경선 과정에서 후보들이 주장했던 이슈들을 모으고, 정리하는 절차를 거쳐 대통령 지명 전당대회에서 정강·정책으로 확정한다. 그리고 공약집으로 발표되어 대통령 후보의 집권 정책으로 시행되고 그 결과에 따라 재선에 성공한다. 이러다보니 민주당이나 공화당 어느 당이 집권해도, 어떤 정책을 펼칠지 예측이 가능하다.

　미국 민주당은 전당대회 중 '민주당 정책공약집(2016 Democratic Party Platform)'을 발표했다. 이렇게 발표한 공약집은 신중한 정책과 엄정한 집행을 담보로 한다. 힐러리 정부가 출범한다면 이 공약집은 4년간 미국 시민과의 계약서 역할을 하게 된다. 미국은 거짓말에 민감해서, 우리나라처럼 거창한 구호와 무책임한 공약(空約)과는 다르다. 공약(公約)은 정치의 목표와 방향을 시민들에게 미리 알려줌으로써 표를 구한다.

　힐러리는 '세계를 위한 미국(Pax Americana)'를, 트럼프는 '미국만 위한 미국(Americanism)'을 주장했다. 힐러리는 대통령 후보 수락연설에서 '함께(Together) 리더십'으로, "모든 세대가 이 나라를 더 자유롭고 더 공정하며 더 강하게 만들기 위해 함께해 왔다"며 "누구도 혼자서는 할 수 없다"고 선언했다.

　트럼프는 미국을 다시 위대하게 만들자는 아메리카니즘을 슬로건으로 내걸고 북대서양조약기구(NATO)에 대해 "회원국들이 져야 할 부담을 안 지고 있다"며 NATO를 안보 무임 승차국들로 비난했다. 한국에도 방위비 분담을 요구하며, FTA 폐기도 위협했다.

　민주당과 공화당 후보들이 내건 공약을 통해 '정책정치'를, 또 '기존과 다른 정치'를 펼치겠다는 방향을 알 수 있다. 이것이 미국 대선에서 우리가 배워야 할 점이다.

새누리당을 지지하는 청년들의 꿈과 희망을 담은 정책공약집으로 국민들에게 표를 달라고 하고, 이를 훌륭히 수행함으로써 정권을 연장하고 싶은 게 나의 꿈이다.

네거티브에서 꿈과 비전으로

미국 대통령 선거의 문제점으로 등장하는 게 네거티브 운동이다. 그동안의 선거 경험을 통해 후보와 컨설턴트들은 네거티브 운동이 효과적이라는 사실을 알았다. 수많은 사람을 붙잡고 설득하는 것보다 잘 만든 광고가 대중의 관심을 더 끈다.

후보들의 업적이나 정책을 비교하는 광고와 상대방이 불공정하다고 공격하는 네거티브 광고는 명확히 구별해야 한다. 결국은 시민들이 판단하는 것이나. 필자는 한국 선거사에서 우리 국민들이 보여준 정치 균형감각에 감탄할 때가 많다. 선거 결과를 자세히 들여다볼수록 엄중하면서도 금도를 지키려는 뚜렷한 정치 민도를 보여준다.

미국은 물론 선진국들은 이념과 정책을 놓고 치열하게 싸운다. 사람이 중심이 아니다. 민주당 지도부나 의원들이 오바마 대통령을 대놓고 비판하지 않는다. 이견이 있으면 물밑에서 조율하고 소통한다. 국민들은 대통령을 비난하고 자기네끼리 치고받는 정치를 하는 정당을 선택하지 않는다.

최근의 의회 선거를 보면 확실히 알 수 있다. 미국 공화당은 트럼프를 놓고 내부 싸움에 휩쓸리다 보니 대선에서의 승리는 물 건너 간 것처럼 보인다.

청년 유권자들의 변화 요구가 어느 때보다 강한 시대다. 고령화 사회, 일자리 창출, 저출산 대책 등 모든 초점이 청년 유권자들의 변화 요구를 제때 수용하지 못해 발생한 문제들이다. 이제라도 청년 유권자들이 꿈을 꿀 수 있고 희망을 말하며 미래를 준비하도록 정치를 펼쳐야 할 때다.

미국의 대통령 선거는 고등학생 때부터 정치활동에 참가하고 싶도록 만드는 멋진 정치 쇼다. 한 나라의 리더가 되고 싶은 꿈과 비전을 가진 청년들이 많은 나라가 미국이다. 어려서부터 키워지는 정치의식은 민주주의의 토대를 더욱 튼튼히 한다. 선거는 청년들의 꿈과 비전을 표출하는 민주주의의 토양이다. 민주주의가 더욱 발전하려면 새로운 변화와 꿈을 가진 청년들을 영양분으로 해서, 선거를 통해 멋진 리더를 지속적으로 양성해야 한다.

필자가 꿈과 비전을 가지고 새누리당 청년최고위원이 된 이유다. 청년 유권자들과의 멋진 만남이 기대된다.

"청년의 자부심이 새누리가 되게 하라!"

필자의 카카오톡 문패 제목이다. 같은 시대를 호흡하는 젊은이로서, 함께 꿈을 꾸고 비전을 성취하는 기쁨을 맛보고 싶다.

월간중앙 2016년 9월호 발췌

유창수 새누리당 청년최고위원

"여당의 정치 혁신적, 진보적으로 변해야"

호남 출신 당대표 탄생은 새누리당이 변화가능한 정당이라는 증거
계파 편가름에 국민은 신물, 경제와 일자리·민생 우선 챙겨야

글 박성현 기자〈park.sunghyun@joongang.co.kr〉 사진 김상선 기자

'**청**'년의 자부심이 새누리가 되게 하라!'
8월 9일 새누리당 전당대회에서 선출된 유창수 청년최고위원(41) 카카오톡의 문패 제목이다. 전당대회를 앞두고 새누리당은 지명직 최고위원을 한 명 줄이고, 출마 자격이 만 45세 이하 책임당원으로 제한된 청년최고위원직을 신설했다. 투표권도 만 45세 미만 청년 선거인단이 행사하는 '청년만의 리그'인 셈이다. 유 최고위원은 청년최고위원직에 도전해 당 중앙청년위원장을 제치고 당 지도부에 최연소자로 입성했다.

카카오톡 문패 글이 말해주듯 그는 청년들이 선호하는 정당으로 새누리당을 탈바꿈시켜야 할 책무를 안고 있다고 하겠다. 보수의 정체성을 새로이 확립해 청년들이 스스럼없이 자신을 보수라고 말하는 환경을 조성하는 역할을 자임한다. 그는 미국에서 고등학교와 대학을 나오고 일본에서도 유학한 해외파다. 국내파가 대부분인 새누리당 지도부에 남다른 이력을 가진 존재임에 분명하다. 8월 12일 오전 서울 서소문〈월간중앙〉 인터뷰 룸에 들어서는 그에게선 기성 정치인과는 사뭇 다른 분위기가 느껴졌다. 이목구비가 뚜렷한 용모,

군살 없는 날씬한 체형에 187㎝의 헌칠한 키까지 어우러져 왠지 '정치할 것 같지' 않은 느낌을 줬다.

일본에서 유행하는 젊은 탤런트형 정치인을 보는 듯하다.
"제 나이도 적은 편은 아니다.(웃음) 1974년 생으로 이미 마흔 줄에 접어들었다. 큰 키 덕분에 눈에 띈다는 얘기는 듣는다."

당이 청년최고위원직을 신설한 취지는 뭐라고 보나?
"4월 총선에서 새누리당은 2004년 탄핵 역풍에 버금가는 참패를 당했다. 그나마 그때는 박근혜·이명박·손학규라는 (차기 대선 관련) 유력 주자들이 있었다. 지금은 그런 희망이 잘 안 보인다. 2030세대는 물론이고 40대에서조차 새누리당 인기가 바다로 기고 있다. 청년 문제에 관심을 갖고 청년층과 교감하는 정당으로의 변신하려는 노력의 일환이다."

새누리당 정치 행태 굉장히 수구적이고 구태의연해

청년최고위원에게 어떤 과업이 주어졌나?
"새누리당 내 청년당원들에게 희망을 주는 일이다. 중도를 아우르는 보수정당인 새누리당이 제대로 된 역할을 할 때 대한민국이 우뚝 선다는 자긍심과 믿음을 심어주도록 하겠다."

좀 추상적인 느낌이다.

"선진국 정당들은 20대 젊은 시절부터 당원들을 키워낸다. 체계적인 이념교육, 교양교육을 제공한 뒤에 정치현장에 투입한다. 미국 국가 권력서열 3위이자 공화당 1인자인 폴라이언 연방 하원의장, 40대 영국 총리가 된 데이비드 캐머런 등도 각 정당이 체계적으로 인물을 육성한 성과물이다. 새누리당은 젊은 당원들을 조직적으로 키워내질 못하고 있다."

새누리당을 외면하는 청년 유권자층을 돌려세우려면 어떻게 해야 하나?

"박근혜 정부는 역대 어느 정부보다 효과적이고 훌륭한 청년정책을 수립·집행하고 있다. 문제는 이런 노력과 의지들이 제대로 알려지지 않는다는 데 있다. 효율적으로 홍보해 정당한 평가를 받고자 한다. 물론 정부·여당도 발전적으로 바뀌어야 한다. 청년 유권자들이 새누리당에 갖는 변화 요구를 기존의 정당 위계질서 속에서 어떻게 구현할 것인가를 고민한다."

내년 대선에서 야권의 승리 가능성을 점치는 경향이 우세한데 어떤 역할을 하려고 하나?

"청년 유권자들이 새누리당을 선택하도록 청년의 바다속으로 뛰어들어 소통하겠다. 함께 울고 웃으면서 청년들을 새누리당 주위로 끌어모아야 희망이 생긴다. 저는 지난 10년 동안 청년 IT 직장인·사업가이자 활동가, 정치인으로 살아왔다. 이때 쌓았던 경험을 청년 유권자들과 공유하고 해법을 찾아볼 참이다."

여당의 재집권 가능성을 어느 정도로 보나?

"영국·독일·일본 등 세계 주요 국가 대부분이 보수 우파가 집권하고 있다. 미국도 대통령을 제외하고는 상하 양원을 공화당이 장악했다. 이런 시대적 추세와는 별개로 대한민국은 보수당인 새누리당이 집권해야 미래가 있다는 점을 강조하고 싶다. 새누리당의 정강·정책과 이념을 청년들에게 제대로 설파한다면 공감을 얻으리라 본다."

새로 꾸려진 새누리당 지도부는 어떤 정치를 지향할까?

"새누리당 이념과 정강·정책은 확실한 중도적 보수 우파 노선을 표방해야 하고 정치하는 행태는 혁신적이어야 한다. 심지어 진보적이어야 한다. 그런데 새누리당은 거꾸로다. 이념과 정강·정책은 이게 중도 정당인지 진보정당인지 잘 모르겠다. 이번 전당대회에서는 이런 게 전혀 다뤄지지 않았다. 정강·정책을 통해 정당이 어디로 가는지를 확인하는 자리가 전당대회인데… 새누리당은 그걸 못했다. 반면에 정치하는 행태는 굉장히 수구적이고 구태의연하다. 그래서 젊은 사람들이 떠나갔다고 본다. 예전과 거꾸로 해야 한다. 정치 행태는 혁신적, 진보적이며 깨끗하게 하고 정책과 이념은 중도 보수적으로 말이다."

쉽게 바뀔 수 있을까?

"가능하다. 당원들이 이정현 대표를 뽑는 걸 보고 놀랐다. 새누리당이야말로 시대의 변화에 부응하는 정당임을 확인했다. 당원들은 정말 결정적일 때는 옳은 선택을 한다. 보수정당에서의 첫 호남 출신 당대표 탄생은 우리가 변화가능한 정당이라는 증거다."

이정현 대표가 변화·혁신을 가져오리라는 기대인가?

"그렇다. 선진국의 정당은 사람을 놓고 싸움은 안 한다. 이념과 정책을 놓고 치열하게 싸울 뿐이다. 사람을 중심으로 가르는 게 아니라 오로지 이념과 정책을 놓고 노선투쟁을 한다. 이런 정당이 생산적이고 본질적이다."

노선투쟁 OK, 언론 플레이는 곤란

당대표가 '대통령에 맞서면 여당의원 자격 없다'고 한 새누리당에서 활발한 노선투쟁, 이념투쟁이 가능할까?

"미국 민주당 지도부나 의원들이 오바마 대통령을 대놓고 비판하지 않는다. 이견이 있으면 물밑에서 조용히 소통해서 해소한다. 새누리당에서 박근혜 대통령에게 직격탄을 날리는 건 매우 부적절하다고 생각한다. 예로부터 한국에서 여당의 대선주자를 노리는 이들은 현직 대통령과 각을 세우려 했다. 미국을 보라. 클린턴이 오바마를 비판하던가? 자기네끼리 치고 받고 싸우는 정당에 미국 유권자들이 어떻게 표를 주겠나. 그래서 올해 미국 대선은 공화당이 질 가능성이 아주 높아 보인다."

그런 분석의 근거는 뭔가?

"공화당 내에서조차 트럼프를 지지하지 않는 이들이 많다. 공화당 전당대회가 전직 대통령과 유력 정치인들이 불참하는 반쪽짜리 대회로 전락하지 않았나. 당내에서도 하나가 되지 못하는 공화당을 유권자들이 어떻게 수권정당으로 봐주겠는가?"

사진·박홍근

유창수 새누리당 청년최고위원은 대통령이 성공해야 정권재창출 가능성이 높아진다고 말한다.

한국도 마찬가지라는 말로 들린다.

"누가 새누리당의 대선후보가 되든 박근혜 정부가 성공해야 당선 가능성이 높아진다. 당·정·청이 혼연일체가 돼 국정을 성공리에 마무리해야 하는 이유다."

민주 정당에서 토론이나 입장 표명이 제약받을 수 있나?

"머리를 맞대고 의견을 교환하고 소통도 해야 한다. 새누리당에 요구되는 정책과 노선을 충분히 토론하고 설득해서 최적의 결과를 도출해야 한다. 이는 당·정·청 관계에서도 마찬가지다. 이견은 조율하는 게 맞다. 그렇다고 밖에다 대고 언론 플레이를 하는 건 곤란하지 않나."

총선과 전당대회를 통해 확인된 민심의 소재를 평가한다면?

"총선에서 국민들이 우리 당에 실망하고 있음을 확인했다. 전당대회를 통해 완전히 변한 모습을 보여주는 게 필요했다. 영남과 보수를 근간으로 하는 새누리당이 호남 출신 대표를 선출한 것은 대단한 변화다. 내년 대선에서 야당이 이런 파격적인 후보를 선출할 수 있을지 지켜보겠다. 또 국민들은 친박, 비박이니 하는 편가름에 신물이 나 있다. 국민의 관심사는 경제와 일자리, 민생에 있었다. 새누리당은 앞으로 국민의 살림살이가 나아졌다는 걸 증명해야 한다. 이에 집중하면 내년 대선에서도 새누리당을 선택해주리라 믿는다."

이정현 대표 선출과 친박계 지도부 구성은 주류 측의 조직동원 결과라는 분석도 있다.

"박 대통령이 성공리에 임기를 마치길 바라는 새누리당 당원들의 염원이 표출된 결과다. 내년 대선에서 새누리당이 정권재창출에 실패하면 나라의 미래는 없다. 그래서 누가 국민의 변화 요구에 부응하면서 정부와 손발을 잘 맞춰 협력할 것인가를 고려한 현명한 선택이라고 받아들인다."

유 최고위원도 친박계 아닌가?

"저는 친박근혜 대통령이고 친새누리당이다. 새누리당 이전에 중도우파 보수주의자다. 그래서 새누리당을 택했다. 친박의 정의가 뭔지 모르겠지만 당연히 박근혜 정부가 성공리에 임기를 마쳐야 재집권이 가능하다고 생각하는 게 친박이라면 저도 친박이다."

혼연일체, 일사분란한 당청관계가 좋은 말이긴 하다. 그러나 획일적인 정당문화가 당의 역동성, 자발성을 떨어뜨려 대선에 불리하게 작용하진 않을까?

"그럴 일은 전혀 없다. 내년 대선 경선은 보수 진영의 스타들이 총출동하는 이벤트로 갈 것이다. 새누리당에는 자랑스러운 주자들이 많다. 김무성 전 새누리당 대표, 남경필 경기지사, 원희룡 제주지사, 김문수 전 경기지사, 오세훈 전 서울시장, 유승민 의원 그 외에도 많다. 홍준표 경남지사, 나경원 의원도 있지 않나. 물론 당 밖의 반기문 유엔 사무총장은 출마 여부를 밝히진 않았지만 새누리당 당원들은 기대를 건다. 이들이 다 경선에 참여해서 비전을 보여주고 국민에게 새누리당이 집권여당의 자격이 있음을 보여줘야 한다. 새누리당 대선 향배는 오리무중이라 역동성이 엄청나다."

반기문이든 안희정이든 충청민들은 대통령 염원

유 최고위원은 서울에서 나고 자랐지만 집안의 뿌리는 충남 태안이다. 아버지, 할아버지의 고향이자 지금도 일가 친척들이 태안에서 농사를 짓고 있다고 했다.

'충청대망론'을 어떻게 보나?

"충청도민들을 보니까 진짜 기대가 있더라. 충청 출신 대통령이 한 번도 안 나왔다. 그게 반기문 총장이든 안희정 충남지사든 지역 출신 대통령이 나왔으면 하는 염원이 꿈틀댄다."

미국 대학시절 유엔에서 인턴생활을 했다고 들었다. 반기문 총장의 경쟁력을 평가한다면?

"한국은 무역에 의존하는 글로벌 교역 국가다. 국제질서가 무너지면 엄청난 고통을 겪는다. 반 총장같이 10년간 쌓은 국제 인맥, 노하우, 리더십을 대통령으로서 활용한다면 나라에 큰 도움이 될 것이다. 물론 여권에는 대선주자로 훌륭한 분이 많다. 김무성 전 대표도 존경한다. 그 외 다른 분들도 다들 장점과 경쟁력을 갖고 있다."

내년 대선 전망과 관련해 유 최고위원은 1945년 제2차 세계대전 종전 이후의 미국 정치 70년사에서 특정 정당이 3회 연속 대통령을 배출한 적은 딱 한 번 있었다고 말했다. 공화당 출신 레이건 대통령(연임)에 이어 1988년 조지 H.W. 부시 대통령 후보가 승리한 게 유일하다. 한국의 내년 대선도 박 대통령 지지율이 뒷받침해주지 않으면 새누리당이 고전하리

새누리당 신임 당대표와 최고위원들이 8월 9일 전당대회에서 손을 맞잡고 당원들에게 인사하고 있다. 맨 오른쪽이 유창수 청년최고위원.

라는 게 그의 진단이다.

현직 대통령의 지지율이 대선 결과에 어느 정도 영향을 준다고 보나?

"조지 H.W. 부시가 당선될 즈음 레이건의 지지율은 60%를 넘었다. 현재 오바마 지지율도 54%까지 가 있다. 따라서 클린턴이 될 가능성이 높아지는 것이다. 미국의 경우 현직 대통령 지지율이 50%를 밑돌면 여당 후보는 거의 낙선한다. 아마 마지노선이 45% 정도일까?"

한국 대선도 유사하게 돌아갈까?

"통상 대통령 지지율은 미국보다 한국이 낮은 편이다. 한국에서 임기말 대통령 지지율이 50%라면 엄청 높은 수치다. 한국의 역대 대통령 임기말 지지율은 20% 선을 맴돌았다. 박 대통령도 최근 30%선에 머문다. 적어도 40%대까지 올라가야 여당의 재집권 가도에 청신호가 온다고 본다. 그래서 남은 1년 반 동안 새누리당은 혁신하고, 당청은 의기투합해서 국정을 잘 마무리해야 하는 것이다."

내년 대선의 시대정신, 최대 어젠다를 꼽는다면?

"영국 브렉시트, 미국의 트럼프 현상, 유럽이 반(反)세계주의, 반(反)신자유주의 현상이 다 일맥상통하다. 내년 대선 한국에도 그런 바람이 불어오리라 예상한다. 지식·정보·자본·네트워킹에서 가진 사람과 못 가진 사람의 격차가 더 벌어지고 있다. 분명한 건 이에 대해 새누리당이든 야당이든 해답을 내놓아야 한다는 사실이다. 또 통일도 중요한 의제다. 대한민국이 G7(주요 선진 7개국)으로 가는 유일한 방법이 통일이다. 무역의존도가 높고 시장이 좁은 우리나라가 통일이 되면 인구 규모도 적정선으로 커지고 인력, 자원 활용도 원활해진다. 통일은 북한에도 진정한 해방을 가져다준다."

'꿈과 비전이 미래를 만든다'

그는 서울 서초구에서 중학교 과정을 마치고 부모를 따라 미국으로 건너갔다. 미국 트로이고교, 오바마 대통령이 2년간 수학한 옥시덴털 칼리지를 졸업하고 일본 와세다대 국제부에서 1년간 공부했다. 귀국해 연세대 경영대학원 석사(MBA) 과정을 마친 그는 LG전자, 한국 썬마이크로시스템즈에서 몸담다 2006년 창업의 길로 접어든다. 그 회사가 전자칠판 프로젝트 등 멀티미디어 교구를 생산하는 중소기업 유환아이텍이다. 그에게 IT 기업인 출신이라는 별칭이 따라붙는 배경이다. 정계에는 2007년 한나라당 17대 대통령중앙선거대책위 외교·안보특보로 입문했다. 18대 대선에서는 새누리당 선대위원장 비서실장을 지냈다.

미국에서 학교를 다니다 한국 정치에 발을 내디딘 계기는?

"1993년 미국 대학에서 국제정치를 전공했다. 〈월간중앙〉

> "박근혜 대통령 국정지지율은 최근 30%선에 머문다. 적어도 40%대까지 올라가야 여당의 재집권 가도에 청신호가 온다고 하겠다. 그래서 남은 1년 반 동안 새누리당은 혁신하고, 당청은 의기투합해서 국정을 잘 마무리해야 하는 것이다."

등 국내 시사월간지는 물론이고 일간지도 줄을 쳐가면서까지 읽었다. 정치 기사가 너무 재밌었다. 정치가 제 적성과도 딱 맞아떨어진다는 걸 깨달았다. 미국 정치와 한국 정치를 모두 관심 있게 지켜봤다. 대학 입학 전 빌 클린턴이 조지 H.W. 부시의 재선을 저지하고 정권교체에 성공하는 모습, 이듬해 김영삼 대통령의 문민정부가 출범하던 기억이 생생하다."

어린 시절 정치와의 인연이라도 있었나?

"미국에서 고등학교 다닐 때 이모부 댁에서 기거했다. 그 집에서 시사주간지인 〈뉴스위크〉와 〈타임〉을 구독했다. 영어도 익힐 겸 정독을 하는데 가장 눈길이 많이 간 기사가 바로 정치였다."

이민, 미국 생활, 일본 유학, 한국 취업, 창업, 정치 입문 등 숨가쁜 젊은 날을 보냈다. 새로운 도전을 두려워하지 않는 스타일 같은데.

"저는 낙천적이고, 긍정적이며, 순수한 편이다. 제일 좋아하는 단어가 '꿈'과 '비전'이다. '꿈과 비전이 미래를 만든다'가 내 인생의 모토다. 2차대전 당시 유럽 국가의 대부분이 나치 독일의 손아귀에 넘어갔을 때 영국의 윈스턴 처칠 경이 한 말을 늘 마음에 새기며 산다. '절대 포기하지 말라', '절대 포기하지 말라.'"

자신의 인생에서 전환점을 든다면?

"일본 와세다 대학 재학시 처음으로 성경을 접했다. 숱한 역경을 딛고 신앙을 지켜내는 스토리가 무궁무진하다. 매사에 긍정적이고 이상을 좇게 된 모멘텀이라고 하겠다."

정치인으로서의 목표, 야심을 듣고 싶다.

"저는 정치인들이 행복해하고 웃는 모습을 많이 보여줘야 한다고 생각한다. 국민들은 정말 지쳐 있다. 삶에 짓눌리고 생계에 찌든 국민들에게 정치권은 늘 싸우고 헐뜯는 모습만 보여준다. 나는 항상 웃는 얼굴을 한다. 청년에게 희망을 주지 못하면 나라도, 정치도, 정당도 존재 이유가 없다고 했다. 청년에게 희망이 없다. 청년최고위원으로서 청년들에게 웃고 행복한 모습을 보여주고, 희망·꿈·긍정에 대한 얘기를 들려주고 싶다. 마음의 위안이 되는 정치인이 되고자 한다." ➍

정리 유정우 인턴기자